教育部委托项目“优质专科高等职业院校建设研究”和
“优质高职院校认定标准研究”研究成果

现代职业教育研究前沿论丛

丛书主编：方展画　胡正明

优质高职院校建设理论与实践研究

胡正明　何应林　◎　编著

华中科技大学出版社
http://www.hustp.com
中国·武汉

图书在版编目(CIP)数据

优质高职院校建设理论与实践研究/胡正明，何应林编著.—武汉：华中科技大学出版社，2019.8

(现代职业教育研究前沿论丛)

ISBN 978-7-5680-5660-1

Ⅰ. ①优… Ⅱ. ①胡… ②何… Ⅲ. ①高等职业教育-学校管理-研究-中国 Ⅳ. ①G718.5

中国版本图书馆 CIP 数据核字(2019)第 196044 号

优质高职院校建设理论与实践研究 胡正明 何应林 编著

Youzhi Gaozhi Yuanxiao Jianshe Lilun yu Shijian Yanjiu

策划编辑：张 毅

责任编辑：张 毅

封面设计：孢 子

责任监印：朱 玢

出版发行：华中科技大学出版社(中国·武汉) 电话：(027)81321913

武汉市东湖新技术开发区华工科技园 邮编：430223

录 排：华中科技大学惠友文印中心

印 刷：武汉科源印刷设计有限公司

开 本：710 mm×1000 mm 1/16

印 张：14

字 数：274 千字

版 次：2019 年 8 月第 1 版第 1 次印刷

定 价：68.00 元

总序

职业教育是国家教育体系中不可或缺的重要一翼。伴随着现代化建设进程的加快，职业教育不断壮大。时至今日，我国已经建成了世界上规模较大的职业教育体系，十八大报告中提出的“加快发展现代职业教育”更是将职业教育由“大”变“强”作为共同愿景上升到了国家战略的高度，表明了我国加强现代职业教育的决心和信心。职业教育不仅大有可为，更应当大有作为。作为其中重要的理论支持，职业教育研究也应当大有可为、大有作为。

一个领域的研究水平往往代表着这个领域的发展水平，作为教育学中的“后生”，我国职业教育研究的历史并不算长，但研究热情之高、总体趋势之好、形式内容之丰富都是前所未有的。一大批职业教育人将职教研究作为追求的方向与目标，积极回应和破解职业教育改革发展中的现实问题、重点问题、难点问题，积极探索中国特色职业教育的发展路径，取得了一批高水平、有影响、可借鉴的研究成果，推动了职业教育的发展。

但同时也应该看到，职业教育研究的总体成就与其他学科相比仍有差距，在国际舞台上的声音还不够响亮。职业教育尚有许多理论问题和实践问题需要通过深入的科学研究来进一步理清和解决。在这样的时代需求中，《现代职业教育研究前沿论丛》的主编单位——浙江省现代职业教育研究中心（下称中心）应时而谋、顺势而生。中心前身为金华职业技术学院高职教育研究所，作为浙江省成立最早的高职教育研究所之一，多年来致力于专深的职教研究。为适应新常态、谋求新作为、实现新发展，2012 年 5 月，金华职业技术学院联合浙江省教育科学研究院成立了浙江省现代职业教育研究中心。2013 年 1 月，中心获批成为“浙江省哲学社会科学扶持型研究基地”；2015 年 2 月，中心正式成为“浙江省哲学社会科学重点研究基地”，是浙江省目前唯一依托高职院校的省级哲学社会科学重点研究基地。浙江省现代职业教育研究中心成立虽然只有 4 年时间，但以金华职业技术学院高职教育研究所为起点，则有着 10 余年的发展历史。10 余年来，依托国家示范性高职院校建设项目，中心取得了丰硕的成果。作为职业教育的实践者、思考者和记录者，中心始终紧扣改革主题，专注现代职业教育研究，不断发挥在职教研究领域的先导作用，形成了相当的知名度和影响力。

现代职业教育的快速发展需要强有力的科学研究做支撑，而“现代”两字凸显了发展职业教育的时代性，赋予了职业教育新目标和新内涵，同时给职业教育研究提出了新命题和新要求。身处五年发展的交越期，职业教育即将进入一个全新的发展阶段，职业教育研究不仅要因势而动、积极求变，更要有的放矢、精准发力，围绕新常态下职业教育的新议题展开一系列的思考和探索，用职业教育理论来说明和阐释职业教育实践，用职业教育实践来丰富和发展职业教育理论，使两者互为补充、齐头并进。这既是现代职业教育发展的现实要求，也是广大职业教育人的责任担当。浙江省现代职业教育研究中心正是抱着这样的初衷出版了《现代职业教育研究前沿论丛》，作为中心的一员，我深感快慰。

丛书由中心主任方展画和常务副主任胡正明担任主编，旨在通过优秀成果的集中展示反映当前职业教育的研究水平，可谓是职业教育研究者的一次集体思想行动。丛书的研究选题关注目前职业教育中的一些热点难点问题，基本代表了现阶段职业教育的理论前沿，将陆续呈现给读者。期待未来能有更多的职业教育研究者加入这一集体行动中来，将先进思想通过《现代职业教育研究前沿论丛》落地生根，为职业教育走向未来注入新理念、新智慧和新方法，使更多人因此认识职业教育、认可职业教育、推崇职业教育。

借此机会，把这套丛书推荐给广大职业教育的支持者、改革者和实践者，同时属望浙江省现代职业教育研究中心继往开来、砥砺奋进、乘势而上，取得新的更丰硕的研究成果！

是为序，更为盼。

亚洲职业教育学会(AASVET)会长
中国职业技术教育学会副会长兼学术委员会执行主任
华东师范大学职业教育与成人教育研究所所长、教授、博士生导师
浙江省现代职业教育研究中心学术委员会主任
石伟平
2016 年 7 月于上海

目录

导　论

高职教育是“高等职业技术教育”和“高等职业教育”的简称，它是指“完成高中阶段教育和中职教育的基础上，为适应生产、建设、管理与服务一线的某种职业、岗位、技术业务的需要，而进行的高等知识、技能和态度的教育”，它“是高等教育的一个重要类型，是一种高等专业技术教育”，和普通高等教育“并存于专科、本科和研究生各层次教育中”。[①] 现代意义上的“高职教育”始于1980年国家教委批准成立的南京金陵职业大学等13所短期职业大学，而其名称“高等职业教育”的使用则始于1986年时任国务院总理李鹏在全国职业教育工作会议上的讲话。在过去的三十多年中，经过雏形期（1980—1995年）、成形期（1996—1998年）、扩张期（1999—2004年）和内涵建设期（2005—2018年）四个阶段的建设与发展，[②]我国高职教育取得了较大成就。截至2018年，全国高职（专科）院校数量达到1418所，占全国普通高等学校（含独立学院）总数的52.8%；高职教育越来越匹配产业需求、响应国家战略需要，越来越遵循科学的依据、教育本身的规律，并且它逐渐远离“照搬国外”，走出了一条具有中国特色、职业特色、原创特色的发展道路，对世界教育作出了“独特贡献”。[③]

三十多年来，高职教育从无到有、从弱到强，其办学水平与实力已经达到了一定程度，要想进一步提高高职教育的办学水平与实力，充分发挥其积极作用，就需要使高职教育的结构、要素、质量、水平和实力等内在属性获得进一步的发展。[④] 教育部于2015年10月发布的《高等职业教育创新发展行动计划（2015—2018年）》提出，“坚持以示范建设引领发展，鼓励支持地方建设一批办学定位准确、专业特色鲜明、社会服务能力强、综合办学水平领先、与地方经济社会发展需要契合度高、行业优势突出的优质专科高等职业院校，持续深化教育教学改革、大幅提升技术创新服务能力、实质性扩大国际交流合作、培养杰出技术技能人才，增强专业

---

① 柴福洪，陈年友. 高等职业教育名词研究[M]. 北京：高等教育出版社，2012：63-64.

② 内涵建设期又可以分为两个阶段：第一阶段为示范（骨干）校建设期，时间为2005—2015年；第二阶段为优质高职院校建设期，时间为2015—2018年。

③ 匡瑛，石伟平. 走向现代化：改革开放40年我国职业教育发展之路[J]. 教育与经济，2018，(4)：17-19；姜大源. 论中国高等职业教育对世界教育的独特贡献[J]. 中国职业技术教育，2015，(36)：10-18.

④ 董刚. 高等职业教育内涵式发展研究[M]. 北京：高等教育出版社，2014：4-5.

教师和毕业生在行业企业的影响力，提升学校对产业发展的贡献度，争创国际先进水平”，将高职教育发展推到了“优质高职院校建设”的新的历史发展阶段。这既是必要的，也是可行的。通过“优质高职院校建设”，我国高职教育将达到一个更高的发展水平，从而在满足经济社会发展对技术技能人才需求和人民群众对优质教育的需求等方面发挥更加积极的作用。

一、优质高职院校建设的背景

2014 年，《国务院关于加快发展现代职业教育的决定》中明确提出“到 2020 年，建成一批世界一流的职业院校和骨干专业，形成具有国际竞争力的人才培养高地”。建设一批优质专科高等职业院校是适应经济社会可持续发展、加快发展现代职业教育、建成世界一流职业院校的现实需要。

（一）建设优质高职院校是服务经济社会发展的时代必然要求

党的十八大以来，我国经济发展取得历史性成就、发生历史性变革，经济实力再上新台阶，经济年均增长 7.1%，成为世界经济增长的主要动力源和稳定器。[①] 十九大报告指出，我国经济已由高速增长阶段转向高质量发展阶段，正处在转变发展方式、优化经济结构、转换增长动力的攻关期。经济转型升级迫切需要技术技能型人才，高职院校作为当前培养技术技能型人才的主阵地，理应承担起培养高水平和高质量人才的历史使命。据《高技能人才队伍建设中长期规划（2010—2020 年）》测算，到 2020 年技能劳动者需求将比 2009 年增加近 3290 万人（不含存量缺口 930 万人），其中，高技能人才需求将增加 990 万人。重点产业调整振兴计划的实施和新兴战略性产业的发展，急需一大批掌握精湛技能和高超技艺的技能人才作支撑。随着我国“中国制造 2025”国家重大战略、“一带一路”倡议等布局的深度推进，必将促进新型工业化、信息化、城镇化、农业现代化、绿色化同步发展，技术技能型人才对高质量的经济转型升级的支撑作用将进一步显现。

2015 年，时任国务院副总理刘延东指出，“十二五”以来，职业院校已向各行各业输送近 5000 万人的高素质技能型人才，释放了大量人才红利，对促进经济转型升级、改善民生有重要意义。[②] 未来十年，随着我国工业经济进入新常态，制造业增加值增速将逐步放缓，而制造业就业人口规模将相对稳定并突出结构优化，制造业全员劳动生产率与制造业增加值变化正相关并略高于后者增长速度。预计

---

① 中央经济工作会议举行 习近平李克强作重要讲话[EB/OL]. http://www.xinhuanet.com/2017-12/20/c_1122142392.htm.

② 刘延东：深化改革创新 推动职业教育发展实现新跨越[EB/OL]. http://www.xinhuanet.com/politics/2015-06/01/c_1115476983.htm.

“十三五”期间，制造业全员劳动生产率年均增速为7.5%左右。2018年政府工作报告指出：五年来，经济实力跃上新台阶。国内生产总值从54万亿元增加到82.7万亿元，年均增长7.1%，占世界经济比重从11.4%提高到15%左右，对世界经济增长贡献率超过30%。经济结构出现重大变革。消费贡献率由54.9%提高到58.8%，服务业比重从45.3%上升到51.6%，成为经济增长主动力。高技术制造业年均增长11.7%。创新驱动发展成果丰硕。全社会研发投入年均增长11%，规模跃居世界第2位。科技进步贡献率由52.2%提高到57.5%。载人航天、深海探测、量子通信、大飞机等重大创新成果不断涌现。高铁网络、电子商务、移动支付、共享经济等引领世界潮流。“互联网+”广泛融入各行各业。大众创业、万众创新蓬勃发展，日均新设企业由5千多户增加到1万6千多户。快速崛起的新动能，正在重塑经济增长格局、深刻改变生产生活方式，成为中国创新发展的新标志。[①] 这些数据表明我国经济结构已经发生积极转变，国家将加大对服务创新发展、产业转型升级和国家重大发展战略的人才扶持力度。基于中国教育科学研究院教育决策模拟系统预测，“十三五”期间，我国将通过高等教育使高技能人才占技能劳动者比例提高到28%，为三次产业协调发展提供人才保障，将第三产业就业人员比重提升到44%以上。[②]《2016中国高等职业教育质量年度报告》显示“自2011届以来，高职毕业生就业的专业相关度稳中有升；但与本科相比，理工农医类专业的相关度相对较低”。[③]“学非所用”的现象反映出部分专业的技术技能型人才培养与产业转型升级的岗位需求还存在差距，经济社会转型升级中所需的高技能人才依旧短缺。中国职教学会副会长、华东师范大学职业教育与成人教育研究所所长石伟平教授认为，当前高等职业教育服务经济社会发展的“底气”不足。[④] 面对上一轮科技进步带来的增长动能逐渐衰减，新一轮科技和产业革命尚未形成势头，高职院校应该加强技术技能积累，锤炼自身服务区域经济社会发展的能力，通过高职教育增加技术技能人才储备，以优质高职院校建设为突破口，加强自身技术服务能力建设，加快高层次技术技能型人才培养，从而为服务经济社会转型升级积蓄动能。

（二）建设优质高职院校是加快发展现代职业教育的重要内容

国家高度重视加快发展现代职业教育。党的十八大提出要“加快发展现代职业教育”。以此为基础，党的十九大强调要“完善职业教育和培训体系，深化产教

① 李克强.2018年政府工作报告全文[EB/OL].http://www.mod.gov.cn/shouye/2018-03/05/content_4806024.htm.

② 中国教育科学研究院课题组.未来五年我国教育改革发展预测分析[J].教育研究，2015，(5)：20.

③ 马树超，等.2016中国高等职业教育质量年度报告[M].北京：高等教育出版社，2016.

④ 石伟平.服务社会，高职需处理好的根本问题[N].光明日报，2016-7-5(15).

融合，校企合作”。《国家中长期教育改革和发展规划纲要（2010—2020年）》指出，到2020年，国家的优质教育资源总量不断扩大，形成适应经济发展方式转变和产业结构调整要求、体现终身教育理念、中等和高等职业教育协调发展的现代职业教育体系，满足人民群众接受职业教育的需求，满足经济社会对高素质劳动者和技能型人才的需要。第七次全国职业教育工作会议召开前，印发了《国务院关于加快发展现代职业教育的决定》，并提出到2020年，形成适应发展需求、产教深度融合、中职高职衔接、职业教育与普通教育相互沟通，体现终身教育理念，具有中国特色、世界水平的现代职业教育体系。同时，党和国家领导人多次对加快发展现代职业教育作出批示。

但是，我国目前在职业教育的改革发展方面仍然存在许多关联性的薄弱环节。我国仍有约三分之一省（区、市）尚未落实“制定本地区职业学校学生人数平均经费标准”的法定要求。有的地方虽制定了标准，但水平偏低；有的地方中职生均财政拨款制度执行不到位，省级财政只承担省属职业院校的拨款，经济基础薄弱地区落实情况存在较大差距。[①] 这也直接导致多个省份出现连年的生源荒，尤其是2011年以来，中职招生年均下降近60万人；少数高职院校招生也出现生源不足、报到率较低的情况。[②] 特别是高考招生录取制度尚未完善，进入职业院校就读的学生依旧以“成绩差”的学生为主，原本作为同等发展地位的职业教育只发挥了政策兜底功能。

对此，《国务院关于深化考试招生制度改革的实施意见》指出，要加快推进高职院校分类考试。高职院校考试招生与普通高校相对分开，实行“文化素质＋职业技能”评价方式。这种做法为报考高职院校的考生设计了更加独立、更为完善的升学通道与遴选流程，并赋予考生和高校更多的自主权，从根本上改变了过去考生在选择职业教育上的“无奈”状态，从“无奈就读”转向“自愿选择”，有利于学生的专业学习和今后的职业发展，真正实现人人都能成才，人人都能出彩的目标。对高职院校而言高考制度改革也更有利于吸引优质的生源，强化技术技能培养，为社会输送高质量的毕业生，激发企业参与职业教育的主动性和积极性。

生源录取方式的变化使处于生源相对较差的高职院校与学术型大学培养的人才有了同场竞技的机会，由于地方新建本科高校转型进展缓慢，[③]他们的高技术技能人才供给数量还没有实现与经济社会发展的有效对接，而仅仅依靠小部分高职院校的行动自觉还不足以打造出高等职业教育的“升级版”。以浙江省为例，独

---

① 张德江. 全国人民代表大会常务委员会执法检查组关于检查《中华人民共和国职业教育法》实施情况的报告[EB/OL]. http://npc. people. com. cn/n/2015/0629/c14576-27225792. html.

② 殷泓，王逸吟. 职业教育法执法检查三惑[N]. 光明日报，2015-6-22(6).

③ 李剑平. 地方新建本科高校转型动了谁的奶酪[N]. 中国青年报，2014-7-15(3).

立设置的45所高职院校中，共设置专业314个，专业点数1193个，校均设置专业数26.5个，其中设置9个以上专业大类的高职院校有10所，15所院校以上同时开设的专业有20个，很多专业特色没有得到体现，优质的教育资源没有得到充分挖掘。对此，院校之间的差异化发展还需要通过统筹布点引导高职院校紧扣区域产业发展特点设置专业，形成错位发展的专业格局，通过国家示范校与应用型本科院校协同培养，实现高职、本科之间的衔接，对接区域的主导“产业链”来打造学校的优势“专业链”。这些体现现代职业教育特点的工作任务不能以个别院校的改革试点和典型案例作为标志性成果，而需通过国家力量推出建设一批优势专业和优质院校，即“双优”或“双一流”等重大项目，让这一批高职院校切实肩负起提高技术技能人才供给的质量，进一步提升职业教育的吸引力，形成中国特色的现代职业教育体系的重要使命。

（三）建设优质高职院校是高职院校争创世界一流的战略举措

从国际经验看，高职院校应该输送更多高层次的技术技能型人才。因为实体经济的健康发展和发达程度与本国职业教育密切相关，各国在应对经济下行压力、重塑实体经济优势、推进高端制造业发展和推广新兴技术等领域中，都将职业教育及其改革创新放在关键位置。[①]《2016年全国教育事业发展统计公报》中指出，截至2016年，全国共有高等学校2880所，高等教育在学总规模达3699万人，高等教育的毛入学率达到42.7%。面对高等教育大众化时代的新阶段，同样占据高等教育院校数量“半壁江山”的高职教育，在数量增长的背后，诸如专业布局、专业诊断机制、专业动态调整退出机制、第三方评价机制、地方经济服务能力等体现国际视野、世界水平的重要的改革内容还需要创新实施载体，积极实践。

2006年启动的国家示范性高职院校建设充分展示了高层次、高质量的国家项目在高职院校的建设思路、建设途径、建设目标，在高职教育教学理念更新、教育教学管理变革创新、人才培养模式改革、课程体系构建、教学方法创新等诸多方面取得的一系列重大成果，这些成果的取得为高职院校内涵建设奠定了坚实的基础，实现了对其他高职院校建设目标的引领效应、激励驱动效应和示范服务效应，推动了其他高职院校的建设和发展，逐渐形成了以专业为核心的内涵建设行动自觉。而国家示范性高职院校建设宗旨在通过示范性高职立项建设院校进行综合建设、重点专业建设和社会服务能力建设等，来带动全国高等职业院校办出特色、提高水平，其目的是引领与示范。而优质高职院校建设旨在全国建设一批办学定位准确、专业特色鲜明、社会服务能力强、综合办学水平领先、与地方经济社会发

---

① 鲁昕. 发展现代职业教育解决就业结构性矛盾[EB/OL]. http://finance.sina.com.cn/hy/20140322/121118584298.shtml.

展需要契合度高、行业优势突出的优质高等职业院校，其目标更加强调发展质量，更加强调综合改革，更加强调地方统筹，更加强调创新发展，更加强调保障机制。[①]

反观我国的普通高等教育，国家对其扶持力度大大超过职业教育。公开数据显示，从 1995 年到 2005 年，“211 工程”共计完成投资 368.26 亿元，1999 年正式启动的“985 工程”，一期建设完成投资共计 255 亿元，二期建设实际投入建设资金达 414 亿元，到 2012 年底的三期建设资金也逾 450 亿元。[②] 而国家对高等职业教育的投入相对较少，国家示范性高职院校建设国家投入为 45.5 亿元。国家对高职院校的建设投入还没有与高等职业教育所处的重要地位相匹配。中山大学原校长黄达人认为，应该把支持高水平职业院校建设与“双一流”建设、高水平应用型本科高校建设匹配起来，争创世界一流高职需要有一批优质的高职院校和一批优质的专业。另据课题组以“目前制约贵校发展的内部因素中，较为突出的问题”调研发现，选择“‘双师双能’教师缺乏”的比例最高，其次是“缺少国际交流与合作”“专业服务产业发展能力不足”。其实，提升高职院校教师素质，提高教师应用技术服务能力、提升教育国际化水平等举措恰恰是当前高等职业教育服务“中国制造 2025”国家重大战略、“一带一路”倡议等的着力点。而且，我国已经于 2016 年加入“华盛顿协议”，应用型工程人才培养标准将与世界接轨，专科高等职业技术院校要想获得国际标准的认可，就必须加紧探索与国际接轨的人才培养质量标准体系，设计学历与职业资格对接框架，通过建设一批世界一流的高职院校和一流的专业，提高我国高职教育在国际上的影响力。

二、优质高职院校建设的可行性

随着“中国制造 2025”国家重大战略、“一带一路”倡议等的实施，国家亟须培养数以亿计的技术技能人才来弥补经济转型期的人才缺口。作为技术技能人才最主要的供给侧，职业教育得到了更加广泛的关注，建设一批优质高职院校已经成为全社会的共同意志。国家同地方纷纷踩下加速器，以空前的决心和精力投入发展高水平的职业教育。

（一）建设优质高职院校的制度环境已初步构建完成

1. 国家对职业教育改革的顶层设计已经基本完成

进入 21 世纪以来，国家对职业教育的改革力度前所未有，建成了世界上规模最大的职业教育体系。一是出台并有效实施了一系列有利于职业教育发展的政

① 林宇.《高等职业教育创新发展行动计划》突出了五个更加强调[EB/OL]. http://ishare.iask.sina.com.cn/f/32YU4RlNzaw.html.

② 黄达人. 发展优质高职缓解教育公平焦虑[N]. 光明日报，2016-6-22(7).

策。2014 年全国职业教育工作会议召开,印发了《国务院关于加快发展现代职业教育的决定》《现代职业教育体系建设规划(2014—2020 年)》,标志着发展现代职业教育的顶层设计已经完成。[①] 在此基础上,又相继发布了《关于建立完善以改革和绩效为导向的生均拨款制度加快发展现代高等职业教育的意见》《关于深化职业教育教学改革全面提高人才培养质量的若干意见》《高等职业教育创新发展行动计划(2015—2018 年)》《关于深化产教融合的若干意见》《关于深入推进集团化办学的意见》《职业学校校企合作促进办法》等一系列职业教育管理制度和指导意见,使职业教育的顶层设计不断完善。二是职业教育的质量保障体系逐步成型。开展职业教育法执法检查,通过对职业教育事业发展和职业教育法实施情况的深入了解,抓住影响和制约职业教育发展的突出问题,对推动改进工作、解决问题、完善法律制度起到了积极作用。在全国职业院校逐步推进建立教学工作诊断与改进制度,全面开展教学诊断与改进工作,建立起了职业院校人才培养质量保障工作的新常态。三是高职教育改革发展路线图逐步清晰。目前验收通过的 199 所国家示范(骨干)高职院校、各省先后建设的 281 所省级示范(骨干)院校以及《高等职业教育创新发展行动计划(2015—2018 年)》中提出即将要启动建设的"200 所优质专科高等职业院校",基本形成了以国家示范(骨干)高职院校为引领、省级示范(骨干)高职院校为带动、省级优质高职院校建设为提升、国家级优质高职院校建设为突破的发展格局,更加清晰地勾勒了高职教育改革发展路线图。

2. 地方政府有能力担负发展职业教育的主体责任

一方面,地方政府已履行起发展职业教育的职责,对接国家政策出台符合地情、支持职业教育发展的地方性政策。截至 2015 年底,已有 27 个省(区、市)人民政府召开了职业教育工作会议,印发了推进职业教育改革发展的意见或规划。教育部与有关部门、地方人民政府签约共建了 12 个国家职业教育改革试验区。[②] 另一方面,在国家综合奖补、专项督导等多种措施的引导下,地方政府能确保地方配套投入足额、按时到位。2015 年,全国 19 个省(区、市)生均公共财政教育经费支出超过 12000 元,北京、西藏、上海、宁夏等 4 个省(区、市)生均公共财政教育经费较高,已经超过 2 万元。[③] 一些基础良好的中西部地区如山西、甘肃、四川等地,也都规定了分步达标的具体时间和经费额度。值得一提的是,地方对优质专科高等职业院校的建设都赋予了极大的热情,共有 32 个省(区、市)的《行动计划》落实方

---

① 陶叶. 教育部:我国职业教育改革已基本完成顶层设计[EB/OL]. http://www.jyb.cn/zyjy/zyjyxw/201406/t20140626_587829.html.

② 张德江. 全国人民代表大会常务委员会执法检查组关于检查《中华人民共和国职业教育法》实施情况的报告[EB/OL]. http://npc.people.com.cn/n/2015/0629/c14576-27225792.html.

③ 上海市教育科学研究院,麦可思研究院. 2017 中国高等职业教育人才培养质量年度报告[R]. 北京:高等教育出版社,2017.

案明确将“优质专科高等职业院校建设”列入实施项目，同时切实履行资金支持责任，地方财政今后三年预估投入60.25亿元建设328所优质学校，为优质专科高等职业院校建设提供了保障。截至2017年底，共有15个省（区、市）公布了245所优质校名单。

以浙江省为例，浙江省作为我国经济先发地区，职业教育发展也处于全国领先地位。从2002年起，浙江省属高职院校开始实施生均定额拨款，以学生人数为基础，结合专业、层次等因素，计算高职院校年度拨款。2019年，生均基准定额已达每生每年11500元。相对充足的经费为高职院校发展提供了有力保障，如浙江省财政以专业实际在校生为依据，按照人文社科类专业增加2500元、理工农医类专业增加3000元的标准，全面提高优势专业的生均拨款标准，支持优势专业加快形成和强化在省内外同层次同类型专业中的领先优势。为切实落实高校教学工作中心地位，提高人才培养质量，浙江省每年开展高职高专院校教学工作及业绩考核，根据考核结果安排奖补资金，平均每年安排1.3亿元。

3. 全社会重视和支持职业教育的氛围正日渐浓厚

2012—2017年，全国高职院校连续六年发布年度质量报告，在此基础上，上海市教育科学研究院与麦可思研究院每年联合发布《中国高等职业教育质量年度报告》，通过翔实的数据向社会全方位地呈现了高职教育的发展现状。2016年起，除了1284所高职院校发布质量年报外，更有262家企业向社会首次发布了《企业参与高等职业教育人才培养年度报告》，2017年，向社会发布《企业参与高等职业教育人才培养年度报告》的企业达到428家，增幅达63.3%，这些企业中有近85%对高职教育有人力资源投入，改善了高职院校师资队伍结构，充分体现了企业的责任意识和办学主体作用。连续两年举办“职业教育活动周”，众多政府部门、行业企业、职业院校、普通学校、科研和教研部门、教育期刊界都积极参与到这一活动中来。职业院校打开校门，使社会大众了解、参与和认可职业教育；企业开放车间，展示现代产业发展前景和对技术技能人才的需求；学生走进职业院校和企业，开展职业体验，接受职业启蒙。职业教育的社会影响力和吸引力不断提高，全社会发展现代职业教育的热情越来越高。

（二）职业教育持续深化改革支撑优质高职院校建设

1. 以内涵发展为着眼点的高职院校办学质量逐步提升

“十二五”期间，高职院校主动对接产业发展，专业设置渐趋合理。2015年，教育部颁布新版《普通高等学校高等职业教育（专科）专业目录》，专业总数由原来的1170个调减到748个，并首次列举了764个专业方向，调减后的第一、二、三产业相关专业数比例为6.8∶39.4∶53.8，与当前国内生产总值比例基本吻合，更加契合高职教育人才培养目标定位。师资队伍持续优化，高等职业院校教师总规模达到 63 万人，专任教师达到 43.66 万人，“双师型”教师占比近 40%。依托高等学校、职业院校和大中型企业建立全国重点建设职教师资培养培训基地 93 个，全国职业教育教师专业技能培训示范单位 8 个和全国职业教育教师企业实践单位 10 个。[①] 学生就业质量逐年提高，高职毕业生毕业半年后平均月收入增长趋势明显，2016 届高职毕业生毕业半年后平均月收入 3599 元，连续 5 年稳定增长。与 2012 届相比，月收入提高了 31.8%。[②]

2. 以“互学互鉴、开拓创新”为特征高职文化逐步形成

高职院校之间的发展更加协调。国家示范（骨干）院校的使命感明显增强，通过与经济欠发达地区开展对口支援、与区域内中高等职业院校开展对口交流等方式，不断促进职业教育的均衡发展。非国家示范（骨干）院校则呈现出你追我赶的积极态势，并通过各有所长的特色发展不断缩小与示范院校的差距。政校企之间的交流合作明显增多。合作渠道不断拓宽，教育与产业界共同发展职业教育的工作机制逐步建立，组建了基本覆盖国民经济各个门类的 62 个行业职业教育教学指导委员会，联合行业召开工作会议、制定专项政策，每年举办 10 余次产教对话活动。推进集团化办学，建成职教集团约 1300 个，覆盖 70%以上职业院校，联系近 3 万家企业。[③] 启动实施现代学徒制试点，进一步激发了企业参与职业教育的活力。两批共 364 家单位成为国家“现代学徒制试点”单位。2015 年，全国有 886 所高职院校与企业合作的专业达到全校专业总数 50%以上。企业一线专业技术人员与能工巧匠更加深入地参与到教学过程，有 563 所高职院校的兼职教师专业课课时占比达到 20%以上。[④] 高职院校的管理方式不断创新。在办学体制机制创新、深化二级管理、专业技术职务评聘、经费管理等方面取得了新突破，一些高职院校以二级学院或内设机构“股份制”“混合所有制”为试点，积极探索内部产权制度改革和利益共享机制建设。

3. 以标准体系建设为引领的质量保障体系正逐步成型

教育部于 2010 年和 2012 年先后启动了高职专业教学标准和中职专业教学标准的建设工作，委托行业职业教育教学指导委员会（简称行指委）组织开发国家专业教学标准，并于 2012 年 12 月发布了首批涉及 18 个专业大类的 410 个高等职业

---

① 教育部职业教育与成人教育司.“高等职业教育质量稳步提升，一批高水平学校快速成长”有关情况[EB/OL]. http://www.moe.gov.cn/jyb_xwfb/xw_fbh/moe_2069/xwfbh_2016n/xwfb_160628/160628_sfcl/201606/t20160628_269903.html.

② 上海市教育科学研究院，麦可思研究院. 2017 中国高等职业教育人才培养质量年度报告[R]. 北京：高等教育出版社，2017.

③ 周为. 在第八届中国—东盟职业教育改革发展论坛上的主旨发言[J]. 中国职业技术教育，2015(25).

④ 上海市教育科学研究院，麦可思研究院. 2016 中国高等职业教育人才培养质量年度报告[R]. 北京：高等教育出版社，2016.

学校专业教学标准，2014 年 5 月颁布了涉及 14 个专业大类的 95 个中等职业学校专业教学标准。专业教学标准的制定将会极大地促进我国职业院校课程改革的深度发展，因为专业教学标准作为职业院校开展人才培养的基础，是规范职业院校专业教学、全面提高人才培养质量的重要依据。专业教学标准体系的建设之于高职院校高质量发展具有十分重要的价值意义。首先，专业教学标准是规范高职院校专业教学行为的重要规范，过去很长一段时间，由于标准的缺失，各个职业院校专业教学行为存在着较大的差异，很难依据权威的标准对其教育教学质量进行评定，而有了国家专业教学标准，高职院校各个专业的人才培养定位、课程设置、教学资源配置才会有基本规范。其次，专业教学标准是全面提升高职院校人才培养质量的根本前提，标准是质量提升的前提，国家专业教学标准的开发将会极大提升职业院校专业建设与课程建设的水平，有效解决课程重复建设的问题，促进多方面的系统衔接。最后，国家专业教学标准的制定与实施也是深化高职教育人才培养模式改革的重要基础，能够真正实现基于企业的人才需求展开人才培养活动，而且依据专业教学标准，无论是教育经费还是教学资源的投入都将会是一种高效的投入，从而有效避免低水平的重复建设。

4. 以国际化与信息化建设为核心的现代高职正逐步实现

在前期的项目化建设中，国际化与信息化一直是其中重要的建设内容，通过整体办学实力的增强和项目化的带动，加快了高职院校国际化与信息化建设进程。众多高职院校积极开展国际职业教育合作与发展，服务“一带一路”倡议，加强与职业教育发达国家的政策对话、师生的交流交换，探索对发展中国家开展职业教育援助的渠道和政策，参与职业教育国际标准与规则的研究制定，开发与之对应的专业标准和课程体系。至 2015 年底，全国高职院校中外办学机构和项目已达到 741 个，覆盖全国 27 个省份。[①] 信息化建设方面，在国家数字化校园试点项目带动下，高职院校将信息化建设作为提升学校核心竞争力的重要推手，至 2015 年，高职校园网主干最大带宽 10 000 Mb/s 以上的院校由上一年度的 193 所增加到 260 所；上网课程数达到 50 门以上的院校由上一年度的 388 所增加到 445 所。[②] 同时，积极推进教学工作信息化和优质资源共建共享。2010 年，教育部启动实施职业教育专业教学资源库建设项目，投入中央财政资金 3.8 亿元，建设了由 71 个专业教学资源库、1 个民族文化传承与创新资源库（共 8 个子库）和 1 个学习平台组成，覆盖全部 19 个高职专业大类的资源库建设体系，建成各类多媒体资

---

① 林金辉. 中外合作办学发展报告 2010—2015[R]. 厦门：厦门大学出版社，2016：124.

② 教育部职业教育与成人教育司. “高等职业教育质量稳步提升，一批高水平学校快速成长”有关情况[EB/OL]. http://www.moe.gov.cn/jyb_xwfb/xw_fbh/moe_2069/xwfbh_2016n/xwfb_160628/160628_sfcl/201606/t20160628_269903.html.

源71万余条，资源总量达15.8 TB，注册学员达92万余人，累计访问量超过1.5亿人次，[①]信息化建设总体水平显著提升。

（三）脱颖而出的高水平高职引领优质高职院校建设

2006年，教育部、财政部联合实施“国家示范性高等职业院校建设计划”，十年间，先后建成199所国家示范（骨干）高职院校。在此改革思路下，各省先后建设了281所省级示范（骨干）院校。同时，现代学徒制试点、信息化试点、精品资源共享课建设等项目陆续开展，项目院校在领导能力、综合水平、教育教学改革、专业建设、社会服务等方面的水平不断提升并逐步领先他同类院校。特别是一批以国家示范院校项目建设单位为代表的高水平高职院校正脱颖而出，成为高职院校冲击“世界一流”的主要力量。

1. 成为技术技能人才培养新高地

以服务经济转型发展为主线，优化专业结构，深化课程和教学内容的改革，满足产业转型升级对技术技能人才的新需求。就2014届高职院校毕业生情况来看，项目院校毕业生的雇主满意度为91.12%，比全国高职院校毕业生82.2%的雇主满意度提高9%；毕业生月平均收入为3312元，较2011届高出584元，增幅达到21.41%。《“国家示范高等职业院校建设计划”骨干高职院校建设项目绩效评价报告》中指出，骨干院校近三年在全国职业院校技能大赛中的获奖比例为非骨干院校的2倍，获奖基本覆盖所有项目，体现了骨干院校在专业技术技能人才培养方面的较强优势。

2. 率先实现治理体系能力的现代化

建立起了“层层落实，逐级推进”的运行机制，最大限度地调动了参与人员的积极性和创造力，形成了自上而下对项目化管理的关注、参与和支持局面。项目实施过程中，院校的管理经验和做法由点到面，不断扩大，这种以目标为导向逐一解决问题的机制被有效地复制和借鉴到学校的其他管理工作中，提高了学校的运行效能。在经费管理制度设计和执行上，项目建设单位积极探索实践，绝大部分院校的资金预算到位率、执行率、完成率均达到验收要求，为优质专科高等职业院校建设提供了有益的借鉴和帮助。

3. 成为服务区域产业升级的“领头羊”

2014年项目院校为企业提供技术服务收入累计超过10亿元，校均超过520万元；横向科研经费到款额校均410万元；毕业生留在当地就业的比例达

---

① 教育部职业教育与成人教育司.“高等职业教育质量稳步提升，一批高水平学校快速成长”有关情况[EB/OL]. http://www.moe.gov.cn/jyb_xwfb/xw_fbh/moe_2069/xwfbh_2016n/xwfb_160628/160628_sfcl/201606/t20160628_269903.html.

65.52%；非学历培训收入校均499万元，公益性培训服务校均超过2万人日。[①]在做大"量"的同时，更专注"质"的提升，《2016中国高等职业教育质量年度报告》从毕业生就业去向、横向技术服务到款额、纵向科研经费到款额、技术交易到款额、非学历培训到款额和公益性培训服务等六项指标，量化院校的社会服务贡献度，排出了"服务贡献50强高职院校"，其中42所为国家示范（骨干）院校，占比高达84%。

4. 产教融合、校企合作实现深入开展

产教融合既是高职教育的本质要求，也是职业教育改革发展最核心的经验。在具体实践中，项目院校先试先行，倒逼地方政府出台校企合作、教师专业技术职务评聘、顶岗实习补贴、兼职教师课时补贴和实训耗材补贴等配套政策，提升了产教融合的契合度。项目院校的主导作用持续显现，合作企业总计超过5.5万家，校均超过280家。生均教学仪器设备值将近1.5万元。行业企业兼职教师与专业教师比基本达到1∶1，专业双师素质教师比例进一步提高，接近75%。全国达到"专业基础课和专业课中双师素质教师比例达70%以上"优秀标准的365所院校中，有240所为国家及省级示范（骨干）院校，占比为65.8%。

① 教育部职业教育与成人教育司."高等职业教育质量稳步提升，一批高水平学校快速成长"有关情况[EB/OL]. http://www.moe.gov.cn/jyb_xwfb/xw_fbh/moe_2069/xwfbh_2016n/xwfb_160628/160628_sfcl/201606/t20160628_269903.html.

第一章 优质高职院校建设的理论基础

理论是行动的指导，对于行动的顺利进行和预期目标的实现具有重要意义。自教育部 2015 年 10 月发布《高等职业教育创新发展行动计划（2015—2018 年）》以来，各地纷纷推进优质高职院校建设，学者们也从不同角度对优质高职院校建设问题进行了探索。我们在学习借鉴相关研究成果的基础上，对优质高职院校及其相关概念进行了界定，对优质高职院校建设的目标与原则进行了分析，并对优质高职院校建设的理论依据进行了阐述，希望能够为人们深入认识优质高职院校、进一步推进优质高职院校建设提供一定的理论基础。

一、优质高职院校及其相关概念界定

在中文中，“优质”有两个含义，一个是“优良的质量”，另一个是“使器物质地、质量优化”。① 在英文中，“优质”一般被译为 “high-grade”。在“优质高职院校”中，“优质”意为“质量优良的”，其含义也与“优良的质量”对应。在“优良的质量”定义下，“优质”的核心是“质”，即质量，而“优”是指事物或活动的固有特性能够满足规定需要或潜在需要的程度。“优质”是各级各类教育的共同追求，是包括高职院校在内的所有学校的共同发展方向。当然，“优质”是一个相对的概念，随着时代的发展，其内涵会不断发展。要开展优质高职院校建设，需要先对“优质高职院校”的概念有一个清楚的认识，而要认识“优质高职院校”，就很有必要先对其上位概念“优质教育”和“优质学校”进行明确的界定。

（一）优质教育

“优质教育”这一概念最早出现在 20 世纪 80 年代美国里根政府提交给国会的《卓越教育报告书》中。它是一个相对的概念，由于教育目的、背景、参与教育的对象以及时代的不同，对其定义和期望也各有侧重和不同，而且其含义会随着时间的推移不断地发展和丰富。② 正因为如此，它至今都没有一个统一的定义。原中

---

① 优质[EB/OL]. https://baike.baidu.com/item/%E4%BC%98%E8%B4%A8/4204006?fr=aladdin.

② 赵长兴. 联合国教科文组织如何看优质教育[J]. 世界教育信息，2004，(9)：15-17.

国教育学会副会长、国家总督学顾问陶西平在一份题为《以整体优化思想推动优质教育的发展》的报告中指出："优质教育既指教育总体的高水平，又指标志性学校和教育机构的高水平，既指学校校舍、教育设施、现代教育技术等硬件的高水平，又指教育思想、课程、教材、教师队伍、教育管理等软件的高水平，既有优质教育资源的扩大，又有优质教育内涵的开掘。"[①]广州市现代教育科学研究中心李季认为，优质教育是一种以教育品质为根本，以内涵发展为主题，以人人享受优质教育为目标，以追求教育质量最优化和教育效果最大化为标志，着眼于提升学习者的学习品质、生活质量和生命质量以及有效地促进教育与人的持续发展的一种现代教育理念与模式体系，它是现代教育发展的共同价值取向。[②] 在关于"优质教育"的诸多定义中，前一个较好概括了"优质教育"的外延，后一个则较好指出了"优质教育"的内涵。

（二）优质学校

优质学校与优质教育是紧密联系的两个概念，创建优质学校是实施优质教育的基础，是优质教育理念的实践载体，而实施优质教育是创建优质学校的目标或归宿。[③]

国际上，优质学校概念的提出受到两个方面的影响，一个是20世纪后半叶世界教育体制中"教育权力重心下移"趋势，另一个是20世纪70年代以来风靡全球的"学校重建"(school restructuring)运动。在国内，随着我国经济社会的发展，生活水平越来越高，人们不再满足于"有学上"，而是希望"上好学"，因而优质学校进入人们的视野。在20世纪90年代，先是在由陈兴华于1994年发表的一篇人物报道中提及"优质学校"这一概念后，杭平和李军分别撰写、发表于1997年的解读香港教育统筹委员会第七号报告书《优质学校教育》和香港公民教育的文章中对"优质学校"进行了论述。[④] 从此以后，关于优质学校的研究逐渐多起来，但人们讨论较多的是中小学阶段的优质学校。

有研究者认为，关于优质学校，至少有三种不同的解读方式：一是实质性解读，认为既能让优生更优又能让差生变好的学校，才是真正的优质学校；二是世俗性解读，宣称只要升学率高，能满足社会对高升学率的期待的学校就是优质学校；三是行政性解读，即教育行政部门对不同类型的学校在软、硬件方面有不同的评

① 纪德奎.变革与重建：课堂优质化建设研究[D].兰州：西北师范大学，2008：3.

② 沙培宁.聚焦优质教育——"基础教育的使命——努力办好优质教育"学术研讨会综述[J].中小学管理，2004，(3)：6.

③ 周峰，苏鸿，郑向荣.论优质学校的内涵及特征[J].教育发展研究，2009，(12)：12.

④ 张新平，陈粤秀.何谓优质学校——基于40位教管人员的访谈研究[J].教育发展研究，2011，(10)：46.

价与验收标准，符合高标准的学校就是优质学校。[①] 在这三种“优质学校”中，教育行政部门着力推进第三种“优质学校”，学校在推进第三种“优质学校”、迎合第二种“优质学校”的同时，默默追求第一种“优质学校”，学生家长则大多追求第二种“优质学校”。实际上，上述三种“解读方式”从宏观角度指出了“优质学校”概念的外延。也有研究者从微观、否定的角度指出了“优质学校”概念的外延。他们认为，一个学校如果有以下问题，它肯定不能算作优质学校：①没有主张变革的学校领导；②教师没有专业自主权，不能参与学校决策，感受不到意义报偿，自我效能感缺失；③有相当一部分学生受到不公平的教育待遇；④没有学习与发展的氛围。[②]

优质学校不是一个静止的、绝对的概念，而是一个动态的、相对的概念，其内涵会随着时代发展不断地变化。在早些年，人们心目中的“优质学校”应该是环境好、师资好、资源丰富、升学率高的学校。随着“优质学校”理论和建设实践的发展，人们越来越认识到，除了具有这些内涵之外，“优质学校”还应该强调文化，鼓励学习机制，注重创新，讲究推进策略，它既需要对学校内部的课程、教师、学生、教学、管理等要素的功能进行整合，也需要获得外部的动力支持。总之，优质学校是能够不断获得和合理运用自身能力，改善学校文化，提升学校管理水平，增强教师能量，最终促进学生、教师和学校自身全面持续发展的专业组织。[③]

（三）优质高职院校

优质高职院校是优质学校中的一种类型，创建优质高职院校是实施优质高职教育的基础。那么，优质高职院校是什么？什么是优质高职院校？[④]

目前，在关于优质高职院校的研究中，尚无研究者直接指出“优质高职院校是什么”。不过，从他们的论述中，可以总结出两种观点：第一，优质高职院校是在办学过程中能够满足学生、教师、院校管理者、市场、政府等利益相关者诉求的学校；[⑤]第二，优质高职院校是既有“大楼”又有“大楼里的内涵与精神”的学校。[⑥] 另外，根据教育部 2015 年 10 月份发布的《高等职业教育创新发展行动计划(2015—

---

① 翁乾明. 判断优质学校的感性标志[J]. 中小学管理，2008，(9)：46.

② 谢翌，马云鹏. 优质学校的基本理念与文化形态[J]. 教育研究，2008，(8)：63.

③ 谢翌，马云鹏. 优质学校的基本理念与文化形态[J]. 教育研究，2008，(8)：62.

④ 从逻辑学的角度来讲，“优质高职院校是什么”探讨的是优质高职院校概念的内涵，揭示的是优质高职院校的本质，“什么是优质高职院校”讨论的是优质高职院校概念的外延，即概念的适用范围。参见：李吉芳，陈新宇. 论“教育是什么”与“什么是教育”[J]. 现代教育科学・普教研究，2011，(1)：5-7.

⑤ 郑小明. 建设优质高职院校的背景、内涵与标准[J]. 江苏教育研究，2016，(10)：57-60；郝天聪. 优质高职院校建设的必要性、价值标准与行动框架[J]. 职教论坛，2017，(22)：7-8；徐玉成，贾少华. 优质高职院校建设的内涵、着力点与行动路径[J]. 教育与职业，2018，(16)：30-32.

⑥ 罗婕. 优质高职院校内涵探析[J]. 昆明冶金高等专科学校学报，2018，(2)：2.

2018年)》,优质高职院校是"办学定位准确、专业特色鲜明、社会服务能力强、综合办学水平领先、与地方经济社会发展需要契合度高、行业优势突出"的专科高职院校。可以看出,这三种关于"优质高职院校是什么"的表述,未超出前述"优质学校是什么"的表述范围。也就是说,我们也可以说,优质高职院校是"能够不断获得和合理运用自身能力,改善学校文化,提升学校管理水平,增强教师能量,最终促进学生、教师和学校自身全面持续发展的专业组织"。当然,与中小学相比,高职院校在专业特色、社会服务能力、与地方经济社会发展需要契合度、行业优势等方面有不同之处,而且对于学校而言,用"条件"代替"能力"这个词似乎合适一些。因此,我们认为可以将这个表述调整为:优质高职院校是能够不断获得和合理运用自身专业特色、社会服务能力、与地方经济社会发展需要契合度、行业优势等方面条件,改善学校文化,提升学校管理水平,增强教师能量,最终促进学生、教师和学校自身全面持续发展的专业组织。

弄清楚了优质高职院校是什么,那么,什么是优质高职院校?结合对高职院校建设实践和相关文献的分析,我们提出如下几类"优质高职院校",并指出其评判标准。

第一,政府视角下的"优质高职院校"。《高等职业教育创新发展行动计划(2015—2018年)》指出的"办学定位准确、专业特色鲜明、社会服务能力强、综合办学水平领先、与地方经济社会发展需要契合度高、行业优势突出的优质高职院校"无疑是优质高职院校,这些学校能够为地方经济社会发展服务,能够促进社会就业,能够为国家战略服务,它们是政府视角下的"优质高职院校",它们需要通过教育行政部门组织的相关评估才能正式获得"优质高职院校"的称号。

第二,市场视角下的"优质高职院校"。能够为行业企业培养其所需要的具有过硬技能与素质的优质劳动力的高职院校是优质高职院校,这是市场视角下的"优质高职院校",市场(行业企业)的满意度就是对它们的"认证"。

第三,就业视角下的"优质高职院校"。学生就业状况良好的高职院校是优质高职院校,这是就业视角下的"优质高职院校",其评判不仅要看就业率,还要看就业质量(包括工作与专业吻合度、月收入、职业期待吻合度、离职率等)。

第四,学生发展视角下的"优质高职院校"。能够让所有学生(包括所谓的"优生"和"差生")的生存和发展需要都能够得到较好满足的高职院校是优质高职院校,这是学生发展视角下的"优质高职院校",其评判要综合考虑学生的就业情况、升学情况以及学生、学生家长对学校的满意度。

第五,教师发展视角下的"优质高职院校"。能够让教师得到较好发展的高职院校是优质高职院校,这是教师发展视角下的"优质高职院校",其评判可以综合考虑教师职业发展状况以及教师对此的满意度。

第六,学校发展视角下的"优质高职院校"。能够持续获得较好发展的高职院校是优质高职院校，这是学校发展视角下的“优质高职院校”，其评判既要看学校的发展现状与趋势，也要看学校的历史发展状况。

二、优质高职院校建设的目标与原则

（一）优质高职院校建设的目标

1. 支撑产业转型升级服务国家战略

随着我国经济社会发展进入全新阶段，党中央、国务院主动应对全球形势深刻变化，统筹国际国内两个大局，出台了一系列事关国运民生的重大战略部署，如“中国制造2025”的产业升级、“互联网＋”战略的“智”造引领、“一带一路”倡议的产能转移，“大众创业、万众创新”战略的创新驱动，以及“精准扶贫”和“乡村振兴”战略的深入贯彻实施。一系列重大战略的密集实施标志着我国经济社会发展已经进入了攻坚时刻，改革成功与否事关国际地位与民生福祉，作为与经济社会发展联系最为紧密的一种教育类型，职业教育必须服务国家重大战略，实现职业教育办学功能与国家重大战略需求之间的耦合匹配。

当前，一系列产业发展规划政策积极吹响了我国产业发展从中低端向高端挺近的号角。然而，产业结构调整离不开产业人口技能结构的调整，产业技术升级离不开产业人口技术素质的升级，产业发展转型离不开产业人口劳动技能的转型，产业升级追根溯源是人的升级。目前，我国共有技能劳动者1.65亿人，仅占就业人员总量的21.3%，高技能人才4791万人，仅占技能劳动者总数的29%。技能劳动者的求人倍率一直在1.5以上，高级技工的求人倍率甚至达到2以上的水平，技能劳动者比例偏低且结构不合理，高技能人才严重匮乏，已经成为制约我国产业升级和企业竞争力提升的关键瓶颈。职业教育是与经济社会发展联系最为紧密的一种教育类型，高职院校是承担高素质技术技能人才培养的重要力量，在产业升级发展的新需求驱动下，需要进一步将高职人才培养与产业升级全方位对接，与经济社会发展深度契合，打造与我国经济社会发展战略和区域产业结构相匹配的高水平高职教育。

高等职业教育的基本使命是培养经济社会发展需要的高素质技术技能人才，实施优质高职院校建设计划，首先要站在服务国家发展战略的高位上来确立指导思想和总体目标。具体包含两层含义，一是要体现我国现代职业教育体系建设的总体指导思想，坚持以邓小平理论、“三个代表”重要思想、科学发展观、习近平新时代中国特色社会主义思想为指导，贯彻落实十九大会议精神，以“五位一体”总体布局和“四个全面”战略布局为引领，按照“创新、协调、绿色、开放、共享”五大发展理念要求，全面贯彻党的教育方针。二是要适应我国产业发展的总体战略，积极融入“互联网＋”、“中国制造2025”、“一带一路”、创新创业等产业发展的大背景，在产业转型升级发展中发挥自身教育功能的独特作用。

2. 突破瓶颈引领职业教育改革创新

党的十八大以来，教育部认真贯彻落实中央决策部署，推动职业教育坚持服务发展、促进就业的办学方向，走出了一条中国特色的职业教育发展道路，实现了历史性的新跨越。尽管职业教育取得了突破性进展，但也必须清醒认识到，由于多种因素的制约，当前职业教育仍然是我国教育体系的薄弱环节，尤其在办学质量上与我国经济社会发展对职业教育的期待仍然存在着较大的差距，对标世界一流职业教育还有提升的空间。例如，职业教育的重要战略地位还未能够充分落实，产教融合、校企合作的制度保障还不成体系；职业院校办学条件薄弱，区域之间在发展水平上存在着不均衡与不协调，双师型教师队伍建设进程缓慢，办学水平同样有待提升。党的十九大报告明确提出了“必须坚持质量第一、效益优先”，质量是守护职业教育健康可持续发展的生命线，着力解决人民群众和经济社会对于优质、多层、多样职业教育的需求与职业教育发展不强、不优、不活之间的矛盾，根本要义在于提高质量。

2014 年出台《国务院关于加快发展现代职业教育的决定》，进一步确立了具有中国特色现代职业教育的体系和内涵，明晰了“以立德树人为根本，以服务发展为宗旨，以促进就业为导向”的教育类型的定位。优质高职院校建设要紧紧把握现代职业教育发展内涵，并作为未来一个时期推动我国现代职业教育发展的一项重要战略举措，以此定位项目建设的总体目标。《高等职业教育创新发展行动计划(2015—2018 年)》也提出，要“坚持以示范建设引领发展，鼓励支持地方建设一批办学定位准确、专业特色鲜明、社会服务能力强、综合办学水平领先、与地方经济社会发展需要契合度高、行业优势突出的优质高职院校”，这是在现代职业教育发展内涵下对优质高职院校建设内涵的一个比较清晰的界定。

3. 实现后示范时期更高质量的发展

2006 年以来启动的国家示范校和骨干校建设，进一步明确了我国高职教育发展的方向，形成了一批高职院校改革的示范、发展的示范和管理的示范。从建设内容看，示范、骨干校建设的重点是探索和深化工学结合人才培养模式改革、工作过程系统化的课程建设、双师型师资队伍建设、实训基地建设以及校企合作体制机制创新等。我们对 121 所高职院校的 220 名教学管理人员所做的问卷调查显示，认为“国家示范院校建设等重大项目给高职教育发展带来的主要变化”中，推动高职教育从规模发展走向内涵发展(84.1%)、增强服务经济社会能力(60.0%)和形成可借鉴经验与模式(59.1%)为所占比例最高的三项。同时，示范、骨干校建设带动了高职院校的整体发展，一批非示范、骨干校建设的院校也取得了长足的发展，办学实力和内涵得到显著提升，尤其在不同区域、不同领域形成了改革与发展的经验、能力和成效。

在此基础上实施优质高职院校建设，一方面要继续发挥示范、骨干校建设的项目载体与机制的作用，固化和深化发展经验，但不是仅仅在示范、骨干校中的进一步选拔，而是要在更多高职院校中的推动、促进和提高；另一方面要围绕新时期我国现代职业教育的发展战略，本着问题导向和需求导向，在全面提升高职院校办学水平的基础上，从更加强调发展质量、更加强调创新发展、更加强调综合改革、更加强调保障体系、更加强调省级统筹等出发，着力于区域和院校实际，突出特色与创新，鼓励不同地区、不同类型的院校都办出特色。因此，优质高职院校建设应该定位于总体办学水平提升基础上关键领域、关键指标的突破与提升。

4. 打造世界一流高职提供中国方案

我国职业教育发展历程的现实写照，就是一个不断地在办学各个要素上实现与国外先进标准进行对接的过程，不断地通过调整自身的办学方向与行为适应国际规则的过程，合作对象是以德国、法国、澳大利亚、美国为代表的发达国家，合作方式主要是通过访问、开展交流会议、成立学习小组等，学习发达国家教育体系与先进的职业教育办学经验，并与发达国家初步达成合作意向，在职业教育体系的构建与经验分享上展开初步的交流与合作。在这一过程中，持续引入了德国的“双元制”、北美的“能力本位职业教育”、澳大利亚的 TAFE 体系和英国的职业资格框架体系等先进办学模式与经验，在先进经验的学习基础上，实现了我国现代职业教育体系建设的日趋完善以及办学质量的持续提升。

随着我国职业教育发展的日趋成熟完善，已经初步形成了世界最大规模的职业教育人才培养体系，不仅办学质量逐步提升，更是形成了一系列具有中国特色的职业教育教学改革的成功模式与特色成果。在新的发展时期，尤其是随着我国“一带一路”倡议的推动与实施，我国职业教育国际化发展已经不仅是一个单向度的适应国际标准与规则的过程，同时需要在适应国际规则的过程中通过模仿、学习与创新，形成具有自身特色的中国标准与规则，这应逐步成为我国职业教育国际化工作开展的基本出发点，也是评判未来我国职业教育国际化水平的重要衡量指标。这意味着我国职业教育发展需要在掌握职业教育规则制定的话语权力，发出中国声音，重视并推动我国职业教育办学经验“走出国门”，实现从过去的“单向输入”走向“双向互动”，在服务国家“一带一路”倡议过程中，传播中国职业教育的特色经验，提升中国职业教育的世界声誉与影响力。

《国务院关于加快发展现代职业教育的决定》提出，要“建成一批世界一流的职业院校和骨干专业，形成具有国际竞争力的人才培养高地”。随着我国经济社会发展，对高等教育的需求日趋多样化，高职院校有着自身作为一种新型高等教育机构的独特属性、功能和特征，适用的是与传统大学不同的质量观和质量标准。我们对 121 所高职院校所做的问卷调查发现，有 10.9％的学校将“十三五”规划的目标定位在“世界一流”，61.4％的学校定位在“国内一流”。在经历了一轮从规模到内涵的大发展之后，已经有越来越多的高职院校有基础、有实力、有信心朝建设“世界一流”高职院校努力。因此，将优质高职院校建设的目标定位在“世界一流”不仅必要，而且也是可能的。通过建设“世界一流”的高职院校，可以进一步促进我国职业院校参与世界职业教育的交流、合作与竞争，建成中国高职院校的旗帜和标杆；凭借世界一流的高职院校培养具有国际竞争力的高素质技术技能人才，向世界各地输出中国特色的职业教育文化。

（二）优质高职院校建设的原则

1. 争创一流原则

“一流”意为“第一等级”。所谓争创一流原则，是指在建设优质高职院校的过程中，高职院校要努力使自己成为所在范围的第一等级的高职院校。这个“范围”一般可分为省级范围（省、直辖市、自治区）和国家范围两类，这个“第一等级”可以是整体达到，也可以是在某一个方面达到。① 在“争创一流”的过程中，高职院校会在多个方面得到刺激和发展，无论它最后是否成为“一流”高职院校，其办学条件和办学水平都会得到一定的提升。因此，所有高职院校都应将争创一流原则作为其发展应该遵循的原则，有意成为优质高职院校的高职院校在优质建设过程中尤其应该遵循这一原则——实力弱一点的高职院校可以争取创建本省第一等级的高职院校，实力较强的高职院校则应该既争取创建本省第一等级的高职院校又争取创建国家第一等级的高职院校。

2. 特色发展原则

“特色”意为事物表现出来的独特的色彩、风格。所谓特色发展原则，是指在建设优质高职院校的过程中，高职院校应着眼于经济社会发展需求，遵循高等职业教育办学规律，从办学理念、办学定位、专业建设、课程体系建设、师资队伍建设和学校文化建设等方面着手，打造自己不可替代的品牌和风格，形成差异性发展优势。高职院校特色具有独特性、积淀性、先进性、稳定性、动态性、系统性等特点，②其建设发展需要统筹考虑，持续推进。在高职办学尚难完全自主的当前，学校的特色发展不仅需要办学者转变观念、端正思想，更需要教育行政部门给予必要的引导和支持，尤其是对于区域内院校之间的错位竞争，需要相关部门站在顶层设计的高度统筹院校之间的专业设置，撤并各种同类专业，整合专业师资和实训资源，举区域之力共同打造特色专业、品牌院校，以有效增强学校抵御市场风险

① 根据以往政策的特点，政府视角下的“优质高职院校”需要整体达到“第一等级”，但从特色发展的角度考虑，“某一个方面达到”第一等级的高职院校应该也可以算作“优质高职院校”。

② 强冬梅. 高职院校应走特色发展之路[J]. 安徽工业大学学报（社会科学版），2005，(5)：124-125.

的能力和服务区域经济社会发展的实力。[①]

3. 引领发展原则

“引领”意为带动事物跟随自己向某一方向运动、发展。所谓引领发展原则，是指在建设优质高职院校的过程中，高职院校不但应该持续完善自身办学条件，增强人才培养质量和社会服务水平，还应该将办学实践中那些确实有成效的理念、标准和机制，按照“经验—制度—文化—行动”等步骤沉淀下来，形成具有鲜明特色的高等职业教育制度范式，[②]进而以其带动其他高职院校不断提高自身办学质量和水平。引领发展是我国高职教育建设发展的一贯做法，是促进高职院校整体办学质量提升的有效措施，是优质高职院校应有的水平和应尽的义务，也是优质高职院校建设应该遵循的基本原则。

4. 择优支持原则

“择优”意为选择优秀的。所谓择优支持原则，是指在建设优质高职院校的过程中，综合考虑高职院校已有办学条件、优势特色、发展潜力等方面的情况，[③]以及学校未来发展规划情况，选择在整体上或者某一方面相对其他学校而言比较突出的学校，给予经费和政策等方面的支持，使学校快速成长为优质高职院校，并对其他高职院校的发展起到一定的“引领”作用。“择优支持”实质上是要在资源比较有限的条件下，集中部分资源打造发展“榜样”，并以其带动其他对象发展。遵循这一原则，既需要制定出科学的遴选标准，也需要在选择过程中兼顾高职院校的专业布局和区域布局，使高职院校群体的发展既有“高度”又有“宽度”，从而获得最大的发展效益。

三、优质高职院校建设的理论依据

（一）全面质量管理理论

“全面质量管理”是美国通用电气公司质量总经理阿曼德·费根堡姆(Armand Feigenbaum)和美国著名质量管理专家约瑟夫·朱兰(Joseph Juran)于20世纪50年代末提出的一个概念。该概念在日本得到了较大发展，形成了全面质量管理思想。“全面质量管理”早期被称为TQC(total quality control)，随着发展的深入，逐渐演变为TQM(total quality management)。

全面质量管理理论认为，全面质量管理是一个包括计划(plan)、执行(do)、检

① 王寿斌. 高职的出路在于错位竞争特色发展[N]. 中国教育报，2013-11-12(5).

② 任占营. 优质高等职业院校建设的思考[J]. 国家教育行政学院学报，2018，(7)：49.

③ 周建松. 优质高职院校建设重点与路径研究——基于示范性高职院校建设计划到创新发展行动计划演进的视角[J]. 职教论坛，2017，(12)：10.

查(check)、处理(act)四个阶段的循环过程，为了解决和改进质量问题，这四个阶段还可以具体划分为八个步骤：①分析现状，找出存在的质量问题(计划阶段)；②分析产生质量问题的各种原因或影响因素(计划阶段)；③找出影响质量的主要因素(计划阶段)；④针对影响质量的主要因素，提出计划，制定措施(计划阶段)；⑤执行计划，落实措施(执行阶段)；⑥检查计划的实施情况(检查阶段)；⑦总结经验，巩固成绩，工作结果标准化(处理阶段)；⑧提出尚未解决的问题，转入下一个循环(处理阶段)。[①] 该理论认为，为了有效提高产品或服务的质量，需要进行全过程、全单位和全员管理。所谓全过程管理，是指对产品或服务的需求分析、设计、研发、生产、销售、售后等各个环节进行全面的质量控制；所谓全单位管理，是指质量管理工作不仅局限于单位的质量管理部门，单位内所有部门都要参与到质量管理中来，共同对产品或服务的质量负责；所谓全员管理，是指单位的所有人，包括领导者、中低层管理者、研发人员、生产人员、销售人员和后勤工作人员等都要具有质量管理意识，在完成各自岗位工作的过程中参与质量管理。[②]

在建设优质高职院校的过程中，高职院校应该以全面质量管理理论为指导，制定学校建设发展目标，再辅之以全过程、全单位、全员的持续推进，从而不断提高学校教育教学质量，使学校成为能够促进学生、教师和学校自身全面、持续发展的“优质高职院校”。

(二)长板理论

“学习型组织理论”之父、美国管理学家彼得·圣吉(Peter M. Senge)曾经针对企业经营有关问题提出“短板理论”(又称“木桶理论”“水桶理论”或“木桶效应”)，该理论后来广泛应用到人力资源管理、经济、教育等众多领域，成为大家耳熟能详的一种理论。“短板理论”的主要观点是：由多块木板构成、横截面积一定、桶沿不齐的木桶，决定其盛水量多少的关键因素不是最长的那块木板，而是最短的那块木板；要想增加木桶的盛水量，需要换掉短板或将其加长。[③] 见图 1-1。

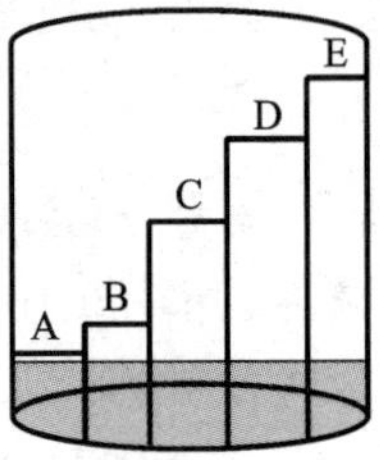

图 1-1 “短板理论”示意图

在“短板理论”的应用中，有人用它来指导自己“补短”，通过补齐短板从而使自己达到一个较高的水平；有人反其道而用之，努力凸显自己的“长板”，

① 全面质量管理[EB/OL]. https://baike.baidu.com/item/%E5%85%A8%E9%9D%A2%E8%B4%A8%E9%87%8F%E7%AE%A1%E7%90%86/82450? fr=aladdin.

② 王芳. 基于全面质量管理理论的电力企业客户关系管理的研究[D]. 天津：天津大学，2016：4.

③ 何立山. “短板”理论在思想政治工作中的应用[J]. 全国商情(理论研究)，2012，(4)：32.

通过“长板”去吸引别人的注意力，或者赢得发展机遇；有人“补短”“扬长”兼顾，既提高现有能力又提升潜在能力；还有人不仅关注“长板”“短板”，还关注“薄板”“桶底”“桶箍”和“桶盖”等，①全面、综合地考虑自己的能力培养问题。这些各不相同的应用并无优劣高下之分，关键在于应用者结合自身条件选取适合自己的应用方式，实现自己的目标。

在高职院校的办学中，无疑可以从上述各个角度来应用“短板理论”。但在建设优质高职院校的过程中，特别是在实施过示范性高职院校建设计划，已经将高职院校分为国家示范校、国家骨干校、省级示范校、省级一般校等不同类别的情况下，为了充分激发高职院校参与建设的热情，努力挖掘它们的潜力，我们认为，应该提倡高职院校凸显自己的“长板”，通过培育和展示“长板”（特色），一方面，突破已有身份标签的制约，进入优质高职院校行列，为自己的发展赢得资源，促进自身办学质量和水平进一步提升，另一方面，带动其他高职院校不断提高自身办学质量和水平；教育行政部门在遴选优质高职院校的时候，也可以将高职院校的“长板”（特色）作为重要的遴选标准。与“短板理论”相对应，我们将这一认识称为“长板理论”。显然，“长板理论”是“短板理论”的应用结果，是“短板理论”的一种变式。参照“短板理论”的相关表述，我们将“长板理论”的主要观点表述为：由多块木板构成、横截面积一定、桶沿不齐的木桶，在不改变木桶构成情况的状况下，可以将木桶倾斜，让其“长板”作为主要的“承水板”，从而扬长避短、增加木桶的盛水量。见图 1-2。

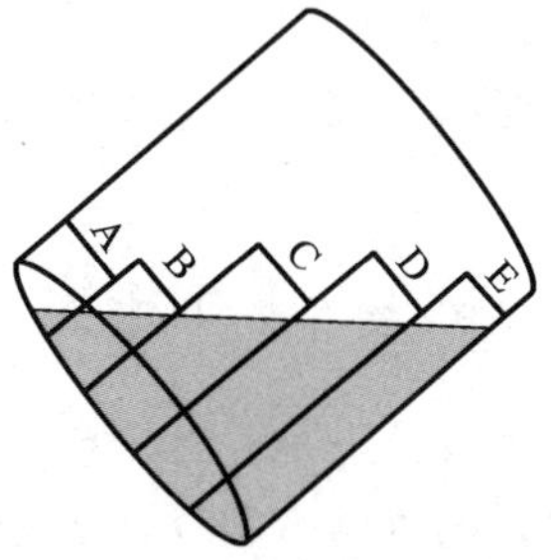

图 1-2　“长板理论”示意图

（三）差异化发展战略理论

差异化发展战略由“竞争战略之父”、哈佛大学商学院著名教授迈克尔·波特（Michael E. Porter）最先提出，它是指“企业凭借自身技术和管理优势，开发和生产出优于市场上现有产品水平的富有个性化色彩的独特产品”，实施这一战略的目的是提高企业的综合竞争力。差异化发展战略理论最初是针对企业经营管理提出的，后来被应用到教育等众多存在竞争的领域。

差异化发展战略理论认为，实施差异化战略的最终目的是提升产品的内在价值，在激烈的市场竞争中以价值取胜；实施差异化战略主要通过树立品牌形象，提高管理水平，提供特色服务，以创造一种独特的价值组合，使产品或服务在行业内部独树一帜，有一种或多种特质，让消费者愿意支付较高的价格来获得与众不同

① 赵存卿．“泛木桶理论”与教师管理[J]．教书育人，2005，(33)：12-13．

的并感受到是物有所值的商品或服务；差异化是不断创新的过程，它包括产品差异化、品牌差异化、技术差异化、文化差异化等，凡是能够使自己的产品或服务区别于其他产品或服务的所有要素都可以归结为差异化，但是仅凭某一点就想抢占市场份额是不够的，更重要的是要使自己的产品或服务独树一帜，明显地不同于其他，才能吸引消费者。①

在我国教育领域中，同质化是一种比较普遍的现象，它在一定程度上促进了教育的普及与均衡，但也导致了教育和受教育者的工具性异化。在高等职业教育的发展中，就存在比较严重的同质化问题。厦门大学潘懋元教授在谈到高校同质化问题时就曾一针见血地指出，高等职业教育与普通高等教育存在同质化倾向，许多高职院校想"专升本"，升本之后想招硕士，招了硕士又想招博士，最终都想办成研究型名校，这样就造成了"千校一面"的现象。如何破解这一问题？实施差异化发展战略是一种可行的策略。在建设优质高职院校的过程中，高职院校可以结合本校实际情况，在办学定位、体制机制创新、专业建设、师资队伍建设、产教融合平台搭建、社会服务能力提升、国际交流与合作、质量保障体系建设、毕业生行业企业影响力培养等方面形成自己的特色，实现差异化发展，从而在竞争中获得一定的优势。②

（四）教育公平理论

教育公平是人类社会努力追求的价值理念，它是一个古老的话题，也是一个世界性的难题。教育公平是大部分国家公共政策追求的目标，各国政府对教育公平发展一般有两个基本认识：一是保证国家的每个公民接受一定年限的基础教育，使其获得基本的知识与能力，从而能够在社会中生存下来；二是保证国家的每个公民享有平等的入学机会，不受社会经济状况、阶层、民族、地理位置、身体条件的影响。③ 我国学术界对教育公平问题的普遍关注和系统研究始于20世纪90年代，21世纪之前，国内相关研究多集中于西方相关理论的移植与引进，或者在我国改革开放后公平与效率研究的大背景下，致力于教育公平内涵及教育公平与教育效率的关系等方面的研究，21世纪以来，国内研究者将教育公平作为一个独立的研究领域进行了全面的探索，对其形成了比较系统的认识，与此同时，研究者们还

---

① 周晓红.实施差异化战略是企业发展的必然选择[J].求实，2008，(10)：34.

② 李家福，刘生.高等教育大众化阶段的大学差异化发展[J].中国高教研究，2008，(5)：64.

③ The International Bank for Reconstruction and Development. Priorities and Strategies for Education [R]. Washington，D. C.：The World Bank，1995：113.

在移植、引进西方研究成果的基础上，致力于教育公平的“本土化”研究。[①]

教育公平是指在法律上人人享受平等的教育权利，在教育政策领域人人平等地享有公共教育资源，在教育活动中人人受到平等的教育对待、具有同等的取得学业成就和就业前景的机会。[②] 它是一个相对的概念，因为不同主体自身条件和面临的环境各不相同，很难做到完全平等地享有教育权利、资源或机会。无论在理论上还是实践中，教育公平都有“为了教育的教育公平”和“为了公平的教育公平”之分，前者意味着将教育公平作为教育本身的问题，后者则意味着将教育公平视为社会问题，作为社会问题的教育公平是社会公平的组成部分，作为教育问题的教育公平则是实现教育理想的必要条件。[③] 一般来说，实现教育公平的途径有三条：一是通过发展教育、促进教育机会均等来实现教育公平，二是通过制度改革和政策调整来实现教育公平，三是通过政府行为和转移支付制度扶持落后地区和弱势群体来实现教育公平。为了真正体现和维护教育公平所蕴含的平等精神，在实际教育活动中，当客观上存在着社会发展不平等的时候，公共教育资源配置应该向社会弱势群体适当倾斜。[④]

我国高职教育的发展历史较短，通过“三改一补”等多种途径成立的高职院校，办学基础存在一定的差距。另外，我国幅员辽阔，不同区域经济社会发展存在较大的差异，这使得不同区域间高职院校的发展存在一定的差距。此外，在国家和省级层面实施的示范性高职院校建设计划等“重点学校制度”，[⑤]也使得不同区域间和同一区域内的高职院校之间形成了较大的差距。这几个方面叠加，导致不同高职院校之间存在较大的差距，形成了高等职业教育领域内的教育不公平。在建设优质高职院校的过程中，应该通过制度改革和政策调整来对这一状况进行适当的调节，让在此前各种发展计划中没有或者较少得到资助的高职院校也可以凭借自身某些方面的优势获得一定的资助，从而缩小自己与其他高职院校的差距，让选择不同高职院校的学生能够相对公平地接受高等职业教育。

---

① 章露红.二十年来我国教育公平研究的学术进展——基于 1994—2014 年间的文献分析[J].复旦教育论坛,2015,(4):39;刘亚敏,师东海.21 世纪以来我国教育公平的基本理论研究探析[J].教育理论与实践,2009,(7):20.

② 石中英.教育公平的主要内涵与社会意义[J].中国教育学刊,2008,(3):1.

③ 王建华.教育公平的两种概念[J].教育研究与实验,2016,(6):24.“为了教育的教育公平”和“为了公平的教育公平”这一划分与“内部公平”和“外部公平”的划分有一定的相似性。所谓“内部公平”，是指教育满足个体在人生发展的不同阶段不断接受教育和培训需求的基本平等和对差异发展的尊重，以保障个体的生存权和发展权的实现和自由幸福的生活，所谓“外部公平”，是指教育在促进社会公平的实现中所享有的公平，是形式上的公平。参见：李延平.论职业教育公平[J].教育研究,2009,(11):16.

④ 石中英.教育公平的主要内涵与社会意义[J].中国教育学刊,2008,(3):1.

⑤ 杨东平.对我国教育公平问题的认识和思考[J].教育发展研究,2000,(9):14.

第二章　优质高职院校建设的核心内容

《高等职业教育创新发展行动计划(2015—2018年)》在"开展优质学校建设"部分指出,要"坚持以示范建设引领发展,鼓励支持地方建设一批办学定位准确、专业特色鲜明、社会服务能力强、综合办学水平领先、与地方经济社会发展需要契合度高、行业优势突出的优质专科高等职业院校,持续深化教育教学改革、大幅提升技术创新服务能力、实质性扩大国际交流合作、培养杰出技术技能人才,增强专业教师和毕业生在行业企业的影响力,提升学校对产业发展的贡献度,争创国际先进水平"。[①] 这"明确了优质院校建设的内容和任务,为各地、各院校推动此项工作提供了根本遵循"。[②] 根据这一文件精神,并结合《国家中长期教育改革和发展规划纲要(2010—2020年)》《国务院关于加快发展现代职业教育的决定》《现代职业教育体系建设规划(2014—2020年)》等重要文件的有关内容,我们认为优质高职院校建设主要包括教育教学改革、综合办学条件提升、内部质量保证体系建设、专业群建设、教师队伍建设、社会服务能力提升、国际交流与合作等内容。尽管不同省份由于经济社会发展情况和高职教育基础不同,具体设计的建设内容各不相同,但这七个方面的内容在各省份的优质高职院校建设文件中得到了较多地体现。

一、以"学习者"为中心的教育教学改革

教育教学改革是提升高职教育人才培养质量的关键举措。为了实现《高等职业教育创新发展行动计划(2015—2018年)》提出的增强"毕业生行业企业影响力培养"、"培养杰出技术技能人才"的优质高职院校人才培养目标,应遵循高职教育办学规律,开展"以学习者为中心""产教融合"的教育教学改革。

(一)关于优质高职院校人才培养目标的两个新表述

《高等职业教育创新发展行动计划(2015—2018年)》提出,要增强"毕业生行业企业影响力培养","培养杰出技术技能人才",对优质高职院校的人才培养目标

① 教育部.高等职业教育创新发展行动计划(2015—2018年)[Z].教职成〔2015〕9号,2015-10-19.

② 任占营.优质高等职业院校建设的思考[J].国家教育行政学院学报,2018,(7):49.

做出了规定。在这个人才培养目标中,“毕业生行业企业影响力”和“杰出技术技能人才”两个表述均较为新颖,优质高职院校需要进行深入研究并在教育教学中采取相应对策。

1. 毕业生行业企业影响力

影响力,是指用一种别人所乐于接受的方式,改变他人的思想和行动的能力。要实现增强高职院校毕业生的行业企业影响力这一目标,需要达到两个方面的条件:第一,高职院校毕业生为行业企业所熟悉;第二,高职院校毕业生具有较高水平的职业素质,甚至已经取得了一定的成绩。高职院校毕业生如何才能为行业企业所熟悉,并形成一定的行业企业影响力?无疑,增加接触、突出表现是基本途径。如果企业参与到了高职院校技术技能人才培养的产教融合过程,那么,高职院校毕业生可以为参与了其培养的企业所熟悉。如果在培养过程中,高职院校学生还积极参与到对其他企业的技术技能服务中去,甚至取得了比较突出的成绩,那么,他就会为这个行业的企业所熟悉。此外,如果高职院校学生在市级以上技术技能竞赛中取得了好的名次,或者能够制作出具有较高难度的作品或者解决比较复杂的技术难题,也容易为所在行业的企业所熟悉。在这些努力的基础上,高职院校毕业生能够得到所在行业的企业的认可,形成一定的行业企业影响力。

2. 杰出技术技能人才

所谓“杰出技术技能人才”,是指才能、成就出众的技术技能人才。它是一个相对的概念。《高等职业教育创新发展行动计划(2015—2018 年)》提出优质高职院校要“培养杰出技术技能人才”,对优质高职院校的技术技能人才培养质量寄予了较高的期望。那么,优质高职院校能够培养出具有很高水平的技术技能人才吗?实际上,我们认为高职院校在技术技能人才培养中的作用是为学生成为真正的技术技能人才“打基础”,[①]其培养出来的技术技能人才应该是“准技术技能人才”。《高等职业教育创新发展行动计划(2015—2018 年)》所谓的“杰出技术技能人才”,应该是与一般高职院校培养出来的技术技能人才相比要优秀一些的技术技能人才,他们可能同时具有较高水平的职业技能与职业精神,甚至还具有一定的行业企业影响力。这样的技术技能人才——高职院校毕业生既可以较好满足国家经济社会发展对技术技能人才的素质要求,也可以获得进一步的发展,成为高水平的技术技能人才。

(二)开展“以学习者为中心”的教育教学改革

教育教学改革是人才培养改革重中之重。[②] 在优质高职院校建设中,高职院

① 何应林. 高职院校技能人才有效培养研究[D]. 南京:南京师范大学,2014:32.
② 任占营. 优质高等职业院校建设的思考[J]. 国家教育行政学院学报,2018,(7):49.

校应如何进行教育教学改革，以实现增强“毕业生行业企业影响力培养”，“培养杰出技术技能人才”的技术技能人才培养目标？结合用人单位人才需求状况和高职技术技能人才培养实际情况，我们认为应遵循高职教育办学规律和技术技能人才成长规律，开展“以学习者为中心”“产教融合”的教育教学改革。

1. 以学习者为中心①

“以学习者为中心”的教育理念是美国心理学家卡尔·罗杰斯(Carl Rogers)于1952年最先提出的。该理念认为，学习者在教育活动中应处于主体地位，教学目标应当以学习者为中心，充分发挥每个学习者的潜能，使他们能够愉快地、创造性地学习。在该理念中，学习者既包括学生，也包括教师和其他所有需要学习的成年人。“以学习者为中心”的教育理念以“以学习者为中心”的心理学原则为理论基础，该原则关注两个方面：第一，学习者个体的经济条件、个人见解、背景、特长、兴趣、能力和需求；第二，通过教学与实践激发学习者的学习动机与成就感，使学习者获得的知识。在“以学习者为中心”的教学中，教师需要不断地学习先进的教育教学理念和方法、提高自己的科学研究水平，不断地完善自己的价值，其角色应为学生学习的引领者、合作者和促进者；学生是学习的主体，是整个教学环节的中心，他们是主动学习者，具备自我评价和自我管理的能力。

2.“以学习者为中心”的教育教学改革

(1)办学主体

高职院校和企业都是高职技术技能人才培养的重要主体，作为学习者的准技术技能人才——高职院校学生是连接二者的桥梁。在以往的技术技能人才培养实践中，似乎技术技能人才培养只是高职院校的事情，企业坐享高职院校人才培养成果即可，无须为技术技能人才培养付出努力。而实际上，高职技术技能人才的培养需要企业“系统的生产技术体系，大量具有丰富实践经验的技术技能人员，以及先进企业文化和现代企业管理理念和机制”②等的作用，没有企业相关资源的参与，高职院校无法实现技术技能人才预期培养目标。因此，不少高职院校主动示好企业，寻求开展合作。由于没有必须这样做的“压力”，而且这样做的好处又不明显，因而不少企业对与学校的合作没有“动力”，这导致校企合作成了“剃头挑子一头热”。随着国家经济社会发展，对技术技能人才的素质要求越来越高，在企业相关资源不充分参与条件下培养出来的技术技能人才越来越不能满足需要，因而国家发布了《国务院关于深化产教融合的若干意见》(国办发〔2017〕95号)，希望

① 高鸿，赵昕.《以学习者为中心的人才培养模式研究》研究报告[J].中国职业技术教育，2017，(31)：51-52；邓泽民，等.以学习者为中心的职业院校人才培养模式的研究[J].中国职业技术教育，2017，(31)：36-37.

② 邓泽民，等.以学习者为中心的职业院校人才培养模式的研究[J].中国职业技术教育，2017，(31)：42.

“发挥企业重要主体作用,促进人才培养供给侧和产业需求侧结构要素全方位融合”,促进技术技能人才培养。实际上,在以往的校企合作中,高职院校和企业之间已经在技术技能人才培养的部分环节开展了一些合作。在作为校企合作“升级版”的产教融合中,高职院校和企业需要认真遵循技术技能人才成长规律,在人才培养的各个环节开展细致、深入的合作,促进技术技能人才充分发展。

(2)培养目标

我们认为,一般高职院校的技能人才的培养目标是培养“面向生产、建设、管理、服务等一线岗位”的,具有一定的理论知识、比较丰富的实践经验、较强的动手操作能力、良好的职业道德和一定的创新能力的高级技术技能型人才。[①] 这个培养目标从理论知识、实践经验、动手操作能力、职业道德和创新创业能力等方面对技术技能人才培养提出了要求。《高等职业教育创新发展行动计划(2015—2018年)》提出优质高职院校的技术技能人才培养应该增强“毕业生行业企业影响力培养”,“培养杰出技术技能人才”,对技术技能人才培养提出了新的要求——要具有一定的行业企业影响力,并要比一般高职院校培养出来的技术技能人才更加优秀。这个新要求看似简单,真要实现起来难度不小,需要高职院校和企业紧紧围绕学习者的特点和需要,在技术技能人才培养全过程的各个环节开展有深度的合作。

(3)课程内容

课程内容是根据人才培养目标选择、编排而纳入教育教学活动的知识、技能、行为规范、情感态度、价值观念等,为了实现高职技术技能人才培养目标,在课程内容选择时要更加强调工作知识、专业技能与职业素养等内容,在课程内容安排时要遵循学习者的心理发展特点与职业能力形成规律。[②]

(4)教学

为了实现技术技能人才培养目标,在人才培养中应选择项目教学、案例教学等做中学的教学模式,实行小班制教学和导师制、学分制培养;在设计学习环境时,要凸显学习者的主体地位,要顾及学习者的生活经验、学习经历、兴趣特点等个性特点,要提供与学习活动紧密相关、与现实世界相似的情境,要能够体现目标导向并提供保障条件;要提供较为丰富的学习材料,包括学材、学习指导书和教材等;在教学管理中,对学习者学习的要求以及评价和学籍的管理都事先作出明确要求,并让学习者在开始学习之前就了解到。[③]

---

① 何应林.高职院校技能人才有效培养研究[D].南京:南京师范大学,2014:72.

② 邓泽民,等.以学习者为中心的职业院校人才培养模式的研究[J].中国职业技术教育,2017,(31):43-44.

③ 邓泽民,等.以学习者为中心的职业院校人才培养模式的研究[J].中国职业技术教育,2017,(31):44-49.

(5)学习资源

为了满足学习者多样化的学习需求,实现技术技能人才培养目标,除了传统的课程与教学资源外,优质高职院校还应该加强公共实训基地和数字化教育资源两类学习资源建设。目前,国家和地方已经开始建设公共实训基地,为了给学习者提供更好的训练环境和更多的训练机会,应在进一步加大建设力度的同时,充分挖掘企业资源,增加政府、学校和企业的投入,在学校或企业建立公共实训基地。① 此外,可以通过三方面的努力建设数字化学习资源,为学习者的学习提供帮助:一是通过购买、整合等方式为学生提供相关数字资源,提供或者推荐给学生使用;二是根据教育教学需求开发优质特色数字化教育资源,利用适当的形式免费提供给学习者使用;三是基于对学习者学习需求和学习行为的研究,开发相应的教育资源,并有针对性地推送给学习者。②

(6)培养质量评价

在"以学习者为中心""产教融合"的教育教学中,要想做好人才培养质量评价工作,更好促进学习者的学习成长,应进行如下两个方面的努力。③ 第一,开发体现"以学习者为中心"的人才培养质量评价标准。要从专业层面开发人才培养质量评价框架与标准,在此基础上确定各个领域的评价标准和各门课程相应的标准,实现总体评价标准与各个分项标准之间的衔接性与内在一致性。第二,以提高学习者学习水平与促进学习能力为质量评价的重要取向。收集学习者发展信息并转化为数据,利用科学评价工具,对学习者学习情况进行评价,在确定学习者学习程度与水平的基础上,根据学习者发展和未来世界发展趋势,基于评价结论为学习者的后续学习与发展提供科学、准确的学习建议与方法指导。

二、以"软硬结合"为前提的综合办学条件提升

优质高职院校建设是高职内涵建设的新阶段,在这个阶段,高职院校要从软件和硬件两个方面着手,努力提升综合办学条件,将技术技能人才培养水平提升到一个新的高度。

(一)先进性:优质高职院校综合办学条件提升的基本要求

高职院校综合办学条件包括"硬件"和"软件"两个方面的办学条件,"硬件"是

① 邓泽民,等.以学习者为中心的职业院校人才培养模式的研究[J].中国职业技术教育,2017,(31):49.

② 唐智彬,欧阳河,任陈伟."以学习者为中心":论职业教育现代化人才培养模式变革[J].职教论坛,2017,(34):17.

③ 唐智彬,欧阳河,任陈伟."以学习者为中心":论职业教育现代化人才培养模式变革[J].职教论坛,2017,(34):17-18.

指各种硬体设备、物质环境和物化元素，如理论教室、实习实训基地、信息化教学设备、实习实训设备等，它们是外在的、容易看出来的，“软件”是指各种软体设备、文化环境和精神元素，如师资队伍、校园文化、办学理念等。[①] 在优质高职院校建设过程中，高职院校无论是“硬件”还是“软件”都应该体现出先进性，这是优质高职院校综合办学条件提升的基本要求。

1. 具有“先进性”的综合办学条件是优质高职院校人才培养目标实现的基本保障

所谓先进性，是指“首先创造、规定并为人们认可、学习、推广、遵守的特点”，是一种超前的、高级的性质。高职院校具有“先进性”的“硬件”，例如实习实训设备、信息化教学设备等，对于学生获得能够满足经济社会发展需要的职业技能、保证职业技能的形成速度和质量具有直接的作用，而高职院校具有“先进性”的“软件”，例如师资队伍、校园文化、办学理念等，对于学生职业技能和职业精神等职业素质的形成具有潜移默化的，甚至是决定性的作用。在优质高职院校建设过程中，在具有“先进性”的“硬件”和“软件”作用下，高职院校全面提高学生的职业技能和职业精神等职业素质，实现培养具有一定行业企业影响力的杰出技术技能人才的人才培养目标。

2. 在推进优质高职院校建设过程中提升综合办学条件的“先进性”

具有“先进性”的综合办学条件是优质高职院校人才培养目标实现的基本保障，但是具有“先进性”的综合办学条件也不是高职院校本身就具备的，在优质高职院校建设过程中，高职院校需要根据技术技能人才培养需要，不断完善各种“硬件”和“软件”条件，以形成具有“先进性”的综合办学条件。在这个意义上，我们甚至可以说优质高职院校建设过程就是高职院校综合办学条件“先进性”形成与优化的过程。由于不同高职院校所具有的综合办学条件基础不同，因而它们在优质高职院校建设过程中为了形成与优化综合办学条件所需要付出的努力就不相同，而且能达到的水平也可能不同。

（二）“软”“硬”结合，双管齐下：优质高职院校综合办学条件提升的基本路径

只重视硬件建设而不重视软件建设，内涵建设就会失去灵魂；只重视软件建

---

① 软硬件设施[EB/OL]. https://baike.baidu.com/item/%E8%BD%AF%E7%A1%AC%E4%BB%B6%E8%AE%BE%E6%96%BD/1344552?fr=aladdin.

设而不重视硬件建设，内涵建设就会失去基础。[①] 因此，为了顺利推进优质高职院校建设，进一步深化学校内涵，高职院校应该以“先进性”为要求，同时推进“软件”和“硬件”建设，努力提升综合办学条件。

1. 优化办学“软件”

众所周知，综合办学条件中的“软件”对于人才培养目标实现具有重要意义，每一所高职院校都有一整套“软件”，不同高职院校间办学水平的差异部分决定于综合办学条件中“软件”质量的差异。因此，为了实现人才培养目标，在优质高职院校建设过程中，高职院校需要与时俱进，系统设计，全面、持续优化综合办学条件中的各项“软件”。

这项工作在日常办学过程中容易出现“说起来重要，忙起来次要，做起来不要”的情况，但它对综合办学条件中“硬件”作用的充分发挥和技术技能人才培养目标的实现具有十分重要的作用，因而应将其置于优质高职院校建设方案中的重要位置，并为其贯彻落实制定相关制度。

2. 完善办学“硬件”

高职院校综合办学条件中的“硬件”包括理论课教室、实习实训室、实习实训设备、信息化教学设备等，在优质高职院校建设过程中，完善办学“硬件”需要按照学校发展规划和教育教学需要做好各项“硬件”特别是实习实训场地、设备以及信息化教学设备的补充、维修或者升级。作为一类具有较强实践性的教育，职业教育对实习实训场地和设备有着较高的要求，既要具有一定的数量场地和设备，以便能够为学生们提供足量的操作练习的机会，也要保持“先进性”，要按照行业企业的技术要求、工艺流程、管理规范来布置场地，要使用与行业企业生产实践中所使用生产设备处于相同水平的设备来开展训练并及时更新设备。

关于这一点，2015 年 7 月份发布的《教育部关于深化职业教育教学改革　全面提高人才培养质量的若干意见》(教职成〔2015〕6 号)中有明确规定：“提高实习实训装备水平。建立与行业企业技术要求、工艺流程、管理规范、设备水平同步的实习实训装备标准体系。要贯彻落实好教育部发布的专业仪器设备装备规范，制订本地区、本院校的实施方案，到 2020 年实现基本达标。各地要推进本地区学校实训装备的合理配置和衔接共享，分专业(群)建设公共实训中心，推进资源共建共享。要按照技能掌握等级序列和复杂程度要求，在中高职院校差别化配置不同技术标准的仪器设备。”

① 任占营.优质高等职业院校建设的思考[J].国家教育行政学院学报，2018，(7)：50.

三、以“教学诊改”为核心的内部质量保证体系建设

（一）内部质量保证体系构建[①]

内部质量保证体系是高职院校作为办学主体和高素质技术技能人才培养主体，立足自身发展客观存在的主要矛盾，以全面质量管理思想为指导，综合运用系统论、信息论、控制论、治理理论等多学科理论和方法，完善目标和标准链，健全质量保证组织架构，整合质量保证工具和程序，培育和发展质量文化，对高素质技术技能型人才培养过程实行结构化、常态化的监控、诊断和改进，将整个人才培养过程中影响质量的一切因素有机控制起来，构建一个在人才培养质量和内部治理上能够实现自我诊断、自我完善、自我超越的稳定而有效的质量管理系统。高职院校内部质量保证体系实际上是一个人才培养质量保证体系，它对于提高高职院校人才培养质量具有十分重要的意义。

高职院校内部质量保证体系由目标系统、组织系统、诊断系统、反馈系统和改进系统五个核心系统构成：

（1）目标系统

目标系统由高职院校的办学定位和办学目标、人才培养目标、专业培养目标以及各类质量标准等组成，它是高职院校基于自己的办学使命，对利益相关者利益诉求的有机整合与合理表达，在内部质量保证体系中起统领作用。

（2）组织系统

组织系统是指高职院校按照高素质技术技能人才培养目标所开展的资源配置、教师队伍建设、办学体制机制创新、培养模式改革和具体的教学方法手段应用等，它内部质量体系建设的核心。

（3）诊断系统

诊断系统是指对目标系统、组织系统的效能进行基于数据和事实的分析与判断，以不断发现可能存在的质量短板及其倾向性、规律性发展趋势，寻找质量持续改进路径，具体包括专业诊断、课程与课堂诊断、教师教学质量诊断、部门绩效考评、院校目标管理、学生学习满意度调查、毕业生就业满意度调查以及教育教学奖励等环节，它是改进和不断提高办学质量的主要途径。

（4）反馈系统

反馈系统是指将诊断结果及时梳理和分析，以质量报告、预警发布、研讨解读

---

① 王亚鹏.高职院校内部质量保证体系建设的内生性：超越“问责制”逻辑[J].职业技术教育，2018，(25)：12-17；刘志峰.高职院校内部质量保证体系诊改工作：本质、意义和内容[J].职业技术教育，2016，(18)：25.

等形式及时反馈给相应的质量部门和不同层级质量主体，促进达成质量共识。

(5)改进系统

改进系统是指在反馈系统的基础上，坚持目标导向和问题导向相统一，通过更新办学理念、创新办学体制机制、优化专业结构与课程体系、改革教学方法手段、加强“双师型”教师队伍建设、优化资源配置、培育质量文化等，直至根据变化着的经济社会需求对目标系统及时做出合理调整，在促进内部质量保证体系不断完善的同时推进学校向着更高水平发展。

这五个系统以及每个系统所包含的质量“要素”有机衔接、协同互动、相互促进，共同构成并全面呈现了高职院校内部质量保证体系的内涵与结构。高职院校应结合本校实际情况，建立健全内部质量保证体系——不仅应充分利用好现代质量管理制度在程序化、规范化、技术化以及可测量、可观察、可操作方面的优势，利用好“互联网＋教育”带来的教学形态、资源形态和学校组织结构的创新优势，更应重视质量文化的培育和高职院校组织文化的创新，逐步超越技术与程序范畴，使质量生成与管理内化为全体师生及管理人员的质量自律和创新性行动。在高职院校内部质量保证体系建设中，高职院校是实施主体，它要按照教育行政部门意见，整合各方力量，合理构建内部质量保证体系。

(二)内部质量保证体系诊断与改进[①]

高职院校内部质量保证体系诊断与改进可以分为诊断和改进两个阶段。

内部质量保证体系诊断是一个在教育管办评分离背景下，教育行政部门以完善质量标准和制度、提高人才培养质量为目标，依据一定的原则方法，对高职院校内部质量保证体系建设、运作及成效进行全面诊断的动态过程。诊断阶段的主体是教育行政部门。

内部质量保证体系改进是一个由诊断信息反馈、存在问题归纳、产生原因分析、解决对策提出等内容组成的有机系统。其中，诊断信息反馈主要来自教育行政部门或高职院校组织实施的教育诊断，诊断信息的客观、真实和准确程度，直接影响高职院校内部质量保证体系改进的有效开展。存在问题归纳通常是高职院校根据教育行政部门反馈的诊断信息来总结，也可通过自我查摆方式来实现。产生原因分析主要是对于内部质量保证体系存在问题进行归因分析，概括总结造成问题出现的主要原因。解决对策提出是在前面三个阶段的基础上，根据诊断问题及其产生原因，实施相应的改进举措，完善内部质量保证体系，促进常态化内部质量保证体系运作。改进阶段的主体主要是高职院校，改进内部质量保证体系要突

① 刘志峰.高职院校内部质量保证体系诊改工作：本质、意义和内容[J].职业技术教育，2016，(18)：25-29.

出及时性、全面性和持续性等原则。及时性是指改进工作要在诊断阶段结束后随即展开,应保持与诊断阶段的无缝对接。全面性是指要针对诊断提出问题,全面开展改进工作,实现改进工作全覆盖。持续性是指高职院校要持续有效地推进诊改工作。

四、以"协同互融"为旨归的专业群建设

专业(群)建设是职业教育与社会人才需求之间的桥梁和纽带,是职业教育主动适应经济发展和产业升级的关键环节,事关职业院校的生存与发展。[①] 为了更好地适应产业结构转型升级,形成与现代产业发展需求相适应的专业新形态,高职院校应从单个专业建设向专业群建设转变。[②] 在优质高职院校建设过程中,为了做好专业群建设工作,建成一批适应产业发展需求、校企深度融合、特色鲜明的品牌专业集群,高职院校应根据本校办学积淀、产业发展需求和技术技能人才培养需要,动态调整专业结构,构建专业群课程体系,并持续改进专业教学。

(一)动态调整专业结构

专业结构是行业产业对技术技能人才需求状况在高职院校专业设置中的映射。高职院校应根据区域或行业经济社会发展规划及产业发展规划,深入分析区域和行业产业发展现状和趋势,制定本校专业建设规划,并根据区域经济发展"转方式、调结构、促升级"的要求,建立专业结构动态调整机制,推动专业结构调整优化。在此过程中,高职院校应该"有所为,有所不为"[③]:所谓"有所为",是指不盲目追求综合化、不随意新设"热门专业",而是重心下移、对接地方,围绕以区域优势、特色产业为内核的产业链,努力形成专业群,在一个或者多个专业群集成、放大,实现专业设置与产业、企业需求的对接;所谓"有所不为",是指要依据专业招生、就业及社会服务等方面的情况,果断"关、停、并、转"处于产业发展衰退期、技术上没有升级换代可能性或者进口、出口两头不畅的专业,形成落后就自然淘汰的机制。

(二)构建专业群管理运行机制

突破现有的局限于院系管理的专业群管理体制,建立一种适应专业群建设需要的柔性、可重组的机制,是突破现有教学被行政结构刚性约束,实现高职院校自我突破、"内生式"建设的创新举措。该机制包括专业群的设置、责任主体、资源共

① 任占营.专业建设是提升人才培养质量着力点[N]中国教育报,2016-1-26(4).

② 任占营.优质高等职业院校建设的思考[J].国家教育行政学院学报,2018,(7):50.

③ 任占营.专业建设是提升人才培养质量着力点[N]中国教育报,2016-1-26(4).

享、动态调整、权利和义务等内容。建立跨部门的专业群联席会议制度和基于方向的柔性课程(群)组织,形成核心专业是建设责任主体、引领专业群建设和发展的格局。而且在专业群管理体制理顺的前提下,许多学者都提出了要建立专业群带头人制度,专业群带头人应该由丰富实践经验和管理才能的高级专业技术人员担任,有条件的可实行双带头人制,院校和企业各一人,有利于校企合作的开展,专业群带头人具体负责专业群人才市场的调研、预测,人才培养模式的构建、课程体系的开发、教学团队的建设、实训基地的建设等。

(三)构建专业群课程体系

课程体系是实现专业培养目标的载体,只有构建与行业、企业人才需求相匹配的专业群课程体系,才能培养出符合市场需求的人才。① 在优质高职院校建设过程中,高职院校可以在技术技能人才需求分析、技术与服务领域分析、岗位群工作任务分析、课程分析和教学分析等工作的基础上构建专业群课程体系,并通过加强教学团队、教学资源库和实践教学基地建设,②为专业群课程体系建设提供保障。要以重点建设专业群为核心,整体推进专业教学团队建设,建立“名师工作室”和“大师工作室”,加强专业带头人和骨干教师培养培训,创新专业教学团队运行机制,形成教育教学、技术攻关和科研的协同创新机制,形成具有国际视野的“名师领衔、骨干支撑”的专业教学团队。要联合行业企业开发核心课程和配套教学资源,建设共享型专业教学资源库和精品资源共享课,增强课程选择性。要与技术先进、管理规范、社会责任感强的规模以上企业深度合作,共建生产性实习实训基地,促进校企一体化育人,并通过加强实习实训教学、改进教学管理和改变教学形态,切实提高人才培养质量。

(四)持续改进专业群教学模式

教学是教师有目的、有计划、有组织地引导学生积极自觉地学习和掌握文化科学基础知识和基本技能,促进学生多方面素质全面提高的过程,是实现学校教育目标、完成教育任务的基本途径。③ 在优质高职院校建设过程中,为了配合做好专业群建设,高职院校要持续改进专业教学:要深化教学模式改革,大力开展有机衔接的“教学做”一体化教学;要建立健全专业教学持续改进机制,及时调整人才培养规格和专业教学内容;要主动适应经济提质增效和技术进步要求,学习和引

---

① 陈秀珍.高职院校专业群课程体系构建的研究[J].中国职业技术教育,2015,(2):86.

② 鲁娟娟,王俊,王高山,等.高职院校“底层共享、中层分立、高层互选”专业群课程体系的探讨和实践[J].职教通讯,2016,(9):4.

③ 梁明义,王本强,马越.职业教育知识实用手册:职业教育基本概念与高等职业教育特色内涵[M].兰州:兰州大学出版社,2008:106.

进国内外先进、适用的职业标准、人才培养标准和优质教育教学资源，并联合行业企业开发专业标准、课程标准以及教材、视频等优质教学资源；要努力提升教学和管理水平，提高人才培养质量。

（五）系统筹划专业群实践教学体系建设

高职专业群实践教学体系构建，一是要注重资源的整合，抓好校内和校外实训基地两条线建设，校内实训室应建设好以群内各专业通用技能的基础实训室，更要建设好满足专业特殊要求的专业实训室；校外应积极与企业开展合作，通过“厂中校”“校企合作站”等多种形式建设校外实训基地。以企业生产现场为蓝本，改造实习实训基地，营造生产氛围。二是高职实践教学应对接生产流程，再造实践教学体系，积极推行项目式教学、模块化教学等基于工作流程的教学方式。三是高职实践教学体系构建应积极引进行业企业文化，注重对学生文化的熏陶和职业素养的培养。应坚持从不同的实践教学资源的定位出发，认为要整合专业群实践教学资源，首先要分类组建实训基地，可根据专业群内各专业岗位通用技能、专门技能、综合技能、岗位技能培养的实际需要，分别构建通用实训室（基地）、专业实训室（基地）、综合训练实训室或基地和校外顶岗实习实训基地等，建立起满足专业群共性需求与专门化需求的、校内与校外相结合的实训体系。

五、以“双师双能”为目标的教师队伍建设

教师是高职院校教育教学活动的主要实施者，是高职院校的主要建设者。为了更好担负起技术技能人才培养重担，进一步深化内涵建设，在优质高职院校建设过程中，高职院校应建立完善校企人才双向交流机制，与企业共建“双师型”教师培养基地，积极开展教师分类培养与管理，努力培养引进高层次人才，切实提升教师队伍整体素质，加快建成一支具有一定行业企业影响力的师德高尚、素质优良、技艺精湛、结构合理、专兼结合的“双师型”教师队伍。

（一）建立完善校企人才双向交流机制

建立完善高职院校教师定期到企业实践、企业人员到学校兼职任教的校企人才双向交流机制，促进校企人员双向交流合作，对于高职院校和企业都具有积极意义。高职院校和企业双方人才可以通过校企共建、校企共培、校企共研和校企共营等形式，在高职院校技术技能人才培养实践中的专业课程设置、实践教学、考核评价体系建立、教师队伍建设、教材建设，以及企业的技术革新、员工素质提升等方面开展交流与合作，而且，为了保障交流与合作的效果，要在管理机构、管理方法、聘用方式、监控机制、绩效考核、薪资待遇、激励政策等方面建立一系列的规

定与制度。[①]

(二)与企业共建"双师型"教师培养基地

"双师型"教师是实现高职技术技能人才培养目标的根本保障,而企业实践经历是"双师型"教师养成的不可或缺的要素。在高职院校以往的"双师型"教师培养中,教师们虽然能够得到一些企业实践锻炼的机会,但由于实践锻炼的时间比较有限,其实践经验积累和实践教学能力培养的结果都不理想。为了增强技术技能人才培养效果,高职院校应积极探索"双师型"教师队伍培养新模式,推进与大中型企业共建"双师型"教师培养培训基地,大力提升教师的专业技能、实践教学能力、信息技术应用能力和教学研究能力,培养造就一批师德高尚、业务能力强、社会知名度高、行业影响力大的教学名师和专业带头人,建成一支在行业有影响力的"双师型"师资队伍。

(三)开展教师分类培养与管理

高职院校专业课教师大致可以分为专业带头人、骨干教师、青年教师和兼职教师四大类,对他们进行分类培养与管理,对于提高教师队伍的整体水平具有重要意义。

1. 专业带头人[②]

专业带头人是高职院校独有的概念,它是指负责专业人才培养方案设计、专业教育教学组织、专业学生管理、专业就业市场开拓等工作的专业教师。他们应具备比较丰富的专业理论知识、较强的学术水平和学术影响以及较强的专业教学设计和组织统筹能力、学生组织和专业班级管理能力、外部市场预测和开拓能力、专业教研室内部凝聚力和横向协调能力、专兼结合教学团队的组织凝聚力等业务能力。高职院校应充分认识到培养和打造一支高素质的专业带头人队伍对于学校发展的重要性,制定科学有效的激励机制,营造重视专业带头人的氛围,并通过"内培外引"等方式充实专业带头人队伍,提升专业带头人的专业水平,扩大他们的行业影响力。

2. 骨干教师

骨干教师是在高职院校各个专业领域具有一定的影响力,并在其中起主要作用的教师,他们是高职院校顺利完成教育教学任务,推动学校持续发展的主力军。[③] 高职院校可以通过多种途径做好骨干教师队伍工作:一是做好选聘工作,为

① 张媛,曾义.高职校企人才双向交流体系探析[J].商,2014,(28):29.

② 周建松.优质高职院校建设指南[M].杭州:浙江工商大学出版社,2017:78-83.

③ 张爱华.论高职院校中青年骨干教师的成长途径[J].山西广播电视大学学报,2008,(4):51.

骨干教师队伍打造、聚集大量优秀人才；二是通过老骨干教师“传帮带”、开展课堂教学改革、加强骨干教师之间的教学和科研交流、深入企业挂职锻炼、积极参与技术技能服务等方式帮助年轻骨干教师积累企业工作经历，提高理论教学能力、实践教学能力、教学研究能力、技术研发能力和社会服务能力；三是建立有效的评价激励制度，激励新老骨干教师不断迈向新台阶。[①]

3. 青年教师

青年教师是进入高职院校教师队伍不久的“新手”，尽管他们具有充沛的精力、较好的理论基础和一定的科研能力，但是在实践经历、教育教学能力和技术技能服务能力等方面，还存在较大的欠缺。高职院校可以采取入职培养（先实践、后上岗）、“助讲”和“跟岗访学”等措施对他们进行培养，补齐他们的能力“短板”，以便他们能够更好地完成肩上所担负的繁重任务。

4. 兼职教师

兼职教师是指能够独立承担某一门专业课教学或实践教学任务、有较强实践教学能力或较高水平的校外专家，高职院校教师管理语境中的“兼职教师”更多的是指从企业聘请的技术专家。[②] 为了做好兼职教师队伍的建设与管理工作，充分发挥兼职教师的积极作用，高职院校应完善兼职教师管理办法，选聘专业技术人员和高技能人才到高职院校任教，主要承担专业课程教学和实践教学任务；加强兼职教师的职业教育教学规律与教学方法培训，支持兼职教师或合作企业牵头申报教学研究项目、组织实施教学改革，提高兼职教师的教学与科研能力；要把指导学生顶岗实习的企业技术人员纳入兼职教师管理范围。

（四）培养引进高层次人才

高层次人才是一个相对的概念，他们是人才队伍中比较优秀的人才，其外在判断标准是学历、职称、成果等显性元素，内在判断标准是思想素质、创新素质、实践素质、心理素质等隐性元素。[③] 引进高层次人才可以有力促进高职院校学生创新能力和技术研发能力的培养，可以迅速带动高职院校相关专业建设，为高职院校创造品牌效应，[④]这对于推动优质高职院校建设进程、提高技术技能人才培养质量具有积极的意义。然而，由于高层次人才比较稀缺，加之高职院校的吸引力不强，现阶段高职院校的高层次人才队伍存在数量不足、结构不合理、贡献率不高、实践经验缺乏和国际化水平不高等问题。[⑤] 为了满足学校发展对高层次人才的需

---

① 王飞，李红浪. 地方高职院校骨干教师队伍建设实证研究[J]. 职教论坛，2016，(23)：18.

② 王振洪. 高职院校兼职教师有效管理的理论与实践[M]. 北京：高等教育出版社，2011：15.

③ 曹必文. 高职院校高层次人才队伍建设：现状、困惑与对策[J]. 职业教育研究，2012，(4)：54-55.

④ 柯万利. 对高职院校高层次人才引进策略的思考[J]. 职业教育研究，2007，(6)：48.

⑤ 曹必文. 高职院校高层次人才队伍建设：现状、困惑与对策[J]. 职业教育研究，2012，(4)：56.

要，高职院校应通过多种不同途径培养、引进高层次人才。例如，建立“名师工作室”和“大师工作室”，开展实践创新人才和技能教学大师评选，在全面提高教师实践教学能力和应用技术研发水平的同时，培养教学名师、技能大师；优化师资队伍结构，提高高层次专任教师比例，鼓励支持符合条件的优秀高职院校教师到研究生培养单位兼任专业学位研究生导师；制定技术技能大师校企双聘计划，分批引进大国工匠和技能大师。

六、以“服务地方”为导向的社会服务能力提升

社会服务是高职院校人才培养、科学研究、社会服务和文化传承四大功能之一，是高职院校“责无旁贷不可替代”[①]的事情。高职教师无疑是高职院校进行社会服务的主体，为了使其能够提供更多、更好的社会服务，应建立完善教师技术服务制度，加强教师技术服务能力培养。此外，高职学生也可以在社会服务中发挥积极作用，是高职院校社会服务中不容忽视的力量，高职院校应积极引导其技术服务能力培养。

（一）建立完善教师技术服务制度

产品开发、技术研发、技术咨询与服务和技术技能人才培养一样，是高职教师可以发挥积极作用的工作，开展这些工作也是高职教师专业能力提升的重要途径。在高职教师的日常工作中，如何安排教师从事技术技能人才培养和从事产品开发、技术研发、技术咨询与服务的时间？如何激励教师在做好技术技能人才培养工作的前提下做好产品开发、技术研发、技术咨询与服务工作？如何让产品开发、技术研发、技术咨询与服务工作反哺技术技能人才培养？如何协同技术技能人才培养与产品开发、技术研发、技术咨询与服务，让高职学生也培养起一定的技术创新意识和能力，成为高职院校社会服务的重要力量？……为了解决这些问题，保证高职教师在完成技术技能人才培养工作的同时做好产品开发、技术研发、技术咨询与服务，充分发挥高职院校的社会服务功能，高职院校需要建立教师技术服务制度，对教师技术服务相关工作作出全面、细致的安排，让教师对要做什么、可做什么心知肚明，让他们在面对付出与回报问题时能够心平气和。

（二）加强教师技术服务能力培养

高职教师的技术服务能力是指高职教师运用自身所具有的专业知识和技能为社会相关单位和个人提供技术创新服务和技术培训的能力，具体包括产品开发能力、技术研发能力、技术咨询与服务能力、教育教学能力等。

---

① 翟帆. 社会服务，高职责无旁贷不可替代[N]. 中国教育报，2018-7-17(7).

高职教师是高职院校进行社会服务的主体，为了充分发挥高职教师在社会服务中的作用，更好实现高职院校的社会服务功能，高职院校应在师资队伍建设中对教师的技术服务能力培养问题进行系统考虑，制定合理的激励机制，引导教师积极参与社会服务，在服务的过程中提高其技术服务能力。具体来说，可通过以下途径培养高职教师的技术服务能力：

第一，在新教师招聘条件中对实践经验和教育教学能力作出明确规定，为高职教师技术服务能力培养筑基。如前所述，高职教师的技术服务能力是指高职教师运用自身所具有的专业知识和技能为社会相关单位和个人提供技术创新服务和技术培训的能力。可见，高职教师的专业知识和技能是其技术服务能力形成的基础。因此，如果在新教师招聘条件中就对实践经验和教育教学能力作出明确规定，有利于招聘到具有较好素质基础的教师，这可以为高职教师整体技术服务能力的培养打下良好的基础。

第二，对教师进行教育教学能力培训，提升教师的教育教学能力。教育教学能力是高职教师技术服务能力的重要组成部分，是高职教师提供技术培训服务的基础。高职院校既需要对上岗前的新教师进行系统的教育教学能力培训，也需要对从企业引进的教师和企业兼职教师进行系统的教育教学能力培训，还需要轮流对专任老教师进行教育教学能力培训，以保证整个教师队伍具有良好的教育教学能力。

第三，让教师到企业实践，增加教师的实践经验，提高其实践能力。高职教师的实践能力是其运用专业知识与技能解决实践问题的能力，它是高职教师产品开发能力、技术研发能力、技术咨询与服务能力等能力形成的基础，也是高职教师能力的“短板”。高职院校应该在与企业开展深度合作的过程中，多让教师到企业实践，以增加其实践经验，提高其实践能力。

第四，在校内建立工作室，提升教师的产品开发能力、技术研发能力、技术咨询与服务能力。高职教师进行产品开发、技术研发、技术咨询与服务的最佳场所是企业，因为那里既有大量的相关设备、人员，也有相应的环境与需求。但是，由于各方面因素的限制，只有少量的高职教师能够到企业去进行产品开发、技术研发、技术咨询与服务，大量得不到这样的机会的高职教师，需要另辟蹊径。在高职院校校内建立专业工作室，就是可行的途径。高职教师可结合专业特点建立自己的工作室，一方面直接为社会提供产品开发、技术研发、技术咨询与服务等服务，同时提升自己的产品开发能力、技术研发能力、技术咨询与服务能力；另一方面为学生提供顶岗实习的机会，培养他们的产品开发能力、技术研发能力、技术咨询与服务能力。

第五，与行业企业合作进行产品开发、技术研发和项目研究，提高教师的产品开发能力和技术研发能力。高职院校可以与行业企业共建产品研发中心、技能大师工作室等载体,开展产品开发、技术研发和项目研究,推动行业企业的技术革新与发展,为产业升级服务,在此过程中,提高教师的产品开发能力和技术研发能力。

第六,为企业职工和社区民众提供技术培训,提高教师的技术培训能力。高职院校可以发挥高职院校的资源优势,通过职教集团等平台,主动开展面向行业企业和社区开展企业员工、行业从业人员和社会人员的新技术、新知识培训和学历提升,拓展终身学习通道,不断增强服务地方经济发展的综合能力,提高对区域经济和行业产业发展的贡献度,在此过程中,提高教师的技术培训能力。

(三)引导学生技术服务能力培养

1. 高职学生:高职院校社会服务中不容忽视的力量

在一些人的观念中,“高职教师社会服务”与“高职院校社会服务”是一回事,这一认识背后隐藏的观点是,高职教师是高职院校社会服务的唯一力量。实际上,高职院校社会服务中还有一股不容忽视的力量,那就是——高职学生。这样说的理由有两条。第一,高职学生也可以提供技术服务。高职学生是高职技术技能人才培养活动的培养对象,他们在专业知识与技能学习的基础上,产教融合、校企合作的培养过程中,在具有技术服务能力的校、企导师的指导下,完全可以掌握一定的产品开发能力和技术研发能力,为社会提供一定的技术服务。实际上,近年来不少高职院校的学生表现出了较强的产品开发能力和技术研发能力,他们研发的产品屡获各级各类竞赛奖励,有的学生在毕业后甚至在学期间就创办起了技术服务公司。第二,高职学生数量众多,其技术服务规模效应十分可观。高职教育规模早已过千万,在这千万学生之中,能够提供较高水平技术服务的学生占到了一定比例,而能够提供一般水平技术服务的学生更是数量庞大。如果对学生的技术服务给予足够重视,引导学生技术服务能力培养,提供学生进行技术服务的平台,相信这一股力量将在技术服务方面发挥巨大的作用。

2. 高职学生技术服务能力的构成及其培养途径

作为高职院校社会服务“新生力量”的高职学生,其提供社会服务的能力——技术服务能力与作为高职院校社会服务“传统力量”的高职教师应该并无本质上的不同,也就是说,高职学生的技术服务能力也由技术创新服务和技术培训能力两部分组成,具体包括产品开发能力、技术研发能力、技术咨询与服务能力、教育教学能力等。当然,由于学习和实践经验的限制,大部分高职学生的技术服务能力水平整体可能还不高,特别是教育教学能力水平。由于高职学生还处于学习阶段,其技术服务能力的培养最好是结合技术技能人才培养的整体方案来进行。因此,高职院校主要可在学生进行校内外实习过程中,结合实习实训项目引导其技术服务能力培养。

七、以“双向互动”为特征的国际交流与合作

开展国际交流与合作是实现高职教育国际化、现代化的重要途径。在优质高职院校建设过程中，高职院校应从开展留学生教育、中外合作办学、建设境外实习基地、为“走出去”中资企业提供教育培训、境外办学、输出职业教育标准等方面做好国际交流与合作工作。

（一）开展留学生教育

留学生教育是高职教育国际化的重要组成部分，留学生教育规模是评价高职教育国际化水平的重要指标。因此，很多高职院校充分利用学校的地理位置、品牌和专业等方面的优势，积极吸引境外学生前来学习，并不断扩大规模。此举具有如下几个方面的作用：一是有利于创造国际化的校园环境，培养具有国际视野、国际理解力与国际交流能力的学生、教师和管理人员，提升学校的国际化水平；[①]二是有利于提升学校的国际知名度，促进学校国际交流与合作工作的开展和综合竞争力的提升；三是可以在一定程度上缓解学校的生源紧缺问题。当然，由于高职院校自身办学层次低以及开展留学生教育时间短、经验不足等方面的原因，高职院校留学生教育工作还存在不少问题：一是留学生生源参差不齐，整体水平不高；二是针对留学生的教学资源匮乏，专业教师国际化程度不高，管理人员经验缺乏，培养质量有待提高；三是毕业考核“门槛”过低，毕业生的专业知识和能力水平都欠佳。[②] 为了进一步做好留学生教育工作，促进高职教育国际化，高职院校应按照有关政策要求，从以下几个方面进行努力：一是做好招生宣传工作，吸引优秀留学生生源，提高留学生队伍整体水平；二是设置国际化的专业和课程，完善相关教学资源，建立具有较强双语交流能力的专业教师队伍和具有较强服务意识与双语交流能力的管理人员队伍，并充分发挥校企合作在留学生培养中的积极作用，努力提高留学生培养质量；三是积极化解留学生汉语基础差的问题，努力增强专业知识与技能的学习效果，坚持按照预定的考核标准对留学生进行考核，不打折扣。

（二）中外合作办学

中外合作办学是指“外国教育机构同中国教育机构在中国境内合作举办以中国公民为主要招生对象的教育机构的活动”。改革开放以来，我国职业教育领域中的中外合作办学取得了较大进展——早期的中外合作办学以中等职业教育为主，20 世纪 90 年代以后，随着我国高职教育的发展以及国家对高职教育合作办学

① 李兴志．高职院校开展留学生教育工作的探索[J]．世界教育信息，2013，(16)：37．

② 王煜．高职留学生教育存在的问题及改进措施[J]．江苏经贸职业技术学院学报，2018，(2)：70-71．

的鼓励，高职教育成为我国合作办学最多的层次。[①] 截至2018年7月，高职院校中外合作办学项目和机构已达到862个，中外合作办学已取得了一定的成绩，但也存在一些问题：[②]

第一，开展中外合作办学的功利性过强。一些高职院校为了经济利益或完成国际化考核指标，与一些低水平的国外机构或学校合作，而不是根据学校的实际情况选择合适的合作伙伴。

第二，中外合作办学项目的办学水平相对较低。一些高职院校开展的中外合作办学专业及学科类型存在着一定程度的低水平重复，未能真正吸引到国外优质教育资源。

第三，中外合作办学人才培养质量不高。在中外合作办学过程中，一些高职院校简单套用学校传统的人才培养模式，或对合作双方的人才培养模式进行简单嫁接，而且，一些高职院校对于学生的国际视野和跨文化能力培养重视不足，人才培养质量没有达到预期目标。为了充分发挥中外合作办学在高职院校技术技能人才培养中的作用，高职院校应从以下几个方面改进中外合作办学：一是着眼学校长远发展需要，准确定位中外合作办学；二是紧密结合技术技能人才培养需要，与境外优秀教育机构开展实质性合作，建设高水平示范性中外合作办学专业、优质课程和实训基地，加强教师交流、学生交换、学分互认；三是加强文化融合，以便更好培养技术技能人才的国际视野和跨文化能力。

（三）建设境外实习基地

境外实习是高职院校技术技能人才培养中的一种新的实习方式，它具有多个方面的积极意义：一是有助于开阔学生的视野，培养其国际理解力和国际交流能力；二是有助于提高学生的专业知识与技能水平；三是有助于增强我国职业教育在国外的影响力；四是有助于促进我国与实习目的地国之间的职业教育交流与合作。[③] 在职业教育国际化受到高度重视的当下，为了深化高职教育的内涵，培养大量高素质国际化技术技能人才，高职院校应提高对学生境外实习的重视程度，积极通过各种途径建设一批境外实习基地：一是依托境外大型企业和社会团体，建立广泛的境外实习联盟；二是依托大型跨国企业，建立境外训练实习公共基地；三是充分利用校友、侨胞资源，建立境外实习基地。[④] 当然，要想真正建设好境外实习基地，取得预期的建设成果，高职院校不能仅仅寄希望于境外的优质实训设备、

① 黄尧. 职业教育学——原理与应用[M]. 北京：高等教育出版社，2009：739.

② 何新哲. 我国高职院校中外合作办学五年制教育模式研究[D]. 上海：华东师范大学，2018：3-4.

③ 何应林. 如何看待境外技能实习[N]. 中国教育报，2017-5-16(12).

④ 孙峰. 境外院校开展海外实习综述及对我国高职教育的启示[J]. 职教论坛，2011，(36)：90.

师资等条件，也需要做好境外实习基地的中方人员配备、资源库建设、实习活动安排与管理、实习成果评价等工作。

（四）为“走出去”中国企业提供教育培训

自“一带一路”倡议提出以来，许多中国企业在国家有关政策的支持下大胆地“走出去”，但是，由于企业内部涉外项目员工素质不足和当地技术技能人才短缺等原因，它们的发展面临重重困难。为了帮助这些中国企业走出困境，促进“一带一路”建设持续健康发展，应为“走出去”中国企业提供教育培训，帮助它们培养具有国际视野、通晓国际规则的技术技能人才。高职院校可以将这一工作纳入自身国际化工作范畴，协同相关中国企业“走出去”：与企业合作建立一支外语能力、专业知识与技能、实践经验俱佳的培训教师队伍，打造一系列优质培训课程，对企业内部涉外项目员工进行外语能力、市场服务意识和国际工程处理能力等方面的培训，对企业在境外招募的当地员工进行中国国情、企业文化和技术、专业知识与技能等方面的培训。①

（五）境外办学

境外办学是指“高等学校独立或者与境外具有法人资格并且为所在国家（地区）政府认可的教育机构及其他社会组织合作，在境外举办以境外公民为主要招生对象的教育机构或者采用其他形式开展教育教学活动，实施高等学历教育、学位教育或者非学历高等教育”。② 我国经济自改革开放以来一直快速发展，近年来不仅经济规模跃居世界第二，经济发展质量也有了较大的提升，与经济发展有着密切联系的高职教育在其中发挥了重要作用。发展中国家普遍存在发展经济的难题，引进我国的高职教育模式与资源，培养当地技术技能人才，对于提升当地经济发展水平具有重要意义。

为了做好境外办学工作，高职院校应做好以下几个方面的工作：③

第一，明确境外办学的定位。与在境内办学相比，高职院校在境外办学会受到较多的限制，也有着更为特殊的使命。我国高职院校应结合境外需求和自身优势，准确做好境外分校的定位。

第二，构建合适的办学模式。高职院校应认真谋划、科学设计，探索符合各方利益的境外办学模式，如鲁班工坊、丝路学院、职业技能培训中心。

第三，做好境外办学条件的准备和持续保障工作。例如，组建一支既通晓外

---

① 李军. 论国际教育培训对中国铁路“走出去”战略的作用[J]. 现代国企研究，2017，(6)：64-65.

② 高等学校境外办学暂行管理办法[Z]. 教育部令第 15 号，2002-12-31.

③ 熊建辉. 境外办学：“走出去”还要“走得稳”[N]. 光明日报，2016-11-29(14).

语又业务精湛的专业教师队伍；构建符合当地人才培养需求的课程体系；等等。第四，加强项目管理和质量保障。高职院校应研究制定相关制度，配备专门的人员，持续做好监督、管理工作，以确保项目运行质量。

（六）输出职业教育标准

职业教育标准是指职业教育领域统一的教学要求、管理规范和人才培养基本标准，是职业教育区别于其他教育的标志和符号，是一个国家教育标准体系的重要组成部分，它在很大程度上反映着一个国家的职业教育发展水平，同时也反映着一个国家的文化价值标准和观念。①

在我国高职教育发展初期，我们学习、引进了大量国际先进和适用的职业教育标准。多年来，高职院校参照这些标准，制定出了符合国情、校情的专业标准和课程体系，不断推动着高职技术技能人才的培养。随着我国综合国力的不断强大和高职教育水平的不断提高，国内高职院校也应该积极参与制定职业教育国际标准，向外输出职业教育标准，以更好推动我国高职教育国际化发展。在优质高职院校建设过程中，高职院校可以从以下几个方面进行努力，推进职业教育标准的输出：一是要在开展输出工作前，做好职业教育输出市场规划，确定输出对象国，考虑双方条件及优势，寻找输出突破口和契合点；二是要深入了解目标国家经济社会发展状况、相关法律和制度情况以及职业教育发展水平，针对不同国家制定差异化的对策；三是要在学习借鉴国外先进职业教育理念及相关行业标准的基础上创造性地开展标准的研制工作，以确保标准的先进性、前瞻性和国际通用性；四是要重视标准的实施检验与评价，不断增强标准体系的完备性和实效性；五是要建立物质激励和精神激励相结合的多元化激励机制，增强职业教育标准输出的实践动力和效果。②

---

① 李友得.“一带一路”倡议下我国职业教育标准输出之SWOT分析[J].职业技术教育，2018，(22)：29.

② 李友得.“一带一路”倡议下我国职业教育标准输出之SWOT分析[J].职业技术教育，2018，(22)：32-34.

第三章　优质高职院校建设的模式选择与特色凝练

在经过三十多年的发展之后，我国高职教育进入了内涵式发展的新阶段——优质高职院校建设时期。在这一时期，国家可以采取哪些模式开展高职院校建设？实际上会采取怎样的模式开展高职院校建设？为什么会采取这样的模式进行高职院校建设？在该模式下，高职院校的建设机制是怎样的，有哪些特点，需要注意哪些问题？在优质高职院校建设过程中，高职院校又该如何凝练办学特色？本章对这些问题进行了分析。

一、优质高职院校建设的可能模式

模式是一种重要的科学操作与科学思维的方法，它是为解决特定的问题，在一定的抽象、简化、假设条件下，再现原型客体的某种本质特征，是作为中介，从而更好地认识和改造原型客体、构建新型客体的一种科学方法，它"是客观实物的相似模拟（实物模式）、是真实世界的抽象描写（数学模式）、是思想观念的形象显示（图像模式）"；既可以从实践出发，经概括、归纳、综合，可以提出各种模式，模式一经确立，即有可能形成理论，也可以从理论出发，经类比、演绎、分析，提出各种模式，从而促进实践的发展。① 高职院校建设模式是在以往的高职院校建设实践中，为更好促进高职院校建设发展而概括、归纳、综合形成的。在我国高职教育发展的不同时期，国家会综合考虑建设目标和经济社会发展需要等因素选取不同的高职院校建设模式。

在我国高职教育历史上，建设示范性职业院校是一种经常用来促进高职教育发展的方式。所谓示范性职业院校，是指那些通过自身努力和社会广泛参与，形成政府统筹、学校主体、社会参与的办学机制，形成适应区域社会经济发展需要和自身条件的办学特色，在办学思想、办学条件、学校管理、师资水平和教育质量、劳动就业、社会服务等多方面能成为其他学校的榜样，能对其他同类学校提供参考与借鉴的典型，并形成较广泛示范辐射效应的职业院校。② 我国目前已采取的"国家示范性高职院校建设"和"优质高职院校建设"都属于示范性职业院校建设的

---

① 查有梁．什么是模式论？[J]．社会科学研究，1994，(2)：90．

② 黄尧．职业教育学——原理与应用[M]．北京：高等教育出版社，2009：525．

范畴。

“国家示范性高等职业院校建设计划”是在全国范围内进行申报，获得“国家示范性高等职业院校建设计划”建设单位立项后开始建设，建设期满后由国家组织验收，它采用的是以国家统筹为主的建设模式（简称“国家统筹建设模式”）。“优质高职院校建设”是在各省、自治区、直辖市（省级行政区）范围内进行申报，获得立项后开始建设，建设期满后由各省组织验收、国家组织评估认定，合格的才能获得“优质高职院校”称号，它采用的是以省级统筹为主的建设模式（简称“省级统筹建设模式”）。在我国职工基本养老保险制度的实施中，资金的统筹分为县市级统筹、省级统筹和国家统筹三个层次。① 参照这一做法，“优质高职院校建设”似乎还可以有“县市级统筹建设模式”等更低层级的统筹建设模式。不过，可能因为部分县市政府所拥有的财力无力承担高职教育的全部投入，②目前我国还没有在全国范围内的高职院校建设中实施“县市级统筹建设模式”。因此，在优质高职院校建设这一全国性高职教育创新发展工作中，可以选取的是“国家统筹建设模式”和“省级统筹建设模式”两种建设模式中的一种。

“统筹”是运筹学中的一个概念，原意是指通过对整体目标的分析，选择适当的模型来描述构成整体的各个部分之间、部分与整体之间以及与外部之间的关系，制定出相应的指标评价体系，用以分析事实并得出对于全局最有利的决策，以及协调系统各个部分的目标和决策的一个长期行动过程，一般将其看作一种工作方法或工作机制，也可以作为一种思维方式来看待。③ 统筹是一个包含预测、计划、实施、指挥和掌控等五个步骤的过程；统筹职业教育发展，既要统筹职业院校布局、职业教育办学、职业教育资金、职业教育师资等宏观事项，也要统筹职业教育人才培养、职业教育课程教学、职业教育评价体系等微观事宜。④

国家统筹建设模式和省级统筹建设模式都是既涉及职业院校布局、职业教育办学、职业教育资金、职业教育师资等宏观事项，又涉及职业教育人才培养、职业教育课程教学、职业教育评价体系等微观事宜，但前者是由中央政府主持开展的，有相关的法律法规和全国性的政策文件作为指导，总体权衡规划，统一贯彻执行，共同管理调控，中央政府财政支持，后者是由省级政府主持开展的，在同一省份内，也是以相关的法律法规和全省性的政策文件作为指导，总体权衡规划，统一贯彻执行，共同管理调控，省级政府财政支持，但在不同省份间，由于基础和诉求各不相同，因而其统筹建设模式既有一定的相似之处，也有各自的特色。国家统筹

① 张晓艳. 职工基本养老保险实现全国统筹的障碍与对策研究[D]. 哈尔滨：黑龙江大学，2018：18.

② 范先佐，郭清扬，付卫东. 义务教育均衡发展与省级统筹[J]. 教育研究，2015，(2)：70.

③ 陈健生. 城乡公共服务统筹治理的制度分析——以国家统筹城乡试验区成都市为例[J]. 财经科学，2010，(2)：108.

④ 朱德全. 职业教育统筹发展论[M]. 北京：科学出版社，2016：1-5.

建设模式在我国高职教育实践中使用较多，它具有目标一致、效果易辨等特点，但存在千校一面的同质化风险，省级统筹建设模式在我国高职教育实践中使用不多，它具有不拘一格、亮点纷呈等特点，但不同省份高职院校之间可能存在较大的差距。可见，国家统筹建设模式和省级统筹建设模式各有优点与不足，难以简单判断其高下优劣，在优质高职院校建设中，可结合建设需要适时采用。

二、省级统筹建设模式：优质高职院校建设模式的现实选择

（一）优质高职院校建设选择省级统筹模式的成因

尽管优质高职院校建设既可以采用国家统筹建设模式也可以采用省级统筹建设模式，但是作为优质高职院校建设纲领性文件的《高等职业教育创新发展行动计划（2015—2018 年）》明确指出，要“强化地方政府统筹发展职业教育的责任”，“鼓励支持地方建设一批办学定位准确、专业特色鲜明、社会服务能力强、综合办学水平领先、与地方经济社会发展需要契合度高、行业优势突出的优质专科高等职业院校”。可见，省级统筹建设模式被选为优质高职院校的建设模式。众所周知，我国以往的高职教育推进发展项目几乎都是采取的国家统筹建设模式，如国家示范性高等职业院校建设计划项目，为何此次优质高职院校建设会选择省级统筹建设模式呢？目前，尚未看到教育行政部门关于这一转变的相关说明，但结合国家示范性高等职业院校建设计划项目建设实践和相关研究成果，我们认为可能有如下几个方面的原因：

第一，充分发挥省级政府在统筹发展职业教育中的作用，为优质高职院校建设提供有力的保障。

新中国成立以来，我国实行的是中央集权的行政管理体制，国家职权统一于中央政府，在教育、医疗卫生、基础设施、社会福利等各个方面，省级政府等地方政府在很多时候都是按照中央政府的指令开展工作，是一个“执行者”的角色。实施这样的管理体制，好处是可以举全国之力开展相关工作，具有较好的规模效应。但是，由于高度集权、层级较多、体量庞大等方面的原因，容易滋生官僚作风和贪腐作风，产生办事不公和效率低下等不好结果。因此，中央政府提出了“放管服”改革。“放管服”是“简政放权、放管结合、优化服务”的简称。高等教育“放管服”改革实践中，迫切需要地方政府、教育行政部门承担起承上启下、统筹协调的作用，尤其是省级政府，需要发挥教育统筹统领作用，强化协同放权、协同监管、协同服务；高等教育“放管服”改革的推进，亟待加强省级政府统筹教育改革发展的能力，进一步强化政府统筹协调各部门联动的工作机制，推动高等教育治理水平的

现代化。[①] 在优质高职院校建设中，建设模式由以往惯用的“国家统筹建设模式”向“省级统筹建设模式”转换，也是顺应政府积极转变职能、实行“放管服”的重要体现。

如前所述，统筹是一个包含预测、计划、实施、指挥和掌控等五个步骤的过程。省级政府对本省经济社会发展状况和高职教育资源有着较高程度的了解和掌控，它可以比较准确地预测经济社会发展对高等职业教育的需求，进而有针对性地制定促进高职教育发展的计划。它有权力也有能力指挥和掌控高职教育发展计划的实施，以实现预期目标。与中央政府相比，省级政府在统筹建设高职院校时，能够更加准确把握经济社会发展对高职教育的需求，而且需要应对的不同高职院校之间办学能力的基础差异要“少”和“小”，可以为优质高职院校建设提供更加准确和充足的保障。因而选择这一种建设模式，可以充分发挥省级政府在统筹发展职业教育中的作用，为优质高职院校建设提供有力的保障。

第二，创造“弯道超车”的机会，调动高职院校办学积极性。

在常规驾驶中，车辆在弯道处超车是一种违法的、危险的行为。“弯道超车”是赛车运动中的一个技术术语，是指在赛车运动中，赛手在弯道处利用其他赛手降低车速的时机，加速超越对手。[②] 在赛车运动中，如果两辆车动力相当又都高速前进，落在后面的车在直道上是几乎不可能超越前车的，只有在弯道处，当前车出于安全考虑放慢速度时，后车才有可能抓住机会进行加速，从而超越前车。因此，在弯道处超越前车对于后车来说就是一个实现超越目的的重要机会。当然，前车在弯道处之所以会降低速度，是因为那里极为危险，稍有不慎就会出现严重事故，因而要想在弯道处超车难度极大，但由于这是实现超越的重要机会，想要实现超越目的就要努力把握住这个机会。

目前，我国共有高职高专院校 1418 所。但是在“国家示范性高等职业院校建设计划”项目中，仅有 200 所院校入选国家示范校和骨干校，另有一些院校虽然入选了省级示范校，[③]但受到的资助与国家示范校和骨干校相比要少很多(后者同时也是省级示范校)，除此之外，还有很多高职院院校没有入选国家示范校、国家骨干校和省级示范校，因而未能得到相应的资助。在实施“国家示范性高职院校建设计划”项目之前，不同高职院校的办学实力本来就存在一定差距，实施这一项目之后，不同院校之间的差距就更大了。虽然我们一直强调“扶优扶强”，并通过先发展起来的高职院校发挥示范引领作用，带动其他高职院校发展。但是，没有哪

---

① 刘永林，周海涛. 深化高等教育“放管服”改革的思考[J]. 复旦教育论坛，2017，(5)：7.

② 钱俊君. 论“弯道超车”与“政府角色”[J]. 湖南社会科学，2009，(5)：57.

③ 在国家示范性高职院校建设计划带动下，各省先后建设了 281 所省级示范(骨干)高职院校。参见：童卫军，等.“国家示范性高等职业院校建设计划”骨干高职院校建设项目绩效评价报告[R]. 北京：机械工业出版社，2016：Ⅶ.

一所学校愿意一直屈居人后。如果有机会"翻盘",它一定会爆发出惊人的力量。在优质高职院校建设中实施"省级统筹建设模式",让那些此前未能进入自己理想"方阵"的高职院校有一个进入"省级方阵"甚至"国家级方阵"的机会,也就是为它们创造了一个"弯道超车"的机会,这对于调动它们的办学积极性是十分有利的。实际上,在浙江、山西和黑龙江等三省的优质校建设中,就真的有 10 所非示范、非骨干院校成功"翻盘",进入了优质高职院校"省级方阵"。如果它们进一步努力,还有望在优质高职院校建设结束后的国家检查认定中,进入优质高职院校的"国家级方阵"。其实,这一举措还有一个作用,那就是鞭策此前已进入"省级方阵"和"国家级方阵"的高职院校继续努力前进,如果它们停止或者放慢前进的脚步,也有可能被挤出方阵。在这方面已经出现实例——有研究者对辽宁、安徽、湖南、黑龙江、江苏、四川、内蒙古等省份公布的优质高职院校建设名单进行分析后发现,这些省份有 10 所国家示范(骨干)院校未能获得省级优质院校立项建设资格。①如此一来,优秀的高职院校要争取办得更加优秀,保住自己现在的位置甚至再前进一步,在以往的竞争中失利的高职院校也要努力拼搏,改变自己的不利处境,很多高职院校的办学积极性就被调动起来了,这对于高职院校整体办学质量的提升具有十分重要的意义。

第三,修正以往建设存在的问题,促使高职教育健康发展。

自高职教育 20 世纪 80 年代产生以来,我国采取了许多措施促进其发展,其中影响最大的应该是"国家示范性高等职业院校建设计划"。2006 年 11 月,教育部、财政部颁布《关于实施国家示范性高等职业院校建设计划加快高等职业教育改革与发展意见》,正式启动国家示范性高等职业院校建设计划。该计划旨在"使示范院校在办学实力、教学质量、管理水平、办学效益和辐射能力等方面有较大提高,特别是在深化教育教学改革、创新人才培养模式、建设高水平专兼结合专业教学团队、提高社会服务能力和创建办学特色等方面取得明显进展",然后,"发挥示范院校的示范作用,带动高等职业教育加快改革与发展,逐步形成结构合理、功能完善、质量优良的高等职业教育体系,更好地为经济建设和社会发展服务"。国家示范性高职院校建设启动后,"示范建设院校在探索校企合作办学体制机制、工学结合人才培养模式、单独招生试点、增强社会服务能力、跨区域共享优质教育资源等方面取得了显著成效,引领了全国高职院校的改革与发展方向"。2010 年 6 月,教育部、财政部决定继续推进"国家示范性高等职业院校建设计划"实施工作,新增 100 所左右骨干高职建设院校,"加快高等职业教育改革与发展,全面提高人才培养质量和办学水平,更好地发挥高职院校在培养高素质高级技能型专门人才,促

① 任占营.优质高等职业院校建设的思考[J].国家教育行政学院学报,2018,(7):49.

进就业、改善民生,构建终身教育体系和建设学习型社会等方面的重要作用”。[①]

“国家示范性高等职业院校建设计划”在促进高职教育发展方面取得了很好的效果:一是人才培养质量更好,二是服务区域产业发展能力更强,三是产教融合校企合作更加深入,四是政府的支持更好,五是高职院校办学条件更好。[②] 当然,在该计划的实施中也发现一些问题,例如,政府缺乏有力的政策法规支持,没有发挥出应有的统筹引导作用;专业建设发展不平衡,中央财政支持的重点建设专业和地方财政支持的重点建设专业之间、国家示范性高等职业院校项目重点建设专业和非国家示范性高等职业院校项目重点建设专业之间在建设理念、建设投入等方面存在着明显的差距;项目建设人本导向缺失,一些高职院校采取攻坚战术,集中资源,出台政策,以尽快提高精品课程数量、教材数量、基地数量、双师数量等方面的数据,努力在规定的时间内达到考核要求,但对师生综合素质的全面提升考虑不够;示范院校与非示范院校教育资源不均,示范校越来越强,非示范校越来越弱;等等。[③] 导致这些问题的原因有很多,要有效解决它们,需要分别从相应原因入手。当局者迷,旁观者清。如果能从以往惯用的“国家统筹建设模式”跳出来,实施“省级统筹建设模式”,有利于清楚地认识到以往建设中存在的各种问题,进而有针对性地采取措施予以修正,从而促使高职教育健康发展。当然,“省级统筹建设模式”的“修正”作用也是有限的,可能只能部分修正以往建设存在的问题,而且,实施“省级统筹建设模式”也有可能会带来新的问题。因此,为了促使高职教育健康发展,在采用“省级统筹建设模式”时还应根据实际需要适当采用其他修正措施。

(二)省级统筹建设模式下的优质高职院校建设

1. 省级统筹建设模式下的优质高职院校建设机制

在省级统筹建设模式下,优质高职院校建设机制是怎样的?《高等职业教育创新发展行动计划(2015—2018 年)》提出“鼓励支持地方建设”,明确了优质高职院校“统一规划、自主承接、先行建设、检查认定”的建设机制。[④]

所谓“统一规划”,是指在国家层面对优质高职院校建设这一项工作进行统一的设计与安排。中央人民政府按照《高等职业教育创新发展行动计划(2015—

① 教育部,财政部. 教育部 财政部关于进一步推进“国家示范性高等职业院校建设计划”实施工作的通知[Z]. 教高〔2010〕8 号,2010-6-1.

② 童卫军,等.“国家示范性高等职业院校建设计划”骨干高职院校建设项目绩效评价报告[R]. 北京:机械工业出版社,2016:Ⅶ.

③ 罗荣丰. 湖南省国家示范性高职院校建设的成就、问题与对策[D]. 长沙:湖南师范大学,2010:46-49,58-59;宋雪翎. 国家示范性高等职业院校建设问题研究[D]. 上海:华东师范大学,2009:28-32.

④ 任占营. 优质高等职业院校建设的思考[J]. 国家教育行政学院学报,2018,(7):49.

2018 年)》所指出的“坚持顶层设计与支持地方先行先试相结合”“坚持扶优扶强与提升整体保障水平相结合”的原则,对优质高职院校建设的机制、内容、规模等进行设计与安排。对优质高职院校建设进行“统一规划”,有助于从整体上控制优质高职院校建设的规模、节奏与效果,对优质高职院校建设预期目标的实现具有重要的意义。

所谓“自主承接”,是指各省级人民政府主动接受中央人民政府设计安排的“优质学校”(优质高职院校)建设任务,并在本省范围内安排实施。作为一项全国性的高职教育建设工作,所有省份无疑都是需要承接建设任务的。但是,这并不意味着所有省份都会步调一致、方案相同。因为各个省份的高职教育发展基础存在着较大的差异,而且由于各个省份经济发展水平不同,在建设资源特别是建设经费的安排上,不同省份的行动效率也会不一样。因此,各个省份会结合自己的实际情况落实国家对优质高职院校建设的设计安排,拿出本省的建设方案。

所谓“先行建设”,是指经过省级人民政府发布优质高职院校建设项目申报通知、相关高职院校申报、省级人民政府组织评审、省级人民政府公布优质高职院校建设项目立项名单等环节后,各个省份获批优质高职院校建设项目单位的高职院校按照省里的统一要求和本校申报书的设计开始建设。由于相同省域内的优质高职院校的建设目标和遴选标准都是一样的,所以其优质高职院校的建设有点类似于之前的示范校建设,但它与示范校建设也有不同之处:第一,优质高职院校不是按照省里的要求建完就完成了,还有后面的国家层面的“检查认定”,因此,获批优质高职院校建设项目单位的高职院校严格来说还不能被称为“优质高职院校”;第二,不同省份间优质高职院校的建设目标和遴选标准不同,甚至还存在比较大的差异,别的省份优质高职院校的建设经验,学习借鉴之前需要仔细斟酌。

所谓“检查认定”,是指教育部依据各地承建成效对优质院校做好事中监督管理、事后检查认定工作,待 2018 年《行动计划》执行期满后,在各地立项建设的优质院校中认定一批国家优质院校。① 具体做法是:首先,国家教育行政部门——教育部发布优质高职院校项目认定通知;随后,各省级教育行政部门根据推荐限额,自行制定项目遴选方案,做好项目遴选工作,等额确定推荐名单,并将推荐名单报到教育部;此后,教育部通过《行动计划》管理平台公示各地推荐名单,公示无异议后,教育部确定优质高职院校项目认定名单并发文公布。②

2. 省级统筹建设模式下优质高职院校建设的特点

在省级统筹建设模式下,优质高职院校建设具有松而不散、和而不同和自下

① 任占营. 优质高等职业院校建设的思考[J]. 国家教育行政学院学报,2018,(7):49.

② 教育部办公厅. 教育部办公厅关于开展《高等职业教育创新发展行动计划(2015—2018 年)》项目认定的通知[Z]. 教职成厅函〔2019〕8 号,2019-3-28.

而上等特点。

(1)松而不散

从省级统筹建设模式下的优质高职院校建设机制可以看出,虽然在优质高职院校建设这一工作中,中央人民政府顺应“放管服”改革的趋势,不直接进行统筹,但是,在优质高职院校建设工作启动之前,它组织制定了纲领性文件《高等职业教育创新发展行动计划(2015—2018年)》,对相关工作进行了设计与安排,在优质高职院校建设工作实施过程中,它也会进行监督管理,在优质高职院校建设工作结束后,它会组织评选国家优质高职院校。可以说,中央人民政府在省级统筹建设优质高职院校建设这一工作中一直是“在场”的,它与省级人民政府、优质高职院校立项建设单位之间的关系虽然看似比较“松”,但并不“散”。这既使得省级统筹建设模式下的优质高职院校建设工作不偏离正确的轨道,取得预期的建设成果,又给省级人民政府和优质高职院校立项建设单位预留了一定的自由空间,让它们能够积极发挥自身能动性,创造性地推进优质高职院校建设工作。

(2)和而不同

和而不同是儒家思想中的一个重要概念,是我国古代哲学中的重要思想。在《国语·郑语》和《论语·子路》中都有关于这一思想的记述。《国语·郑语》记载,史伯认为,西周最大的弊端就是“去和而取同”,他说,“夫和实生物,同则不继”。《论语·子路》记载,子曰:“君子和而不同,小人同而不和。”所谓“和而不同”,是指“和睦相处,但不随便附和”,是“有差别的多样性的统一”。①

在省级统筹建设模式下的优质高职院校建设中,由于不同省份优质高职院校的建设基础各不相同、建设内容各有侧重,因而其优质高职院校建设呈现出不同的特点。而且,尽管不同省份优质高职院校的建设方案不同,但有相当一部分内容是相似的,因而不同省份的优质高职院校立项建设单位之间可以相互交流、学习,并结合自身条件进一步创新发展。在这个过程中,各具特点的不同省份优质高职院校立项建设单位和谐发展,但并未呈现出单一化、同质化倾向。和而不同是省级统筹建设模式下优质高职院校建设的一个重要特点,国家在优质高职院校建设中采用省级统筹建设模式,一定程度上也是为了避免国家统筹建设模式可能造成的单一化、同质化倾向。

(3)自下而上

在省级统筹建设模式下的优质高职院校建设中,各省份在中央的统一设计与安排下,发布优质高职院校建设项目申报通知,随后相关高职院校进行申报、省级教育行政部门组织评审,此后省级教育行政部门公布各自省份优质高职院校建设项目立项名单,获批立项省级优质高职院校的高职院校开始按照省级人民政府有

---

① 李钢. 和而不同——历史文化视域下的《论语》英译研究[D]. 长沙:湖南师范大学,2012:192-193.

关规定和本校的建设方案实施优质高职院校建设，建设周期结束后，各省教育行政部门自行组织验收，教育部也会对各省优质高职院校项目进行检查认定，认定一批国家优质高职院校。可见，省级统筹建设模式下的优质高职院校建设与国家统筹建设模式下的国家示范校、骨干校建设不同，相关高职院校是先通过申报、建设、验收成为“省级优质高职院校”，再通过教育部组织的检查认定成为“国家级优质高职院校”，最后获批“国家级优质高职院校”的那些高职院校，经过了两级考验，开展了扎实而富有成效的建设，才“自下而上”脱颖而出。当然，最终只有200所“省级优质高职院校”能够被认定为“国家级优质高职院校”，有大部分的“省级优质高职院校”并不能获此殊荣，但是，这个“自下而上”的求索过程，让它们得到了很好的建设与发展，而且那些最终突出重围的“国家级优质高职院校”，也可以为未获认定的“省级优质高职院校”以及其他未进入优质高职院校方阵的高职院校的建设与发展提供很好的参考，并激励它们努力向前。

3. 省级统筹建设模式下优质高职院校建设实施中应该注意的问题

省级政府在管理上一直占有极为重要的位置。① 在运用省级统筹建设模式开展优质高职院校时，为了充分发挥省级政府的积极作用，促使优质高职院校建设取得理想的效果，需要注意以下几个问题：

(1)努力优化条件

优质高职院校建设是我国高职教育发展新时期国家为进一步促进其发展、提高技术技能人才培养质量而提出的一个新举措，为了实现这一目标，并引领其他高职院校建设发展，需要使立项建设高职院校在原来基础上有一个较大的提升。为此，需要努力优化其建设条件，具体包括制定完善有关法律、法规与政策，提供充裕的建设经费，提供优质的管理服务等。法律、法规的制订完善是由国家有关部门实施的，在省级统筹建设模式实施中，省级人民政府不需要直接面对，但省级层面的高职教育政策制订与完善，建设经费筹集与使用安排，管理服务提供等，则需要省级人民政府根据优质高职院校建设的既定目标与进展情况不断优化。

(2)持续监督引导

对于任何一所高职院校来说，政府授予的称号和提供的建设经费都是十分重要的发展资源，因此，只要有机会，任何高职院校都不会放弃争取。但是，争到手之后，并不是所有学校都会像前面争取的时候那样积极落实相关建设工作，这既可能有学校相关领导态度不端正、“重申报而轻建设”的因素，也可能因为新的建设项目与学校既有建设项目之间存在一定冲突，短时间内难以调和。对于前一种情况，省级政府有关部门在监督中发现后应及时对有关院校领导进行批评教育，引导其端正态度、提高认识。对于后一种情况，省级政府有关部门在监督中发现

① 范先佐，郭清扬，付卫东. 义务教育均衡发展与省级统筹[J]. 教育研究，2015，(2)：69.

后应帮助其找到问题的症结所在,引导其协调解决。在优质高职院校省级统筹建设模式实施中,由于各省起步时间不一致而国家安排的检查认定时间可能是统一的,因而留给高职院校建设的时间就十分有限,各省份特别是优质高职院校建设工作启动较晚的省份,一定要持续做好监督引导工作,以便本省获批立项建设优质高职院校的高职院校在办学质量上有较大的提升,而且确保在后面国家组织实施的"检查认定"中能够获得"国家级优质高职院校"的称号。

(3)加强学习交流

目前,我国高职院校达到1400多所,高职教育在校生规模占据高等教育的半壁江山,然而我国投入到高等职业教育事业发展中的经费比较有限,因而在高职教育发展中,让一部分高职院校先发展起来,通过它们带动其他高职院校发展,从而推进高职院校整体发展就成了常用的策略。为了使全国高职院校获得更好的发展,在优质高职院校省级统筹建设模式实施中,应加强学习交流:一方面,省级人民政府要组织本省获优质高职院校建设立项的高职院校向本省和外省优秀优质高职院校学习,争取让这些优质高职院校建设能达到更高的水平;另一方面,省级人民政府要组织本省的优质高职院校向非优质高职院校介绍建设经验,让错过省优质高职院校称号和相应建设经费的高职院校在优质高职院校建设过程中也能够得到一定的发展,从而使本省高职院校整体能够处于一个较好的发展状态。

三、优质高职院校建设的特色凝练

质量是特色的基础,特色是质量的灵魂,二者是高职教育的生命线。[①] 在高职教育发展过程中,高职院校一直十分重视质量的提高,但也丝毫不敢放松对办学特色的凝练。随着高职教育的发展,其办学特色已由模糊走向具体化,特色评价的主体将由教育内部转向外部社会,特色评价的对象也将从院校整体走向专业群。[②] 在优质高职院校建设过程中,高职院校应通过加强专业群建设来凝练办学特色。[③]

(一)形成专业特色

专业是高职教育与社会的契合点,是高职教育办出特色的关键,专业特色是高职院校办学特色的重要组成部分。专业特色是在扎实的专业办学实践基础上形成的,没有扎实的办学实践而空谈专业特色建设,无法形成真正的专业特色。当然,如果在专业办学实践过程中具有强烈的"特色"意识,会有助于专业特色的

① 姬兴华.高职教育办学"特色"与"质量"辨析[J].中国高教研究,2009,(1):87.

② 任占营.优质高等职业院校建设的思考[J].国家教育行政学院学报,2018,(7):50-51.

③ 任占营.优质高等职业院校建设的思考[J].国家教育行政学院学报,2018,(7):51.

形成,也可以使专业办学实践开展得更好。

在办学实践中,高职院校应围绕区域经济和社会发展的需求,结合自身专业基础和发展目标,规划专业布局,建设若干个专业群,并以专业群建设为核心进行资源整合,强化每个专业群中的核心专业,凸显其实力,进而以其发展带动专业群众中其他专业的发展;应准确定位专业群建设目标与方向,创新人才培养模式,优化课程体系与教学模式,用创新的思维和开拓的精神开展专业实践活动,构建精细化的专业质量保障体系;应以特色培育为核心,分层分类进行特色专业建设,并根据经济社会发展的需要不断调整专业建设的方向和重点。① 通过专业群建设培育专业特色,让专业有更多的历史积淀和更新的表现形态,让其在螺旋式发展过程中形成具有丰富内涵的特色。

(二)铸就基地特色②

实践教学是高职教育与普通高等教育之间最大的区别,是高职教育的重要特色。实践教学涉及校内外实训基地的建设,尤其是校内实训基地的建设,需要有大量的资金投入。如果按照单个专业的技术技能人才培养需要来建设校内实训基地,高职院校将需要筹措大量的资金,包括初始建设资金和后期维护资金。如果按照专业群的技术技能人才培养需要来建设校内实训基地,高职院校就可以将有限的资金集中投入,加强专业群校内实训基地建设。相比较而言,后一种建设模式更有利于校内实训基地的建设与发展。

以专业群为单位开展校内实训基地建设,至少可以形成两个方面的特色:

第一,综合性特色。由于要满足专业群内所有学生实践训练需要,校内实训基地需要综合考虑专业群内各个专业的实践训练项目,适当合并共性训练单元(也要考虑到人数因素,增加一些实践训练工位),并做好不同训练单元的衔接。整体来看,这样的校内实训基地呈现出较强的综合性特点,就像是一个小型的工厂。

第二,生产性特色。高职院校所培养出来的技术技能人才的一个突出特点是"上手快",不需要经过很长时间的岗前培训和实践经验积累。他们之所以能够达到这种状态,是因为在高职院校学习期间,就已经完成了实践经验的积累。帮助高职院校学生完成"实践经验积累"的,就是具有生产性的校内实训基地和校外实训基地。与单一专业的校内生产性实训基地相比,专业群校内生产性实训基地能够提供更多的生产要素,因而在这里可以开展更加接近真实生产实践的训练活

① 王振洪.嵌入区域经济发展 打造高职院校办学特色[J].中国高教研究,2010,(9):72;孔德兰.高职院校专业特色化建设机制研究[J].黑龙江高教研究,2010,(10):70.

② 应智国.论专业群建设与高职办学特色[J].嘉兴学院学报,2001,(4):91.

动，其“生产性”特征更加明显。

（三）锤炼教师特色

师资在教育发展中具有举足轻重的作用，没有合格的师资就不可能培养出合格的人才，没有高素质的师资就不可能有高水平的教学质量。[①] 在优质高职院校建设过程中，高职院校需要建立一支数量充足、结构合理的“双师型”教师队伍，但这不是一件容易的事情。由于科学技术的飞速发展，产业对技术技能人才的需求不断调整，高职院校的专业需要作出相应的调整。如果专业设置分散，并且经常调整，短期内很难形成实力强大的“双师型”教师队伍。如果以专业群为单位来开展“双师型”教师队伍建设，由于专业相对集中，实践体系稳定，经过若干年的锤炼，则有望形成一支具有较强实力、实践特色鲜明的“双师型”教师队伍。[②]

在优质高职院校建设过程中，高职院校应根据专业群中教师发展不同阶段的不同特征和发展需求设计一体化的教师教育培养体系，以培育专业群特色教师队伍：[③]

一是建立促进教师成长的学习培训制度。要围绕专业群的专业发展方向规划教师团队的专业水平、专业教师的职业生涯方向与目标，分别制定专业群中专业带头人、骨干教师、青年教师和兼职教师培训制度。

二是营造科学研究氛围，提供交流合作平台。要积极组织专业群教师参加教学研讨、科研交流等学术活动，让教师在学习、交流的过程中得到提升。

三是构建发展性评价体系，把握教师专业发展方向。要将高职教师专业成长过程中的专业态度、专业意识、专业知识、教学能力、研究能力、生涯规划能力、团队协作能力等方面的变化加以归类和量化分析，以构建教师发展性评价体系、引导和帮助其专业发展。

四是建立激励机制，确保教师专业成长的持续性。高职院校要为教师提供良好的教学研究环境和知识共享平台，营造和谐、宽松的组织氛围，培养其组织归属感，并建立和完善合理的薪酬分配制度和绩效评价制度。通过评价和奖励，为教师在专业群中教学、科研方面的定位提供明确的导向，保证其可持续的成长和发展方向。

（四）打造文化特色

文化是高职院校技术技能人才综合职业素质养成的重要作用力量，是高职院

---

① 黄尧.职业教育学——原理与应用[M].北京：高等教育出版社，2009：535.

② 应智国.论专业群建设与高职办学特色[J].嘉兴学院学报，2001，(4)：92.

③ 霍丽娟.论专业群建设与高职教师的成长与发展[J].国家教育行政学院学报，2010，(1)：60-61.

校办学实践中很容易被忽视也很容易引起关注的东西。打造文化特色，可以进一步加强高职院校技术技能人才培养的文化力量，增强人才培养的效果。由于文化具有较强的抽象性，如果不采取比较具体的措施，打造文化特色就容易沦为口号，难以落到实处。在优质高职院校建设过程中，高职院校可以从以下几个方面着手，将企业文化引入专业群建设，从而打造学校文化特色：①

第一，将企业文化融入课程体系。一方面，可以开设企业文化相关课程，在这些课程的教学中直接增进学生对企业文化的感受与认识。另一方面，可以将企业文化融入课程标准之中，引导教师在课程教学中结合教学内容对学生进行企业文化的渗透。

第二，将企业文化融入校内生产性实训基地建设。高职院校在校内生产性实训基地建设中，可引入企业运行机制，加强在实践教学、生产、管理、规章制度、品牌意识等方面的内涵建设，例如，悬挂招牌、张贴操作规范等，为学生营造一种企业式的文化氛围。

第三，将企业文化融入教学。在课堂教学中，教师对来自企业的大量鲜活案例进行分析，让学生在增长知识和技能的同时，接受企业文化教育，了解企业的管理理念和行为规范，并在平时学习中按企业的要求来规范自己的言行。

第四，将企业文化融入学生活动。可以通过校企合作举办文化活动的方式，将团队合作、诚信经营、管理创新等企业文化元素融入学生活动中，拉近学生与企业的距离，加深学生对企业文化的理解和认同。

---

① 李芸.专业群建设背景下高职校园文化与行业文化的融合[J].江苏高教，2017，(1)：91-92.

第四章　优质高职院校建设的项目评价

优质高职院校建设是对国家示范性高职院校建设成果的深化、转化和固化，是进一步加强内涵建设、提升办学水平、丰富优质教育资源的重要举措。2015年10月，教育部印发《高等职业教育创新发展行动计划(2015—2018年)》(简称《行动计划》)。这是迄今为止，教育部第一个专门针对高职教育全面提供规划改革发展的指导文件，明确提出鼓励支持地方建设一批“办学定位准确、专业特色鲜明、社会服务能力强、综合办学水平领先、与地方经济社会发展需要契合度高、行业优势突出”的优质专科高等职业院校的发展要求。至此，优质高职院校建设成为高等职业教育领域贯彻落实国家重大战略部署的重要举措。随后，全国各个省份陆续启动优质高职院校建设项目，发布了优质高职院校建设计划，公布了优质高职院校建设名单，给予重点支持建设。和国家示范性高职院校建设周期一样，2018年是优质高职院校建设的验收年。三年来，优质高职院校围绕产教融合进行了哪些尝试？取得了哪些成效？是否有统一评判标准？又如何进行公正、科学、合理的评价？这成为教育行政部门、高职院校乃至社会各界普遍关注的热点话题。

一、国家示范性高职院校建设的项目评价：经验与反思

2005年6月，《国务院关于大力发展职业教育的决定》(国发〔2005〕35号)提出了提高高等职业教育质量，增强高等职业院校服务经济社会发展的能力，在全国高职院校中树立改革示范的发展目标。于是2006年11月，教育部和财政部联合下发《教育部财政部关于实施国家示范性高等职业院校建设计划加快高等职业教育改革与发展的意见》(教高〔2006〕14号)。2010年下半年，继续推进“国家示范性高等职业院校建设计划”(简称“示范计划”)实施工作，扩大国家重点建设院校数量。可以说，“示范计划”引领带动了我国高等职业教育全面进入内涵建设、质量提升的历史新阶段。

(一)国家示范性高职院校建设项目评价的成功经验

“十一五”和“十二五”期间，教育部和财政部联合实施了“示范计划”，先后遴选了100所国家级示范高职院校(简称“示范校”)和100所国家级骨干高职院校

(简称“骨干校”)。项目期间,中央财政累计投入专项资金 45.5 亿元,拉动地方财政投入 89.7 亿元,行业企业投入 28.3 亿元,支持了 200 所示范和骨干院校建设,支持建设的重点专业达 788 个,[①]通过“点”上示范、“面”上辐射,极大地改善了高职院校的办学条件,释放了高职院校的办学活力,增强了高职院校的基础能力。正如时任教育部长周济在示范建设启动时所言,“如果说‘211 工程’是国家面向 21 世纪高等教育的发展工程,那么“示范计划”也是国家新时期新阶段高职业教育的改革工程和质量工程”。[②] 因而,分析其项目评价的成功经验有利于为国家高职教育后续专项行动提供实践参考。

1. 坚持动静结合、质量为先的评价理念

“示范计划”评价理念导向正确,具体体现在如下方面:

一是评动不评静。“示范计划”建立了项目动态管理的工作机制,根据项目院校建设方案和任务书确定的预期目标和监测指标进行全过程的管理和监控,加强绩效考核,严把质量关,这是对以往注重结果而非过程评价理念的修正。一方面“示范计划”是分步实施的,项目按照地方推荐、评审立项、年度考核、动态管理、分期安排经费的方式组织实施,一次确定立项院校,分三年启动建设,建设经费“一次确定、三年到位、项目逐年考核、适时调整”,对年度绩效考核不合格的院校,终止立项和支持。另一方面高职院校的建设发展是动态的,不是一成不变的,因而“示范计划”验收评价方式要有一定的灵活性,注重发展过程的增量变化,突出项目期间各建设内容的实际增长数据,如人才培养模式、专业建设、课程建设、师资队伍、实习实训基地建设等方面的发展成效,而非静态结果。

二是评软不评硬。我国高等职业教育真正兴盛始于 1998 年,教育部在《面向 21 世纪教育振兴行动计划》中第一次在高等教育部分对高等职业教育进行了阐释,“积极发展高等职业教育是提高国民科技文化素质、推迟就业及发展国民经济的迫切要求”。在国家大力提倡发展高等职业教育的大好时机下,1998—2005 年,我国高等职业教育实现了规模迅速扩张的阶段性目标。因而,在示范建设期,高等职业教育开始由注重规模扩张逐渐转向内涵建设,并开始关注对教育质量的评估和监控,评价考察观测的重点自然也围绕体制机制创新、就业质量提高、社会服务提升等方面,注重激发高职院校的自我发展、自我激励能力。

三是评质不评量。将项目申报、实施、验收等环节纳入监控体系,在评价方法上采用定性与定量相结合,一方面以对数据的定量分析为主,借助现代评价方法注重对现实状态的过程监测和客观评价。项目数据主要来源于项目进展表、示范

---

① 王继平.中国教育改革大系:职业教育卷[M].武汉:湖北教育出版社,2016:68.

② 周济.在示范性高职院校建设计划视频会议上的讲话[N].中国教育报,2006-11-14(1).

(骨干)验收系统、全国高职院校状态数据采集平台、全国高等职业教育专业建设与职业发展管理平台等数据管理平台,依托各类统一的数据平台,通过对组织内部从输入端到输出端整个流程的关键数据进行设置、记录、取样、计算、分析、判断,基于大数据挖掘和分析技术,帮助实现全过程、目标式的量化管理,形成以自我规范、自我调控、自我发展为目的的常态评价机制,服务精准决策需要。另一方面以专家的定性判断为辅,突出对发展潜力的主观评价,既注重学校发展呈现"量"的基础数据,更注重"量"后面的"质"变和成效,有利于全面、客观、具体的呈现项目建设院校的整体样貌。四是以评促改。示范校建设验收结论分为优秀(90分以上)、良好(80分以上)、通过(70分以上)、暂缓(低于70分)四个等级,验收结果向社会公布。按照验收文件有关精神,对如期完成项目总体目标和项目内容,通过验收,示范作用发挥充分、办学质量高、社会反映好的项目院校,教育部、财政部将给予适当奖励,对于暂缓通过的项目院校则督促其整改提高。可见,与其他评价相比,示范校验收评价淡化了以往"选优"任务,符合评价鉴定、诊断和促进的功能价值。

2. 坚持评办分离、客观公正的评价程序

"示范计划"是国家财政投入支持高等职业教育建设的标志性事件,经费投入大、时间跨度长、社会关注度极高,决定了项目验收评价工作的高难度。因而,示范校和骨干校建设验收评价确立了以"院校总结为基础、省级验收为前提"的原则,实施"自评—评价—审核"分层分级验收,具有较强的操作性和便捷性。

第一级是院校总结,即自评。项目院校会同举办方,对照两部批复的项目建设方案和任务书进行自查,共同撰写《项目总结报告》、填报建设过程监控数据、宣传展示建设成果。这意味着评估主体不再局限于专家组,高职院校自身就是评估主体,充分体现了自我评估的价值意义。

第二级是省级验收,即评价。项目院校的验收由省级教育、财政部门向教育部、财政部提出申请。省级教育、财政部门对项目院校的项目建设完成情况、质量、效果以及《项目总结报告》进行审核,包括教学仪器设备总值、经费增长、实习实训基地、产学合作、对口支援、招生情况、行业企业兼职的专业教师数量等。对项目建设资金使用情况进行审计,撰写《验收申请》和《项目建设资金审计报告》,提交教育部、财政部。《验收申请》作为省级教育、财政部门对项目院校的省级验收证明。

第三级是两部验收,即审核。两部验收主要包括公示评价、资金执行情况核查、综合评议等环节,最后分校做出验收结论,属于综合性评价。以骨干校验收为例,2013年第一批39所项目院校接受两部验收(1所院校延期启动建设并入第三批院校），其中18所项目院校建设结论等级为“优秀”，12所项目院校建设结论等级为“良好”；2014年年第二批30所项目院校接受两部验收，15所项目院校建设结论等级为“优秀”，10所项目院校建设结论等级为“良好”，2所项目院校建设结论等级为“暂缓通过”；2015年第三批31所项目院校接受两部验收，8所项目院校建设结论等级为“优秀”，12所项目院校建设结论等级为“良好”，1所项目院校建设验收“不通过”，见表4-1。其中第二批中暂不做结论的郑州铁路职业技术学院和广州铁路职业技术学院经过二次验收全部通过。而对于验收结论等级为“不通过”的项目院校，则严格执行问责机制，中央财政已投资金也将从中央财政给予其所在省份相关教育转移支付中“扣减追回”。

表4-1 “国家示范性高等职业院校建设计划”骨干高职院校建设项目验收结果

批次	验收年份/年	验收数/所	优秀/所	良好/所	通过/所	暂不做结论/所	不通过/所
第一批	2013	39	18	12	9		
第二批	2014	30	15	10	3	2	
第三批	2015	31	8	12	10		1

此外，在验收评价过程中，无论是示范校还是骨干校，都高度注重创新体制机制、深化产教融合、校企合作的经验总结，同时积极引入并关注第三方对项目建设效果的评价，较好地贯彻了办评分离的要求，提升了评价的客观性和公正性。

3. 坚持定性与定量结合的评价指标体系

据2017年全国教育事业发展统计公报显示，高职（专科）院校1388所。因而，要在1300多所高职院校中遴选出100所示范校、100所骨干校，并保证这200所高职院校的建设成效，必须依赖于“示范计划”完善的预审标准和评价指标体系。

一是公正公平的预审标准。按照《教育部财政部关于实施国家示范性高等职业院校建设计划加快高等职业教育改革与发展的意见》（教高〔2006〕14号）和《教育部关于全面提高高等职业教育教学质量的若干意见》（教高〔2006〕16号）的要求，教育部专门制定了《国家示范性高等职业院校建设推荐院校预审标准》（2006年、2007年、2008年），主要涵盖建设环境、领导能力、综合水平、教育改革、重点（特色）专业建设、社会服务等六个方面，且每个方面均进行了详细的内涵解释，供各地对拟推荐院校进行预审时参考，见表4-2。

表 4-2　2008 年度国家示范性高等职业院校建设推荐院校预审标准

序号	主要方面	关键因素	内涵说明
1	建设环境	政府支持	省级政府统筹全省高等职业教育，有规划措施、政策支持和专项经费投入。 省级政府有明确的生均经费标准。 省级政府或院校所在当地政府对院校的校企合作、兼职教师聘任、学生生产性实训和顶岗实习有政策措施和制度保证。 省级教育行政部门已经建立了以学校为核心、教育行政部门引导、社会参与的教学质量保障体系，运行有序，效果显著；并在“十一五”规划中已将国家示范性建设列为重点建设项目
		举办方支持	举办方为院校依法自主办学提供了良好的政策保证和制度环境。 举办方给予院校不低于当地生均经费标准经费支持。 举办方完成了院校办学基本条件建设，并承担了建设的主要经费
2	领导能力	院校领导	学校领导班子健全，群体结构合理；班子团结、勤政、廉洁，在学校有很高的亲和力、凝聚力、感召力，已成为学校事业发展的核心。 党政一把手有强烈的事业心和责任感，具有较强的领导力、执行力、学习力、创造力；办学理念先进，表率作用好、威信高。 院（校）长注重教育观念的更新和先进理念的传播；具有战略思维和科学决策的能力；富有创新精神、勇于开拓；善于沟通协调、整合社会资源；学识丰富、视野宽阔，具有人格魅力
3	综合水平	办学理念	学校定位科学、准确；办学宗旨、服务方向明确；严格依法自主办学；适应当地区域经济（产业、行业、企业）建设一线的需求和发展，在本省（行业）有较大影响。 加强内涵建设，强化特色，提高质量，教学工作已成为学校发展的重心，并列入学校“十一五”规划重点建设内容

续表

序号	主要方面	关键因素	内涵说明
3	综合水平	师资队伍	根据工学结合人才培养模式改革的需要，完善人事分配和管理制度及励政策，成效显著。 注重“双师素质”，专任教师中具有企业生产一线工作经历的比例高，实践教学能力强。 聘请了解行业产业发展趋势、熟练掌握最新技术的企业行业一线技术人员担任兼职教师比例高，已初步形成实践技能课程主要由具有相应高技能水平的兼职教师讲授的机制，“双师结构”合理。 重视教师的综合职业素养、工作学习经历和科技开发服务能力，教师获得教学、科技开发、社会服务的成果多，水平高，学生满意，社会评价好
		实践条件	校内外实训实习基地能满足教学的需要，管理先进，运行状态良好。 与企业、行业紧密结合，初步建立起校内生产性实训基地建设的校企组合新模式。 设施经费投入有保证，设备维护、材料损耗经费补充有保障，已进入良性运行轨道
		教育教学管理与质量监控	教育教学管理系统适应教学改革和人才培养模式创新需要，管理队伍结构优良，理念先进，执行严格。 各教学环节建立质量标准和工作规范，质量评价、考核、激励等管理制度健全，过程管理严格，形成了持续改进的人才培养质量保障体系。 注重对学生职业道德、技术知识、操作技能和基本职业素质的全面养成，积极帮助学生进行职业生涯规划，开展就业指导与服务，就业率稳步提高。 从严治教，办学行为规范，招生管理严格，学生文化生活丰富，校园稳定

续表

序号	主要方面	关键因素	内涵说明
3	综合水平	就业质量与社会评价	近三年毕业生平均首次就业率不低于80%，就业对口率高，起薪高，在省内同类院校中名列前茅。 近三年招生的第一志愿报考上线率三年平均不低于100%（西部地区和农林等类院校不低于80%），录取新生报到率三年平均不低于80%。 社会用人单位对近三年毕业生的思想政治表现、职业道德、文化素养等评价高，对业务素质、职业技能评价好，总体满意率或工作称职率不低于80%。 毕业生在本地区（行业）有良好声誉，较高的社会认可度
4	教育改革	人才培养模式创新	积极推行工学结合的人才培养模式，通过校企合作、产学合作，探索订单培养、工学交替、任务驱动、项目导向、顶岗实习等有利于增强学生能力的教学模式。 突出教学过程的实践性、开放性和职业性，注重学生校内学习与实际工作的一致性，校内成绩考核与企业实践考核相结合，课堂与实习地点的一体化。 强化实验、实训、实习三个关键环节，校内生产性实训有较高的比例，学生至少有半年时间到企业等用人单位顶岗实习
		教学改革	以提高教学效果为目的，系统设计课程设置与课程内容，改革教学方法和手段，融“教、学、做”为一体，强化了学生职业能力的培养。 与行业企业合作开发课程，根据技术领域和职业岗位（群）的任职要求，参照相关的职业资格标准，改革课程体系和教学内容，并取得一定成效。 每年有专项教学改革研究经费；校、系领导以及教学管理部门负责人带头参加教育教学研究
5	重点（特色）专业建设	专业建设水平	能跟踪市场需求变化，主动适应区域经济和企业、行业发展的需要，及时有效地调整课程设置。建立了以社会用人单位相关人员为主体的专业指导委员会，用人单位参与了专业基本建设和其他各教学环节，在学校与行（企）业之间形成了良性互动。 建立了以重点专业为龙头、相关专业为支撑的专业群，为促进区域经济和企业、行业的发展发挥了积极作用

续表

序号	主要方面	关键因素	内涵说明
5	重点（特色）专业建设	课程建设	开发以企业工作过程为课程设计基础的教学内容，实施以真实工作任务或社会产品为载体的教学方法，建立突出职业能力和素质培养的课程标准，规范课程教学的基本要求，提高课程教学质量。 重视优质教学资源和网络信息资源的利用，至少有1门国家级精品课程，实现优质教学资源的共享。 教材建设有计划、有措施、有成效，特别重视与行业企业共同开发紧密结合生产实际的实训教材
		实践教学	积极探索由学校提供场地和管理，企业提供设备、技术和师资支持，校企合作联合设计和系统组织实训教学的实践教学模式，大力推进校外顶岗实习力度，注重校内生产性实训与校外顶岗实习的有机衔接与融通，确保毕业生在毕业前有半年以上的顶岗实习工作经历，学生实际动手能力有显著提高。 加强对顶岗实习组织实施的过程管理，完善学生顶岗实习既是专业学习的重要阶段，又能经历真实的工作情境，切实在顶岗实习中体现与工过程相结合的学习模式。 充分利用现代信息技术，开发虚拟工厂、虚拟车间、虚拟工艺、虚拟实验，为实践操作前的理论教学提供了多种有效途径
		职业能力与职业素质教育	高度重视学生的职业道德教育，在培养学生诚信品质、敬业精神和责任意识方面有所成效。专业教学计划能较好地体现以素质教育和职业能力培养为主线，知识能力素质培养结构合理，专业实践（习）教学时间不少于整个教学时数的1/2。 推行“双证书”制度，强化学生职业能力的培养，建立了职业技能鉴定机构，开展职业技能鉴定工作，使有相应职业资格证书专业的毕业生取得“双证书”的人数达到80％以上。 积极参加各项职业能力竞赛，在全国数控技能大赛、全国大学生机器人大赛等活动中获得优胜以上的奖项

续表

序号	主要方面	关键因素	内涵说明
6	社会服务	教育培训服务	根据社会、企业、农村劳动力转移等的需要，积极承担非学历的短期职业技能培训和岗位培训任务，年培训人次不少于在校生人数
		技术服务	积极开展面向社会实际需要的新产品、新工艺开发等技术服务，近三年的技术服务年平均到款额不低于学校总收入的5%。 工科类为主的院校1/3的工科专业有专利
		辐射带动作用	学校的办学理念、办学特色和办学成果已被企业、行业所肯定，并在全省乃至全国高等职业院校中产生了积极影响。 学校有强烈的社会使命感，已与3所以上不同地区的院校签订了对口支援协议，并在干部挂职锻炼、选派教师支援、学生联合培养等方面有明显成效。 学校主动承担对本地区高等职业院校的带动责任，已与至少3所院校签订了对口交流协议，并在师资培训、实训基地共享等方面取得了一定的成绩。 积极开展国际合作交流，在引进先进的教师职业资格标准、课程体系及课程标准、师资培训与培养等方面有实质性的进展

二是完善的评价指标体系设计。以骨干校验收为例，教育部研制了较为全面、完善的国家骨干高职院校建设项目验收评议指标体系，涵盖任务进度、政策支持、预算执行、办学环境、校企合作体制机制、教学改革、教学条件、就业质量、社会贡献、辐射带动、特色与创新、验收公示12个评议指标。且评议指标体系对办学环境、校企合作体制机制、教学改革、教学条件等9项指标要求根据实际完成情况给予加权赋分。如此一来，骨干校的验收不仅有定性评价，还结合定量评价，较为直观的分数为各院校之间以及高职院校内部的纵向、横向对比提供了衡量标准，见表4-3。

表 4-3　国家骨干高职院校建设项目验收评议指标

<table>
<tr><th>序号</th><th>评议指标</th><th colspan="3">内容说明</th></tr>
<tr><td>1</td><td>任务进度</td><td>按建设方案和《任务书》如期完成各项建设任务，达到预期目标，通过省级验收；项目管理完善</td><td colspan="2">虽未能完成全部建设任务，但预期目标完成了 98% 以上，则验收结论最高为“良好”，否则验收结论为“暂缓”。
学校没有建立相应项目管理制度或建设过程监控数据填报不完整的，验收结论最高为“良好”</td></tr>
<tr><td>2</td><td>政策支持</td><td>地方政府和项目院校举办方的各项承诺（含经费）全部落实</td><td colspan="2">地方政府和项目院校举办方有 1 项承诺未落实，则验收结论最高为“良好”；未落实承诺超过 2 项的，验收结论为“暂缓”</td></tr>
<tr><td>3</td><td>预算执行</td><td>专项资金（含地方专项资金）支出符合《管理办法》的规定</td><td colspan="2">专项资金支出（含变更）有明显不符合《管理办法》规定的，则验收结论为“暂缓”</td></tr>
<tr><th rowspan="2">序号</th><th rowspan="2">评议指标（建议分值）</th><th colspan="3">内容说明</th></tr>
<tr><th>建议权重 1.0</th><th>建议权重 0.8</th><th>建议权重 0.6</th></tr>
<tr><td>4</td><td>办学环境（10 分）</td><td>项目建设纳入本地区经济社会发展规划，出台行业企业参与院校人才培养的系列鼓励政策，建立顶岗实习责任保险制度且全员覆盖；支持项目院校开展单独招生考试改革试点，招生批次明显提前；生均拨款达到本地区同类型普通本科院校标准</td><td>项目建设纳入本地区经济社会发展规划，制定有鼓励企业参与院校人才培养的政策，建立顶岗实习责任保险制度；支持项目院校开展单独招生考试改革试点；生均拨款达到本地区同类型普通本科院校的 80%以上</td><td>项目建设纳入本地区经济社会发展规划，制定有鼓励企业参与院校人才培养的政策，建立顶岗实习责任保险制度；支持项目院校开展单独招生考试改革试点</td></tr>
</table>

续表

序号	评议指标（建议分值）	内容说明		
		建议权重 1.0	建议权重 0.8	建议权重 0.6
5	校企合作体制机制（20 分）	建立有高职院校董事会或理事会，董（理）事会章程制度健全，在校企合作中发挥重要作用，形成了校企人才共育、过程共管、成果共享、责任共担的紧密型合作办学体制机制；合作企业深度参与人才培养过程，参与学校教学管理；校企合作制度保障有力、可行，运行环境良好，制度文件完善规范；学校内部人事管理分配制度能够激励教师主动为企业和社会服务	建立有高职院校董事会或理事会，董（理）事会运行正常，形成了校企人才共育、过程共管、成果共享、责任共担的紧密型合作办学体制机制；合作企业深度参与人才培养过程；建立有校企合作制度，制度文件规范；学校内部人事管理分配制度适应校企合作需要	建立有高职院校董事会或理事会；合作企业参与人才培养过程，制定有校企合作相关制度，有文件
6	教学改革（10 分）	面向产业升级、经济发展方式转变及时调整专业；专业定位准确；人才培养目标明确、规格恰当；课程体系科学、完整，具有高职特点；教学内容先进、适用；充分运用信息化教学手段，教学方法体现“做中学、做中教”	面向产业升级、经济发展方式转变及时调整专业；专业定位准确，人才培养目标明确，课程体系具有高职特点，教学内容适用，能够运用信息化教学手段，教学方法灵活	能够面向产业升级、经济发展方式转变调整专业；专业定位较准确，人才培养目标较明确，课程体系尚能体现高职特点，教学内容适用，教学方法较灵活
7	教学条件（10 分）	校内外实训基地稳定，设施充足、适用，使用率高；教学资源丰富、实用，可广泛共享；“双师”结构教学团队人员相对稳定、教学水平高、管理效率高；兼职教师承担的专业课学时比例达到 50%左右；专任专业教师的双师素质比例超过 90%	校内外实训基地稳定，设施充足、适用；教学资源多样、实用，能共享；“双师”结构教学团队人员相对稳定，教学水平高；兼职教师承担的专业课学时比例达到 30%以上；专任专业教师的双师素质比例达到 90%	校内外实训基地稳定，设施适用；教学资源实用；“双师”结构教学团队人员较为稳定，能够保证基本教学需要

续表

序号	评议指标（建议分值）	内容说明		
		建议权重 1.0	建议权重 0.8	建议权重 0.6
8	就业质量（10 分）	毕业生年底就业率 98% 以上，就业岗位专业对口率 80% 以上，用人部门评价反馈好、满意度高	毕业生年底就业率 95% 以上，就业岗位专业对口率 70% 以上，用人部门评价反馈好	毕业生年底就业率 90% 以上，就业岗位专业对口率 60% 以上，用人部门评价反馈较好
9	社会贡献（10 分）	深度参与企业技术改造与更新，科技服务到款额超过 500 万元/年；重点建设专业产业特色鲜明，职业指向性强，行业认可度高；为再就业和在岗人员提升素质、更新知识提供培训；为区域经济社会发展提供智力支持；积极参与区域内重大社会活动	参与企业技术服务，科技服务到款额达到 200 万元/年；重点建设专业产业特色鲜明，职业指向性强，行业认可度高；为再就业和在岗人员提升素质、更新知识提供培训；积极参与区域内重大社会活动	重点建设专业产业特色较鲜明，有较高行业认可度；为再就业和在岗人员的提升素质、更新知识提供培训
10	辐射带动（10 分）	重点专业建设带动校内其他专业建设与发展成效明显；对口支援中西部职业学校；示范建设形成的制度和理念被同类院校借鉴学习，媒体宣传效果好	重点专业建设能够带动校内其他专业的建设与发展；对口支援中西部职业学校；示范建设形成的制度和理念被同类院校借鉴学习，媒体宣传效果好	重点专业建设能够带动校内其他专业建设与发展；对口支援中西部职业学校；示范建设成果在社会上有一定的影响
11	特色与创新（15 分）	在现代职业教育体系建设、中高职教育衔接、集团化办学等方面均有积极的探索与实践，成效显著	现代职业教育体系建设、中高职教育衔接、集团化办学中的两个方面有积极的探索与实践，成效显著	现代职业教育体系建设、中高职教育衔接、集团化办学中的一个方面有积极的探索与实践

续表

序号	评议指标（建议分值）	内容说明		
		建议权重 1.0	建议权重 0.8	建议权重 0.6
12	验收公示（5分）	示范建设验收材料公示无疑义，或有疑义经核实无问题	示范建设验收材料公示有个别疑义，经核实仍有存疑	示范建设验收材料公示有疑义，经核实仍少量存疑的

（二）国家示范性高职院校建设项目评价的问题反思

2016 年 3 月，教育部、财政部公布“示范计划”骨干高职院校建设项目 2015 年验收结果。至此，贯穿于我国“十一五”和“十二五”两个发展阶段的“示范计划”项目建设基本结束。经过长达十年的建设，它既引发了社会高度重视发展高等职业教育的意识，奠定了高等职业教育创新发展的重要基础，构建了中国特色的高等职业教育办学模式，同时也引发了建设中关于项目评价问题的反思。

1. 重全面统一，轻特色发展

“示范计划”作为我国高等职业教育大发展时期一项重要政策行动，宏观性、战略性和政策性的特征凸显，促进了高等职业教育办学质量和影响力的根本提升。然而，该政策作为一项整体引领性的国家行动，不可避免地导致高职院校特色发展不凸显。出于质量保障和易于评价的考虑，“示范计划”验收评价中制定了很多统一的标准。这种标准化的改革政策与行动主要考虑处于中间层次的学校需要，在实施过程中呈现出普遍性、规范性和确定性的特征，在一定程度上反映出政府追求公共资源供给均等化的政策意图。① 且强调对高职院校进行综合性的评估，相对忽视了各高职院校之间的多样性和差异化，不利于引领高职院校的错位和特色发展。从专业设置情况可以发现，很多高职院校都在努力将学校办成“综合型”或“全能型”院校，缺少地方和行业特色，办学特色逐渐淡化，学校品牌优势逐步丧失。而且专业设置数量过多，专业类别跨度较大，“大而全”“多而广”成为普遍问题。如示范（骨干）院校专业设置的平均数为 39 个，专业数最多的为 79 个，最少的为 13 个。开设专业超过或接近平均数的院校有 85 所，占院校总数的 42.5%。专业数超过 70 个以上的示范院校数为 5 所，且示范（骨干）高职院校热点专业设置的重复率较高，②在一定程度上淡化了各自高职院校的区域特色和行

① 项贤明. 论教育创新与教育改革[J]. 高等教育研究，2007，(12)：1-7.

② 何静，赵良梅. 示范高职建设：成果与期待——基于 200 所国家示范（骨干）高职院校的调查分析[J]. 职业技术教育，2013，(6)：62-65.

业特色。

2. 重外在设计，轻内生动力

恰当的教育制度是极其重要的教育资源。[①] 而政府是教育资源最重要的供给主体，它对教育资源的配置是通过政策呈现出来的。一直以来，我国教育资源的配置主要基于教育的层次而非类型，在实践中，通常表现为政府的重视程度和投入数量由高层次院校到低层次院校依次递减，[②]使得高职院校在长期的发展中始终没有受到足够的重视和投入，它们普遍对政府出台支持引导高职院校发展的制度有着强烈需求，迫切需要得到更多的资源支持。因而，从教育制度供给的视角来看，"示范计划"的实施其实就是政府对高等职业教育资源配置的过程，主要表现在三个方面：

一是政策带动。"示范计划"是高等职业教育领域一项大规模的带有鲜明自上而下色彩的教育改革。作为一项制度政策，"示范计划"回应了高职院校的发展需求，表明了政府大力发展职业教育的意愿和决心。100 所示范院校累计建设 405 个重点建设专业，100 所骨干院校累计建设 379 个重点建设专业，办学体制机制不断创新，人才培养质量明显提高，社会服务能力不断增强，质量保障体系日趋完善。

二是资金推动。2005 年全国职业教育工作会议提出，"十一五"期间，中央财政对职业教育投入 100 亿元，其中 20 亿元用于推进"示范计划"实施，这是中央财政对高职院校首次大规模的专项投入。且在"示范计划"实施之前，政府对高等职业教育投入存在最大的问题就是生均财政拨款投入机制不够健全，"示范计划"实施之后，加大了财政拨款支持力度，要求保证示范院校的生均财政拨款达到本地区同类型普通本科院校标准。毋庸置疑，国家的高成本投入为高职院校深化内涵建设提供了厚实的保障。从国家示范性高职院校和国家骨干高职院校建设的绩效看，中央财政投入导向效应明显，省级政府承担着资金投入配套保证的承诺，起到了四两拨千斤的作用。

三是项目驱动。项目是一种行政配置与自主建设完美结合的制度安排，是政府与高职院校、高职院校之间以及高职院校内部的联结载体。专业建设、教学改革、课程开发等领域的项目化管理尝试，确立了权力关系和资源配置的逻辑及路径。

改革过程中，我们不难发现，其实高职院校的发展很大动能源自行政力量的推动，即一项又一项政策的出台，一次又一次的资金投入，一个又一个项目的建设

① 康永久. 教育制度的生成与变革——新制度教育学论纲[M]. 北京：教育科学出版社，2004：5.

② 陈正江. 教育制度供给与高职院校发展——基于国家示范性高等职业院校建设计划的研究[J]. 中国高教研究，2016，(7)：106-110.

驱动，而高职院校的内生动力尚未充分挖掘和发挥，“示范计划”项目建设难免具有一次性“交任务”的倾向。再加上长期以来，我国职业教育始终面临投入不足和投入不均的双重难题，一旦项目建设缺乏后续政策推动和投入保障，那么高职院校便很难维持常态化的可持续发展。如此一来，如何更好激发高职院校内生动力，发挥项目引领作用，增强自我发展后劲，也成为今后高等职业教育专项发展实施应当重点解决的关键问题。

3. 重优先发展，轻示范引领

作为新世纪我国高等职业教育改革发展的一项重大价值导向性政策，“示范计划”的政策意图在于通过重点支持部分高职院校建设，引导其系统探索高职教育自身办学规律，加快高职教育改革与发展，并发挥示范引领作用，推进高职教育质量的整体提高。[①] 可见，发挥示范作用，辐射带动其他普通院校发展，从而提升全国高职院校的整体水平是其政策的出发点和落脚点。其实，我们对于示范辐射应从两个层面进行理解：

一是示范（骨干）校内部的辐射引领，即重点专业对其他专业的带动影响。在国家骨干校绩效报告中，童卫军等人认为项目院校中央财政重点支持专业均成为学校专业建设与人才培养模式改革的先锋，在中央财政支持专业的引领下，辐射带动了项目院校 2700 多个专业建设。但事实上，项目院校很难在短期内也不可能让所有专业都迅速壮大，必然造成专业发展不平衡的问题，重点专业和其他专业之间的差距越来越大。一方面重点专业因人力、物力、财力保障比较到位，相应的获得标志性的成果较多，较容易地进入专业发展的良性循环，而另一方面其他专业由于缺乏人力、物力、财力的发展条件，生源少、质量差，不得不面临越来越萎缩的趋势。

二是示范（骨干）校外部的辐射引领，主要表现为示范（骨干）校对普通院校的示范作用及通过对口支援建设促进中西部地区职业院校发展。由于对口支援建设方面，两部在项目申报、立项、抽查和验收各个环节都加以明确要求，因而，本章节辐射引领主要是指示范（骨干）校对普通院校的作用。那么通过“示范计划”，全国各地的示范（骨干）高职院校是否发挥了示范辐射引领作用，带动其他普通院校的发展呢？北京师范大学刘云波以 2016 年全国各高职院校的高等职业教育质量年报为数据来源，对全国范围高职院校示范建设成果辐射效果进行了严谨的量化评价。实证研究结果表明，尽管示范校建设具有一定的品牌效应，也形成了一些先进的经验做法，具备辐射周边普通院校的区域条件，区域内的普通院校也会自觉不自觉地进行学习，但整体来看，示范校对周边区域内的普通院校辐射效果不明显，示范校和普通院校之间依然各自办学，缺乏正式深入的互动合作。在当前

① 周建松. 基于示范再引领的高职教育创新发展研究[J]. 教育发展研究，2016，(19)：37-41.

后示范建设阶段，公共财政继续加大对职业教育投入的战略目标就是要在布局结构调整基础上推进高等职业教育特别是优质资源的扩大和普及，努力实现高等职业教育公共服务的均等化。故此，要想实现示范与普惠的均衡发展，我国高等职业教育必须在扶优扶强的基础上，同时兼顾普惠发展的要求，避免"强者愈强、弱者愈弱"的马太效应，切实保障高职教育公共服务的均等化。前者能够提供高职院校成功的发展经验，形成地方离不开、业内都认同、国际可交流的代表国家高水平职业院校的"领军团队"，后者能够给其他院校提供效仿示范院校的前提和能力，能够在更大范围内实现高职院校整体实力和人才培养质量的全面提升。

因而，建议今后在发展中：第一，政府财政资源的配置应考虑适度向农村地区、边远地区、贫困地区和少数民族地区的高职院校及专业建设倾斜，通过转移支付、援助项目等办法，扶弱激强，避免布局结构的失衡；第二，在专项经费的审批中，鼓励示范院校与周边普通院校合作申请，改变以往院校间过于强烈的竞争范围，并通过经常性地开展区域范围内对口帮扶活动，加强区高职教育资源整合度和集聚度；第三，加大关注示范校内部的示范辐射，通过"先进重点"专业带动"后进普通专业"或组建专业群的方式，促进内部优质资源的集成和共享，补齐高职院校内部发展短板。

二、优质高职院校建设项目评价：原则与实施要点

《行动计划》是指引高等职业教育创新发展的纲领性文件，继"国家示范性高等职业院校建设计划"后，《行动计划》明确提出到 2018 年，支持地方建设 200 所左右的优质院校，进一步集聚优质职业教育资源，激发高等职业教育发展活力，推动高职院校特色创新发展。经过三年的建设，优质高职院校进入了验收节点，如何进行优质高职院校建设的评价，实施过程中应当遵循哪些原则，把握哪些实施要点成为评价需要考量的重要方面。

(一)优质高职院校建设项目评价的原则

本章节讨论的优质高职院校建设项目评价是一个广义的概念，不仅涵盖建设前的申报遴选和评审立项环节，也涵盖建设后的验收挂牌环节。作为一项重要的政策，优质高职院校建设项目评价应充分考虑高职院校发展的实际需求，遵循以下方面的基本原则，以发挥政策宏观引导、规则制定和监督执行功能，保证优质高职院校建设的主要目标。

1. 竞争遴选原则

竞争遴选原则暗含扶优扶强的意思，但政府财政投入的资源数量与来源毕竟受限，不可能普惠全国所有的高职院校。在教育资源相对稀缺紧张的情况下，一方面政府希望通过竞争实现资源的优化配置，另一方面高职院校希望通过竞争使

自身处于更加有力的地位，获得更多的资源红利，在激发自身改革发展内在动力的同时，争做发展的模范、改革的模范、管理的模范，成为其他高职院校学习的标杆。那么，在国家大力发展职业教育的时代背景下，竞争遴选原则必然成为优质高职院校的建设和评价的首要原则，但其前提是必须保证竞争的公平，并兼顾利益均衡。首先，从优质高职院校遴选条件来看，大多数省份在优质高职院校建设文件中明确了遴选的相关条件。如浙江省是在综合比较高职院校现有办学条件、优势特色、发展潜力等因素的基础上实行公平竞争、择优遴选。山西省则制定了更加细致的遴选标准，即在基础条件上，重点考察申报院校内涵建设、社会服务、就业质量、重点工作推进、标志性成果等方面的发展成效，且这几个方面正是高职院校综合实力得以彰显的重要方面。其次，从优质高职院校立项建设名单来看，体现了扶优扶强的总体趋势。截止到 2019 年 4 月 12 日，全国已有 25 个省份公布优质高职院校立项建设名单，建设院校达 402 所。进一步分析可知，示范（骨干）高职院校是优质高职院校建设的主体，但江苏、四川、辽宁、安徽、湖南、黑龙江、内蒙古等省份的 10 所示范（骨干）院校未能获得省级优质高职院校立项建设资格，而一批新发展起来的非示范（骨干）高职院校则成功入围优质高职院校建设名单。如义乌市工商职业技术学院既不是国家示范院校，也不是国家骨干院校，更不是省级示范校，但凭借精准把握国家战略发展契机以及独有的区域优势和特色的育人模式，成功入围浙江省优质高职院校建设名单。可知，优质高职院校的建设评价延续了“示范计划”项目评价的优势，“示范计划”采取院校申报、地方部门推荐、专家评审立项的方式打破了以往平均配置高职教育资源的格局，而优质高职院校建设评价则打破了示范（骨干）院校的身份固化，推动了全国高职院校重新洗牌。“示范”“骨干”不是衡量学校优劣的永久标签，曾经的先进不一定永远先进，给一部分积极作为的高职院校预留了进入第一方阵的机会，充分激发了高职院校办学的内生动力，也有利于竞争机制正面效用的持续发挥。

2. 动态调整原则

动态调整原则是竞争遴选原则的补充，竞争遴选原则主要针对项目建设的遴选和验收环节，而动态调整原则主要是项目建设过程进行评价和动态监测。“示范计划”期间形成的目标管理和绩效考核机制为优质高职院校建设提供了重要的参考。虽然项目建设院校通过项目建设任务书和建设方案确定了预期发展目标，但是预期发展目标的实现不是一个自然而然的过程，需要目标管理、绩效评价和奖励惩罚等一些强制性外部规定的保障。从实践操作层面来看，各个省份在优质高职院校建设评价方面的政策文本表述虽然不尽相同，但其隐含动态调整的原则是一致的。如黑龙江省高水平高职院校建设项目强化过程管理，实施动态监测，通过开展中期和末期评价，优胜劣汰，对考核成绩不佳的院校予以淘汰，空缺出的名额将以适当方式增补，建设期满将组织专家进行终期验收。浙江省优质高职院校项目建设，强化目标导向和过程管理，建设中期省教育厅和省财政厅将组织开展检查评估，检查评估不合格的将中止建设并取消建设资格，空缺的名额将以适当方式增补，建设期满省级将组织终期验收。福建省实施项目管理，对项目建设情况进行年度考核，不合格的培育项目院校，将取消其培育资格。如此一来，对于单一项目建设院校来说，保持和激发改革发展的活力和动力，有利于激励项目建设院校沿着既定的预期目标不断奋进；对于所有入围的项目建设院校来说，传递了"不进则退"的压力，有利于形成你追我赶良性的竞争格局；对于其他未入围的院校来说，调动了力争上游的发展干劲，可以利用绩效考核不佳而空缺出来的名额挤入优质高职院校建设项目，享受政策红利和制度优惠，释放了"赶超先进"的信号。

3. 协同引领原则

协同是指部门或群体之间为了完成某件事情或达成某个目标而形成的协作状态。[①]"示范计划"建设期间，教育部、财政部联合发布《关于国家示范性高等职业院校建设计划管理暂行办法的通知》，对项目管理职责、申报评审与组织实施、资金管理和监督检查与验收等方面做出了明确具体的规范，并联合成立了示范建设项目管理办公室，形成了财政投入和绩效管理双重制度安排，为"示范计划"的顺利实施提供了组织保障和配套制度，很好地彰显了协同发展的原则。但是本章节的协同发展原则主要是考虑和解决因竞争优选而带来的问题。毋庸置疑，示范引领的作用不可忽视，扶优扶强的政策需要延续，但竞争优选的方式在带来驱动高职院校发展正面效应的同时，也会在一定程度上造成新的发展不平衡，导致强者更强、弱者趋弱的差序格局。于是，整体优化，结构均衡，不断提高优质资源的覆盖面，增强省域内高职院校发展的协调性便成为优质高职院校建设的目标导向，自然也成为优质高职院校评价的目标导向。首先，类型结构的协同。这是指优质高职院校建设评价中应充分考虑不同类型高职院校之间的均衡。高职院校本身类型多样，发展轨迹各异，因而，各省在优质高职院校遴选和验收过程中应充分考虑高职院校自身的发展特点，以及和区域经济发展的契合度，尽量保证不同类型的高职院校都能参与并享受优质高职院校建设带来的发展契机。如江苏、浙江、福建等若干省份在关于优质高职院校建设的文本中都有明确分类指导发展的要求，引导不同办学类型、不同隶属关系的高职院校科学定位、错位发展、办出特色、办出水平。其次，示范引领的协同。这是指优质高职院校建设评价中应重点考虑优质高职院校对其他高职院校的示范引领。优质高职院校建设就是要把那些经过证明成熟的、可以推而广之的、确有实际办学成效的理念、标准和机制，按照"经

① 陈正江. 教育制度供给与高职院校发展——基于国家示范性高等职业院校建设计划的研究[J]. 中国高教研究，2016，(7)：106-110.

验—制度—文化—行动”等步骤积累沉淀下来，让改革经验上升成管理制度，让管理制度升华为学校文化，在学校文化氛围熏陶下变成全体教职员工的自觉行动，逐步形成学校人才培养以及教育教学管理等各项工作的规范化、标准化，最终形成一种健康有序、具有鲜明中国特色的高等职业教育制度范式，[①]从而为其他高职院校提供内涵化、高质量、现代化的发展样本。因而，优质高职院校建设评价必须将其对其他高职院校的示范引领成效纳入评价范畴，坚持扶优扶强与提升整体保障水平相统一。这既是对“示范计划”成果经验的着力固化、全面深化和整体优化，也是对“示范计划”所造成的强者更强、弱者趋弱差序格局的局部调整，更是以全面提升为中心的优质高职院校建设项目的根本要求。

（二）优质高职院校建设项目评价的实施要点

优质高职院校建设是新时代高等职业教育发展的战略布局，是高职院校内涵建设的重要内容，是加快推进职业教育国际化进程的重要力量。它以建成一批世界一流的职业院校和骨干专业，形成具有国际竞争力的人才培养高地为奋斗目标，旨在提升高等职业教育核心竞争力、引领高等职业教育高质量发展，推动高等职业教育现代化。由于优质高职院校建设的机制不一样，因而，优质高职院校建设评价不能沿用统一固定的评价指标体系，应把握如下三方面的实施要点。

1. 主体层面：以省级统筹为核心的管理运行机制

优质高职院校建设是顺应政府积极转变职能、实行“放管服”改革的重要体现，有利于充分发挥地方政府和高职院校的主体责任。[②]它鼓励支持地方建设，明确了“统一规划、自主承接、先行建设、检查认定”的建设机制，是“自上而下”政策实施和“自下而上”实践探索的有机结合，同时也是《行动计划》增强省级统筹能力和责任的重要体现，这决定了优质高职院校建设评价在实施过程中必须在主体层面强调省级统筹。在项目评价实施中，可以借鉴“示范计划”院校—省级—国家的评价程序，采取自主申报和省级教育行政部门推荐的方式确定，以建设方案为根本参考，重点评价建设方案的完成度和实际成效。一般来说，先是院校自测自评。各省入围优质高职院校建设名单的高职院校应根据建设方案和任务书进行自查，撰写项目总结报告、填报项目建设状态数据、凝练项目建设成果特色。接着是省级评价，这是最为关键的步骤，其关键之处源于两个方面的考虑：一是各个省份优质高职院校建设实施方案各异，评价标准、建设内容、建设期限、经费保障等多方面不同，由于实施方案各异，各个省份之间也无法进行横向的对比，因而，项目建设期满，优质高职院校的评价认定应以省级教育行政部门统筹为主，自主邀请专

---

① 任占营.优质高等职业院校建设的思考[J].国家教育行政学院学报，2018，(7)：47-52.

② 任占营.优质高等职业院校建设的思考[J].国家教育行政学院学报，2018，(7)：47-52.

家组成员、制定评价方案、组织实施评价等。另外，对于给予经费支持的省份，省教育厅应联合财政厅对项目建设经费使用情况进行审计，并纳入评价指标体系，切实做到“花钱必问效、无效必问责”。如湖南启动省级卓越职业院校建设计划，遴选了20所左右院校并投入5.4亿元；广东实施全国一流高职院校建设计划，投入6亿元建设20所左右全国领先、世界有影响的优质高职院校。① 二是依据当前发展思路，优质高职院校的审核认定分为省级优质高职院校和国家级优质高职院校，其中国家级优质高职院校是在省级优质高职院校的基础上进行再次审核认定。这意味着在国家级优质高职院校认定过程中，国家层面的主要职责是出台评价认定的总体方案，主要解决省级层面无法统筹的问题，如明确各个省份国家级优质高职院校的数量和比例，而省级层面的职责主要是根据国家层面出台的认定方案制定各省具体的实施方案，在省级优质校的基础上兼顾类型、优势和特色推荐遴选出国家级优质高职院校。2019年4月，教育部发布关于开展《高等职业教育创新发展行动计划(2015—2018年)》项目认定的通知，要求各地结合工作实际，按照分配的推荐限额，自行制定项目遴选方案，做好项目遴选工作，等额确定推荐名单。目前，江苏、浙江、山东、河南、江西、陕西、甘肃等众多省份已完成优质高职院校省级认定推荐工作，具体项目建设情况详见表4-4。以浙江省为例，共认定推荐了金华职业技术学院、浙江机电职业技术学院、浙江金融职业学院、宁波职业技术学院、温州职业技术学院等12所优质高职院校，具体名单详见表4-5。最后国家审核认定。国家层面对省级层面上报的国家级优质高职院校进行综合评定，对于符合条件的优质高职院校给予“国家级优质高职院校”称号。因而，无论是省级优质高职院校，还是国家级优质高职院校，相当大程度依赖于并取决于省级教育行政部门的全面统筹。且从评价主体的角度来看，由于各省的实践差异和优质高职院校评价的发展思路，加强省级统筹，突出省级政府在评价中的主导作用，是各省开展优质高职院校评价工作的重要举措。

表4-4　《行动计划》优质高职院校建设项目立项认定情况

序号	省(区、市)	《行动计划》布点数/个	立项建设数/个	认定限额/个	备注
1	北京市	8	8	5	
2	天津市	20	未公布	8	
3	河北省	25	23	11	
4	山西省	23	23	4	

① 张启明，王博，童卫军.各地落实《高等职业教育创新发展行动计划》举措综述[J].中国职业技术教育，2016，(13)：36-42.

续表

序号	省(区、市)	《行动计划》布点数/个	立项建设数/个	认定限额/个	备注
5	内蒙古自治区	10	10	4	省级已推荐
6	辽宁省	10	10	6	
7	吉林省	7	未公布	3	
8	黑龙江省	12	12	5	省级已推荐
9	上海市	10	10	4	
10	江苏省	22	22	17	省级已推荐
11	浙江省	20	20	12	省级已推荐
12	安徽省	16	16	8	
13	福建省	16	16	6	
14	江西省	24	20	5	省级已推荐
15	山东省	16	27	12	省级已推荐
16	河南省	40	40	9	省级已推荐
17	湖北省	35	自主建设	10	
18	湖南省	21	21	10	
19	广东省	18	18	14	
20	广西壮族自治区	21	未公布	6	省级已推荐
21	海南省	3	3	1	
22	重庆市	20	20	5	
23	四川省	23	23	9	省级已推荐
24	贵州省	17	17	3	
25	云南省	12	12	4	省级已推荐
26	西藏自治区	1	未公布	0	
27	陕西省	12	12	7	省级已推荐
28	甘肃省	13	13	5	省级已推荐
29	青海省	3	2	2	
30	宁夏回族自治区	4	4	2	
31	新疆维吾尔自治区	6	未公布	3	省级已推荐

续表

序号	省（区、市）	《行动计划》布点数/个	立项建设数/个	认定限额/个	备注
32	新疆生产建设兵团	2	未公布	0	
总计		490	402	200	

表 4-5　浙江省 12 所优质高职院校建设项目认定推荐情况

序号	学校名称	备注
1	金华职业技术学院	国家示范校
2	浙江机电职业技术学院	国家示范校
3	浙江金融职业学院	国家示范校
4	宁波职业技术学院	国家示范校
5	温州职业技术学院	国家示范校
6	杭州职业技术学院	国家骨干校
7	浙江经贸职业技术学院	省级示范校
8	浙江经济职业技术学院	国家骨干校
9	浙江建设职业技术学院	国家骨干校
10	浙江旅游职业学院	国家骨干校
11	浙江交通职业技术学院	国家骨干校
12	浙江商业职业技术学院	省级示范校

2. 内容层面：以质量优先为导向的个性化发展

规模、结构、质量和效益一直是衡量教育发展成效的主要方面。经过多年的发展，高等职业教育在规模和结构方面取得了较显著的成效，发展的重心也逐渐聚焦到质量和效益方面，并成为高职院校重要的内生动力来源。无论是《行动计划》，还是《国家职业教育改革实施方案》（国发〔2019〕4 号），均提出了高等职业教育高质量发展的方向和要求。无疑，提升质量是高职院校贯穿始终的发展主线，自然成为优质高职院校评价的衡量指标和主要内容。

首先，关注高职院校服务国家战略的能力。优质高职院校建设是为了扩大优质高等职业教育资源，既满足大众教育期待，也服务教育强国需要，其建设内容主要聚焦深化教育教学改革、技术技能积累与服务以及国际交流与合作等方面，旨在提升学校对产业发展的贡献度，争创国际先进水平。因而，在评价优质高职院校过程中，教育行政部门应站在服务“中国制造2025”、“互联网+”、“精准扶贫”、“一带一路建设”等国家战略实施的高度，重点考察高职院校服务国家战略的能力、人才供给的精准度以及满足国家发展需要的实现度。特别是国际交流与合作方面，众多优质高职院校都将提升国际交流与合作水平作为重要建设任务，评价应重点关注高水平教育资源引进、吸引“一带一路”沿线国家来华留学、承接“走出去”海外员工职业教育培训、境外合作办学等。其实，优质高职院校的评价之所以关注高职院校服务国家战略的能力，一方面是因为参与并服务国家发展战略是新形势下高职院校创新发展的历史担当，同时也是优质高职院校凝练特色、凸显优势的重要契机，很多高职院校也正是凭借服务国家发展战略的契机入围优质高职院校建设名单。而如果单纯沿用以往建设思路，无论是特色优势专业（群）建设、“双师型”教师队伍建设，还是技术技能积累与服务，国际交流与合作都很难实现新的突破和发展。

其次，关注高职院校专业标志性成果。优质高职院校应将专业标志性成果纳入评价指标体系，主要涵盖国家级教学成果奖、国家级（或备选）教学资源库主持/参建、国家级重点建设专业、国家级教学团队、国家级教学名师、国家级精品在线开放课程、国家级教学能力大赛获奖、全国技能大赛获奖等国家级项目。之所以在评价过程中突出专业标志性成果，源于三方面的考虑。第一，专业标志性成果是高职院校高水平、高质量的代名词。一般而言，标志性成果是高职院校长期实践探索的成果积淀，是综合实力深受业内认可的权威表征，社会、行业、企业认可度高，具有较强的说服力。第二，专业标志性成果具有较强的示范引领成效。以国家级教学资源库为例，教学资源库建设作为深化教学改革、丰富教学资源、促进优质教育资源共建共享的重要途径。在推广教学资源库的使用过程中，不仅有利于扩大教学资源库的覆盖面和影响力，还有利于彰显项目主持/参建院校的辐射力，引领带动相关高职院校专业的内涵发展，增强各高职院校专业发展的协调性。第三，专业标志性成果具有可量化的优势。各高职院校专业发展的好坏很难定论，但通过专业间的量化对比，较容易得出相对客观的结论，也有利于各高职院校的专业在纵横比较中找准差距、明确目标、补齐短板，努力培育和打造专业标志性成果。

最后，关注高职院校学生发展质量。服务学生成长成才是高等职业教育的根本指向。正如马树超所言，学生有发展、本地离不开、同行都认可、国际能交流是新时代中国特色高职院校高质量发展的内在要求。优质高职院校建设评价在设计测量工具的时候，应站在学生发展的立场，当重点关注立德树人、教学育人、获得感和成就感等方面内容，如创新创业教育，并将之转换成相应的测量指标，纳入优质高职院校建设评价体系。

此外，优质高职院校建设评价还需要关注技术研发、成果转化、培训鉴定等多元化的社会服务内容和质量，突出立足区域、面向地方、服务区域经济社会发展的功能定位。可见，优质高职院校建设评价是一个全方位的质量评估，既要注重生源、办学条件等输入信息，也要关注师资队伍、课程教学、实习实训等培养过程信息，还要涵盖学生发展、社会服务等输出信息，尤其关注学生立德树人和个性化成长。

3. 方法层面：以现代技术手段为依托的精准评价

我国高职院校评价是20世纪90年代在普通高校评估的基础上发展而来。经过了条件评估、水平评估、工作评估和适应社会需求能力评估等发展阶段，高职院校评价在摸索中逐渐走向成熟，在指导理念上由“参照办”走向“自己干”，评价主体上由政府单一主体转向利益相关者多元参与，评价重点上也由外部评价转向内部诊断，这些都为优质高职院校建设评价积攒了宝贵的经验。

首先，借助现代评价方法与手段提高评价精准性。质量是高职院校发展的生命线，大多数高职院校确立并通过全面质量管理提高办学质量和办学成效的发展思路。根据经济合作与发展组织（OECD）的研究，高等教育质量主要有三层含义：一是目标匹配性，即从成果与目标的匹配度来看教育质量高低；二是可转换性，即教育过程中的关键教学活动及由其带来的质性变化（如学生知识能力与个人素养等方面的变化）；三是高性价比，即教育投入与产出绩效。① 要想获得目标匹配性、可转换性和高性价比的深度分析，构建一套客观、科学、完善的优质高职院校建设评价指标体系是硬性要求，而保障评价指标体系顺畅有效实施的前提是借助现代评价方法和手段获得真实精准的数据。因而，优质高职院校建设评价应充分利用“人才培养工作状态数据采集平台”“行动计划管理平台”等统一的现代化数据管理平台，抽析出与评价指标体系相关的核心数据，便于实时呈现高职院校综合实力和专业发展全景，为比较分析提供数据支撑。

其次，积极引入第三方机构参与项目质量评价。尽管高职教育第三方评价发展相对较晚，目前高职教育领域专业化、市场化的第三方评价组织还很少，但已经有不少高职院校尝试同第三方评价机构展开合作，通过专业视角审视当前高职院校人才培养上存在的不足，如天津职业大学连续五年委托第三方教育调查机构——麦可思公司对学校人才培养质量进行调查与评价。从国外高等职业教育评价发展的经验来看，鼓励和引导第三方评价机构参与质量评价是未来发展趋势。《国家职业教育改革实施方案》也明确提出，培育打造一批优秀培训评价组织，完善政府、行业、企业、职业院校等共同参与的质量评价机制，积极支持第三方机构开展评估，并将考核结果作为政策支持、绩效考核表彰奖励的重要依据。因

① 李梦卿，刘晶晶. 我国优质高职院校建设的逻辑、特征与机制[J]. 高等教育研究，2018，(2)：45-53.

而，优质高职院校建设评价可尝试扩大评价参与群体，涵盖政府、行业、企业、职业院校、社会机构等多元群体，特别是尝试联合第三方评价机构，利用第三方评价机构的公正性和数据挖掘优势，形成可描述、可论证、可比较的客观结果，充分发挥评价指标量化测评和导向作用，以引导优质高职院校注重内部质量生成。

第五章　优质高职院校建设的实践探索

优质高职院校建设不同于“示范校”“骨干校”建设，国家、省级、学校三个层面协同推进：教育部规划管理，省级统筹保障，院校自主实施。在国家层面，教育部出台《高等职业教育创新发展行动计划（2015—2018年）》（教职成〔2015〕9号）（简称《行动计划》），明确规定了优质高职院校的建设任务，并提出优质高职院校的基本条件，“坚持以示范建设引领发展，鼓励支持地方建设一批办学定位准确、专业特色鲜明、社会服务能力强、综合办学水平领先、与地方经济社会发展需要契合度高、行业优势突出的优质专科高等职业院校”。[①] 同时，搭建管理平台，强化过程监控，建立年度绩效评价制度，督促各地推进落实，为高等职业教育创新发展营造良好的政策环境。在省级层面，为贯彻《行动计划》，各省市纷纷制定政策启动优质高职院校建设项目，遴选了一批优质高职院校。在院校层面，各高职院校发挥创新主体作用。通过近3年建设，优质高职院校在体制机制创新、特色专业群建设、师资队伍建设、交流与合作、社会服务能力提升等方面取得了显著成绩，积累了宝贵经验，但在很多方面仍存在不足，从实践层面对优质高职院校建设的经验与教训进行反思迫在眉睫。

一、不同省（区、市）优质高职院校建设政策的文本分析

优质高职院校建设是继国家示范校、骨干校建设计划之后，又一个全国范围内的高职院校提优工程。[②] 2014年6月，《国务院关于加快发展现代职业教育的决定》就明确提出“建成一批世界一流的职业院校和骨干专业，形成具有国际竞争力的人才培养高地”的目标任务，为优质高职院校建设政策出台奠定了基础。为贯彻落实《国务院关于加快发展现代职业教育的决定》，深化高等职业教育的内涵式发展，2015年10月，教育部印发了《行动计划》，明确提出了建设优质高职院校的目标，要用3年左右的时间建设200所左右的优质高等职业院校，为高职教育树立起改革发展的“新标杆”。[③]

---

① 教育部.高等职业教育创新发展行动计划（2015—2018年）[Z].2015-10-19.

② 檀祝平，杨劲松，胡彩霞.“面向未来”：高职优质校建设的逻辑起点[J].职教论坛，2018，(1)：11-16.

③ 席东梅.高职教育再启程：从示范到优质[J].中国职业技术教育，2017，(4)：13-19.

为贯彻落实教育部印发的《行动计划》，推动省高等职业教育创新发展，各地纷纷按下“快进键”，积极推进优质高职院校建设的实践行动。截止到 2019 年 2 月，全国 31 个省（区、市）（不包含中国台湾、香港和澳门地区）已出台政策文件正式启动优质高职院校建设项目。除西藏、新疆之外，29 个省（区、市）已发文确定了优质高职院校建设名单，并给予重点支持。在涉及优质高职院校建设政策文本中，各地政策中提出的优质高职院校名称较多，包括“优质高职院校”“一流高职院校”“卓越职业院校”“高水平高职院校 ”等。其中“优质高职院校”是最为普遍的，浙江、安徽、山东、河北、重庆、云南、贵州、四川、内蒙古等地均称为“优质高职院校”，而广东将其称为“一流高职院校”，湖南称为“卓越职业院校”，江苏、辽宁、黑龙江等地称为“高水平高职院校 ”。虽然优质高职院校的名称仍未统一，但是各地的建设重点都关注办学质量、综合改革和创新发展，在本质上是一致的。

通过梳理相关政策文件发现，各地通过制定本地的《行动计划》实施方案，积极承接优质高职院校建设项目，并在此基础上制定了专项优质高职院校建设政策，比如浙江、湖南、广东等 21 个省（区、市），专门发布了优质高职院校的具体建设计划与立项建设名单。除以上省（区、市）外，安徽、河北等 10 个省（区、市）并未单独出台优质高职院校的专项建设政策，其中安徽、河北等 8 个省（区、市）通过本地的《行动计划》实施方案确定如何开展优质高职院校建设，而上海、内蒙古通过《行动计划》承接通知直接公布了优质高职院校立项建设名单。

（一）各地《行动计划》实施方案中的优质高职院校建设政策

优质高职院校建设是《行动计划》的一项重点工作任务，是“十三五”期间高职教育改革发展的重要工作内容，也是高职院校提升内涵，打造“一流”的重要举措。为此，根据《行动计划》精神，各个省（区、市）制定了本地的《行动计划》实施方案，积极承接优质高职院校建设项目，明确优质高职院校建设目标与方向，并以此为契机不断深化教育教学改革、提高人才培养质量。

浙江、湖南、广东等 20 个省（区、市）专门制定了优质高职院校的专项建设政策，下文将另做分析。此处仅对安徽、河北、湖北等 8 个省（区、市）的《行动计划》实施方案进行文本分析。《行动计划》实施方案是深入推进高职教育改革发展的路线图，关系到每个省（区、市）高职教育改革发展全局，为此，明确的任务和项目事关高职发展的各个方面。下文仅对其涉及优质高职院校的内容进行分析。

1. 建设目标

为建设优质高职院校，各个省（区、市）按照“科学定位、分类指导、多元发展、特色办学”的高等教育发展方针，围绕各地的实际发展需求，制定了赋予地方特色的建设目标，争取在质量提升方面有所突破。通过梳理发现主要有以下特点：第一，立足地方，建设有特色的优质高职院校。比如，安徽将优质高职院校建设作为重点工程，明确规定要牢固树立立足地方、依靠地方、主动为地方发展服务的意识，按以地方技能型高水平大学为目标，重点建设20所在全国同类高职院校中有特色的地方技能型高水平大学。第二，协同发展，争创国家级优质高等职业院校。比如，河北和湖北提出鼓励支持、开展优质高职学校建设，建设一批办学定位准确、专业特色鲜明、社会服务能力强、综合办学水平领先、与河北和湖北经济社会发展需要契合度高、行业优势突出的优质高等职业院校。其中，河北要求8所左右达到国家级优质高职学校水平、湖北要求15所左右。

2. 遴选标准

为了确保优质高职院校建设目标的实现，体现建设的公平、公正，各省（区、市）采用竞争性、择优性的遴选方式，设立了遴选指标。通过政策梳理发现，遴选指标体系注重三个结合：一是定量与定性相结合，注重指标的科学性、可比性与可操作性；二是普遍性与特殊性相结合，既考虑一流高职内涵发展的基本要求，又鼓励百花齐放；三是重点与一般相结合，建设设想与方案既体现院校整体建设，也要体现重点突破与创新。从天津与陕西的遴选指标中也可以看出，优质高职院校的建设内容主要是围绕院校治理建设与改革、教育教学改革、专业建设、师资队伍建设、创新创业教育、国际交流与合作、技术积累与服务等，见表5-1。

表5-1　天津、陕西的优质高职院校建设的遴选指标

<table>
<tr><th colspan="2">天津</th><th colspan="2">陕西</th></tr>
<tr><th>一级指标</th><th>二级指标</th><th>一级指标</th><th>二级指标</th></tr>
<tr><td rowspan="2">行业优势与办学定位</td><td rowspan="2">主管部门与院校</td><td rowspan="2">办学基础</td><td>办学基本条件</td></tr>
<tr><td>办学成果</td></tr>
<tr><td rowspan="3">领导能力</td><td>领导班子</td><td rowspan="3">学校治理</td><td>发展规划</td></tr>
<tr><td rowspan="2">学校管理</td><td>体制机制</td></tr>
<tr><td>管理队伍</td></tr>
<tr><td rowspan="7">综合实力</td><td>办学理念</td><td rowspan="5">人才培养</td><td>专业与课程</td></tr>
<tr><td>师资队伍</td><td>师资队伍</td></tr>
<tr><td>实践条件</td><td>创新创业教育</td></tr>
<tr><td>国际交流合作</td><td>实习实训条件</td></tr>
<tr><td>信息化建设</td><td>培养质量</td></tr>
<tr><td>质量保障</td><td rowspan="2">国际合作</td><td>合作办学</td></tr>
<tr><td>就业与评价</td><td>国际交流</td></tr>
</table>

续表

天津		陕西	
一级指标	二级指标	一级指标	二级指标
教育教学	人才培养模式创新	校园文化	立德树人
	教育教学改革		职业文化
专业建设	专业建设水平	示范带动	示范引领
	课程建设		
	实践教学		辐射带动
	职业素质教育		
社会服务	社会培训	社会服务	社会培训
	技术服务		技术服务
	辐射带动作用		社会贡献

(二)优质高职院校的专项建设政策

为确保高职院校深化内涵发展,浙江、湖南、广东等 21 个省(区、市)对优质高职院校建设极为重视,积极承接优质高职院校建设项目,专门制定了优质高职院校建设计划,执行过程中体现出了治理共性和地方特色。

本书以地域划分为依据,从华东、华中、华北、华南、东北、西南、西北 7 个地区分别选取了浙江、湖南、山西、广东、黑龙江、四川、宁夏回族自治区 7 个省(区)的专项建设政策为案例,见表 5-2。基于 7 个省(区)的相关政策文件,分别从建设目标、建设内容、申报要求、建设经费、遴选结果等方面进行比较,深刻剖析各省(区)在优质高职院校建设中的政策异同。

表 5-2　7 个省(区)关于优质高职院校建设的政策文件

省(区)	文件名称	颁布时间
浙江省	《浙江省教育厅 浙江省财政厅关于在高职院校实施优质暨重点校建设计划的通知》(浙教高教〔2016〕144 号)	2016 年 9 月 25 日
	《浙江省教育厅 浙江省财政厅关于公布高职重点暨优质建设校名单的通知》(浙教高教〔2017〕23 号)	2017 年 6 月 12 日

续表

省(区)	文件名称	颁布时间
湖南省	《关于实施湖南省卓越职业院校建设计划的通知》(湘教通〔2015〕167号)	2015年4月22日
	《关于公布2015年度湖南省卓越职业院校立项建设单位名单的通知》(湘教通〔2015〕371号)	2015年8月13日
	《关于公布2016年湖南省职业教育省级重点项目立项建设单位的通知》(湘教通〔2017〕141号)	2017年4月27日
广东省	《广东省教育厅 广东省财政厅关于实施广东省一流高职院校建设计划的通知》(粤教高函〔2016〕155号)	2016年6月16日
	《广东省教育厅 广东省财政厅关于确定广东省一流高职院校建设计划立项建设单位的通知》(粤教高函〔2016〕250号)	2016年11月14日
山西省	《山西省教育厅 山西省财政厅关于加强优质高等职业院校和骨干专业建设的通知》(晋教职〔2018〕3号)	2018年1月29日
	《关于认真做好山西省优质高等职业院校建设工作的通知》(晋教职〔2018〕17号)	2018年5月23日
黑龙江省	《省教育厅关于实施黑龙江省高水平高职院校建设项目的通知》(黑教职函〔2017〕551号)	2017年10月30日
	《黑龙江省高水平高职院校及高水平骨干专业遴选结果公示》	2017年11月28日
四川省	《四川省教育厅关于实施四川省优质高等职业院校建设计划的通知》(川教函〔2017〕418号)	2017年7月4日
	《四川省教育厅关于四川省优质高等职业院校建设计划拟立项名单的公示》	2017年11月20日
宁夏回族自治区	《自治区教育厅、财政厅关于开展全区高等职业教育优质校建设项目申报的通知》(宁教职成〔2018〕173号)	2018年5月15日
	《2018年自治区优质专科高等职业院校评审项目的公示》	2018年8月15日

1. 建设目标

建设目标在优质高职院校的建设过程中具有规定性的指导作用。通过文件梳理发现,7 个省(区)都明确制定了优质高职院校的建设目标。各省(区)的建设目标存在较强的趋同性,指向建设国内一流的发展愿景,旨在通过实施优质高职院校建设计划,提升各省(区)高职教育办学水平和综合竞争力,增强高职院校服务经济社会发展的能力。比如,浙江省在《浙江省教育厅 浙江省财政厅关于在高职院校实施优质暨重点校建设计划的通知》(浙教高教〔2016〕144 号)中,明确提到建设一批优质高职院校,"确保浙江高职教育在全国的领先地位,为全省经济社会发展提供更强大的综合服务能力";湖南省在《关于实施湖南省卓越职业院校建设计划的通知》(湘教通〔2015〕167 号)中,规定要遴选建设 20 所左右卓越高等职业技术学院,"全面提升办学水平和人才培养质量,增强湖南职业教育的核心竞争力,带动全省职业院校从'对接产业、服务产业'向'提升产业、引领产业'转型"。此外,各省(区)的目标任务也各有侧重。浙江、广东、四川定位高远,提出要打造具有较大国内外影响力的高职院校;湖南、浙江、黑龙江高度重视院校特色优势发展和建设成效;宁夏回族自治区则立足西部,确立自身独特的发展定位和特色,提出建设 3 所西部领先的优质高职院校,打造宁夏高等职业教育优质品牌。

2. 建设内容

建设内容重点聚焦内涵建设,涵盖了管理创新、专业建设、师资队伍建设、社会服务能力提升等多个方面。从表 5-3 可以看出,7 个省(区)的建设内容总体趋同,但是各有侧重。第一,专业和师资建设均是各省(区)的建设要点。具体可概括为:根据区域经济社会发展需要,对接产业链、创新链的需求,大力调整优化专业结构,积极建设优势专业群、特色专业群。第二,师资队伍被作为推进优质高职院校建设的重要条件。7 个省(区)实施优质高职院校的建设内容中都明确强调要加强教师队伍建设。高职院校能否提供高质量的教育、能否培育高素质技术技能人才,其关键在于教师的培养。因此,打造一支优质师资队伍对于建设优质高职院校来说具有重大的战略意义。第三,国际交流与合作也是优质高职院校建设的重点。在各地制定的优质高职院校建设政策中,国际交流与合作出现的频次较高。此外,各省(区)还依据本地高职教育的实际情况,确定了多项重点建设内容。比如,浙江推进管理创新、促进技术技能积累与服务等,广东提出深化重点领域综合改革、加强科学研究和社会服务能力建设;山西注重完善产教融合机制、加强创新创业教育、推进教育教学信息化建设等;黑龙江提出自选特色项目建设;宁夏回族自治区开展质量管理与保证体系建设与特色文化建设等。这反映出各地对如何建设优质高等院校存在理解差异。

表 5-3　7 个省(区)实施优质高职院校建设内容的比较

省(区)	建设内容
浙江省	推进管理创新;加强优势特色专业群建设;加强双师型教师队建设;促进技术技能积累与服务;提升国际交流与合作水平
广东省	深化重点领域综合改革;教师队伍建设;高水平专业建设;加强科学研究和社会服务
山西省	落实立德树人根本任务;提升院校内部治理水平;完善产教融合机制;打造品牌专业集群;建设高水平师资队伍;提升社会服务能力;加强创新创业教育;提升国际合作水平;推进教育教学信息化建设
湖南省	特色专业群建设;教师队伍建设;治理能力建设
黑龙江省	专业群建设;教师队伍建设;治理能力建设;服务能力建设;自选特色项目建设
四川省	推进管理创新;加强优势特色专业群建设;加强双师型教师队建设;促进技术技能积累与服务;提升国际交流与合作水平
宁夏回族自治区	体制机制创新;一流专业建设;高水平师资队伍建设;技术技能积累与社会服务;信息化建设与应用;国际合作与交流;质量管理与保证体系建设;特色文化建设

3. 申报要求

从表 5-4 可以看出,7 个省(区)申报要求的内容基本相近,鼓励所有独立设置的高职院校均可通过竞争参与优质高职院校建设计划,从中选取办学实力强、社会认可度高的高职院校,体现了公平竞争、择优遴选的特点。其中,四川、宁夏回族自治区的申报要求高度相近,均要求申报院校应为独立设置的高职院校,并具有良好的办学条件,人才培养质量高、社会服务能力突出、社会认可度高等。此外,各省(区)在具体要求上又有所不同。比如,广东注重学校的国家级教学成果奖、全国职业院校技能大赛的获奖情况;湖南除了基本办学条件外,还要求制定了学院中长期发展规划,制定并实施了特色专业体系建设规划,制定并实施了教师队伍建设规划等。

表 5-4　7 个省(区)实施优质高职院校申报要求的比较

省(区)	申报要求
浙江省	以学校为单位自主申报,除拟升本的普通高专和未“摘筹”的高职院校外,原则上所有的高职院校均可通过竞争参与建设计划

续表

省(区)	申报要求
广东省	申报学校应为已接受过评估的独立设置高职院校,原则上要符合以下条件之一:近3届国家级教学成果奖,作为第一完成单位获得过奖项;2013—2015年全国职业院校技能大赛高职组比赛中,学生获得过国赛一等奖或二等奖
山西省	全省独立设置的高等职业院校均可申报,应符合基础条件和内涵建设、社会服务、就业质量、重点工作推进、标志性成果等要求,以及近3年内无违规办学和不诚信行为,无造成较大影响和严重后果的校园不安全、不稳定事件
湖南省	申报院校应为独立设置的高职院校,教育部人才培养工作评估结论为"通过"及以上,并同时具备下列条件:基本办学条件达到湖南省示范性(骨干)高等职业院校建设基本要求;制定了学院中长期发展规划;制定并实施了特色专业体系建设规划;制定并实施了教师队伍建设规划等
黑龙江省	申报院校为独立设置高职高专院校,且满足下述条件的,均可通过竞争参与项目建设:全日制专科在校生达到5000人以上;毕业生初次就业率不低于全省高职高专毕业生平均水平
四川省	申报院校应为独立设置的高职院校,并具有良好的办学条件,综合办学实力强、人才培养质量高、社会服务能力突出、社会认可度高;有3届以上毕业生且近3年毕业生就业率达到90%以上;学校在四川省创新发展行动计划中项目立项较多(原则上立项项目不少于3类),且推进效果好
宁夏回族自治区	申报院校应为独立设置的高职院校,具有良好的办学条件,人才培养质量高,社会服务能力突出,办学实力强,社会认可度高,有3届以上毕业生,且近3年毕业生就业率达到85%以上,人才培养工作评估获得通过

4. 建设经费

优质高职院校建设离不开充足的经费支持与先进的实训条件,这是培养高素质技术技能人才的物质基础。7个省(区)对优质高职院校的建设经费均有所规定,见表5-5。通过梳理发现,优质高职院校的建设经费主要有两种筹措方式:一种是以学校投入为主,政府与社会多渠道支持的筹措机制,比如浙江、广东、湖南、四川;一种是以政府经费支持为主,社会各界多渠道支持的筹措机制,比如山西、黑龙江、宁夏回族自治区。这两种筹措方式在一定程度上是由于区域经济发展差异导致的。虽然经费来源的主体不同,但都重视经费的多元化投入。通过引导和发挥社会力量作用,鼓励行业企业和其他组织多方参与投资,形成多渠道、全方位的资金投入格局,有助于形成合力,增强投入力度、增加投入总量,确保优质高职院校顺利建设。

表 5-5　7 个省(区)实施优质高职院校建设经费的比较

省(区)	建设经费
浙江省	各校要加大经费投入,根据建设内容足额安排经费预算,确保建设目标如期实现。各有关学校主管行业和部门、地方政府也应加大经费支持力度,助推学校项目建设
广东省	项目建设所需资金按学校原有经费渠道筹措解决。同时,学校可以根据有关文件规定,申报省财政专项资金项目
山西省	项目建设资金由省财政厅统筹安排。优质高等职业院校建设每个项目 1000 万元,从中央资金中安排。学校举办方要加大对项目院校建设经费支持力度,使所属学校达到申报条件要求。优质高等职业院校建设资金在建设期内按照 30%、40%、30%的比例分 3 年下达。对中期考核评估不合格的项目,终止立项和经费支持。项目建设学校要统筹安排各渠道建设资金,按照有关财务制度,科学、规范和合理使用建设资金,确保资金使用效益
湖南省	学校举办者要依法落实职业教育投入,并确保足额按时到位。建立健全经费绩效评价、审计监督制度,加强经费管理,提高经费使用效益
黑龙江省	各有关院校主管行业和部门、地方政府应加大经费支持力度,助推院校项目建设。各院校要加大经费投入,根据建设内容足额安排经费预算,确保建设目标如期实现。省财政将给予专项配套资金,重点支持高水平品牌高职院校建设
四川省	各建设院校举办方要加大优质院校的投入力度,将建设计划所需的建设资金列入年度预算,确保建设资金充足到位。建设院校要积极吸纳社会、企业等资金投入,多渠道筹措建设经费,助推优质院校建设
宁夏回族自治区	每年在自治区预算内职业教育专项资金中统筹 600 万元,根据项目评审情况分别安排

5. 遴选结果

7 个省(区)结合高职教育建设的实际,在以往国家“示范校”“骨干校”和省“示范校”建设成果的基础上,遴选了一批优质高职院校,继续开展新一轮改革创新和项目建设,遴选结果见表 5-6。从目前公示的优质高等职业院校立项名单可以看出,各省(区)遴选的数量不一,依次为山西、四川、浙江、广东、湖南、黑龙江、宁夏回族自治区。总体来看,东部地区优质高等职业院校的遴选数量高于西部地区。从遴选结果还可以看出,遴选不仅注重示范引领,更加注重公平竞争、优胜劣汰,广东、湖南、四川、宁夏回族自治区所遴选的优质校均为示范骨干院校,但是浙江、山西、黑龙江三省共有10所非示范骨干院校入围。此外,遴选结果还反映了有些省(区)采用了梯次建设方案,将建设项目分为重点建设项目和培育项目,比如四川和山西,或者分为重点建设院校和优质建设院校,比如浙江。

表5-6　7个省(区)实施优质高职院校遴选结果的比较

省(区)	遴选结果
浙江省	遴选了20所优质院校(5所为重点建设院校),其中1所非示范骨干院校入围
广东省	遴选了18所优质院校,全部为示范骨干院校
山西省	遴选了23所优质院校,其中,7所非示范骨干院校入围
湖南省	遴选了16所优质院校,全部为示范骨干院校
黑龙江省	遴选了12所优质院校,其中,2所非示范骨干院校入围
四川省	遴选了23所优质院校,全部为示范骨干院校
宁夏回族自治区	遴选了4所优质院校,全部为示范骨干院校

(三)不同省(区)优质高职院校建设政策的特点

通过比较发现,各省(区)均极为重视优质高职院校建设,颁布了一系列政策引导不同办学类型、不同隶属关系的高职院校科学定位、错位发展、办出特色、办出水平,呈现出鲜明的共性特征。

1.重视省级统筹,强调因地制宜

教育部将优质高职院校建设交由各省(区)自行确定,项目落实的主要责任在省级政府,让各省(区)具体问题具体分析,赋予了各省级政府因地制宜的政策空间。"《行动计划》明确规定省级政府是实施行动计划的责任主体,进而提出各地教育行政部门要充分发挥统筹规划、宏观管理作用,主动协调配合有关部门,保证任务落实。优质高等职业院校建设是参照总体要求执行,确切地说,是在给定的一揽子任务、项目中由各地选择性执行。"①纵观前文列举的建设政策发现,不同省份对于优质高职院校的建设内容、申报要求、建设经费等政策执行存在着一定差异,这些反映出地方政府因地制宜、精准施策,依据自身实际情况实现政策的创新。由省级政府牵头落实,充分发挥地方政府和高职院校的主体责任,有利于发挥地方政府对优质高职院校建设的积极性,对于深化"放管服"改革、推进政府职

① 曾东升.优质高职院校建设的政策实践比较研究[J].职教论坛,2018,(1):20-24.

能转变也具有重要意义。[①]

2. 关注社会服务，加强产业对接

各省(区)均注重优质高职院校的服务产业发展能力提升。以服务产业发展能力为出发点，整体提高高等职业学校办学水平和人才培养质量，促进高职业院校更好地为区域经济发展方式转变服务，为现代产业体系建设提供充足的高端技能型专门人才支撑，为促进就业、改善民生、建设人力资源强国做出新的贡献。比如，湖南省提出，卓越职业院校要重点对接湖南的战略性支柱产业和战略性新兴产业，服务长株潭国家自主创新示范区、湘南承接产业转移示范区、洞庭湖生态经济圈和武陵山连片扶贫开发区四大国家战略发展区域。四川省要求优质高职院校要主动面向国家和四川重大战略需求，对接创新驱动发展战略需求，助力产业转型升级，助推全省脱贫攻坚，为四川经济社会发展提供强有力的技术技能人才支撑。此外，浙江、广东、山西、湖南、黑龙江、四川 6 个省(区)在文件中都极为重视根据区域经济社会发展需要，打造与优势产业密切相关的专业。

3. 聚焦专业建设，培育特色优势

"专业是高等职业教育的特征所在，一所好的高职学校，必须也一定得有若干高水平专业来支撑。"[②]优质高职院校需要建设一流的、高水平的高等职业教育专业。一流高等职业教育专业要具有与产业需求匹配度高、人才培养针对性强、师资培训专业化高等特点。[③] 通过政策梳理发现，专业建设是各省(区)优质高职院校建设的重点。从上文优质高职院校建设的政策实践也可以看出，各省(区)分别制定了专业建设的具体政策举措，高水平专业建设已成为各省优质校建设的核心项目与任务。专业建设是一个系统工程，找准建设核心，对建设成效至关重要。"建设特色专业和办出专业特色是专业建设的一体两面，其本质是根据院校自身的发展实际，通过差异化的办学定位和专业建设导向来形成高职院校的教育品牌，其中又要以办出专业特色为专业建设的核心。"[④]从专业建设内容来看，浙江、广东等 7 个省(区)都明确指出要注重学校的专业特色建设，着力建设特色优势专业群带动专业的品牌化，培育院校的特色优势。

4. 打破身份固化，注重竞争择优

优质高职院校建设以公平竞争、择优遴选为原则，在综合比较学校现有办学条件、优势特色、发展潜力等因素的基础之上，遴选一批办学定位明确、专业特色突出、就业优势明显、服务产业需求能力强、综合实力优先的优质高职院校。从 7

---

① 任占营. 优质高等职业院校建设的思考[J]. 国家教育行政学院学报，2018，(7)：47-52.

② 周建松. 优质高职院校建设重点与路径研究——基于示范性高职院校建设计划到创新发展行动计划演进的视角[J]. 职教论坛，2017，(12)：5-11.

③ 陈衍，郭珊，徐梦佳. 高等职业教育也需要加强"双一流"建设[J]. 中国高等教育，2017，(12)：40-42.

④ 徐玉成，贾少华. 优质高职院校建设的内涵、着力点与行动路径[J]. 教育与职业，2018，(16)：30-36.

个省(区)的遴选结果可以看出，浙江、山西、黑龙江三省共有10所非示范(骨干)院校入围优质高职院校，可见，优质高职院校遴选并不是唯示范(骨干)高职院校。比如，湖南就淘汰了2所国家示范(骨干)高职院校。[①] 优质院校建设从全国优质高职院校公布的名单中也可以发现，在456所优质高职院校中，有80所非示范(骨干)院校入选建设名单，这充分说明"示范""骨干"不是衡量学校优劣的永久标签。在实行存量改革、打破身份固化、激发建设活力的政策引导下，优质高职院校建设坚持"传承扶优扶强、鼓励竞争的原则，传导滚动发展、不进则退的压力"。[②] 这种竞争择优的遴选原则有利于推动高职院校重新洗牌，传递高职教育不进则退的压力，进而整体调动高职院校力争上游的发展干劲。[③]

二、优质高职院校建设的实践举措与成效

开展优质高职院校建设是加快发展现代职业教育的重要举措，是高职院校强化内涵建设、实现高质量发展的内在要求。自2015年以来，各地高职院校将优质高职院校建设作为进一步提升办学质量、提高治理水平、创建学校品牌、树立社会形象的重要载体和发展机遇，统筹设计、精准发力，进行了积极探索，以内涵建设为重点，全面推进各项建设工作，取得了显著成效，充分发挥了示范引领作用，内涵式发展再上新的台阶。

(一)优质高职院校建设的实践进展

在优质高职院校各项政策的指引下，目前全国共有四百多所高职院校积极响应政策号召，加入到优质高职院校建设的队伍中来。

1. 优质高职院校建设的时间进度

优质高职院校建设是《行动计划》的一项重要任务。《行动计划》重在落实"行动"，明确规定了优质高职院校建设时间进度为三年，强化过程监控，确保落到实处。从2016年起，教育部每年通报各地《行动计划》有关工作完成情况，从中可以总结三年来优质高职院校建设的进度。

(1)优质高职院校建设初步启动(2016—2017年)

2017年4月，教育部发布了《关于2016年〈高等职业教育创新发展行动计划(2015—2018年)〉执行情况及有关工作完成情况的通报》(教职成司函〔2017〕33号)，其中关于优质高职院校提到，截至2017年，山西、内蒙古、江苏、山东、海南、

---

① 《高等职业教育创新发展行动计划(2015—2018年)》实施情况[EB/OL]. http://www.moe.gov.cn/jyb_xwfb/xw_fbh/moe_2069/xwfbh_2018n/xwfb_20181107/sfcl/201811/t20181107_353846.html.

② 任占营.优质高等职业院校建设的思考[J].国家教育行政学院学报,2018,(7):47-52.

③ 任占营.优质高等职业院校建设的思考[J].国家教育行政学院学报,2018,(7):47-52.

重庆、四川、贵州、甘肃等 9 个省(区、市)尚未启动优质高职院校建设。[①]

(2)优质高职院校建设逐步扩大(2017—2018 年)

2018 年 4 月,教育部发布了《关于 2017 年〈高等职业教育创新发展行动计划(2015—2018 年)〉执行情况及有关工作完成情况的通报》(教职成司函〔2018〕51 号)提到,截至 2017 年,全国 31 个省(区、市)(含新疆生产建设兵团)已启动优质高职院校建设项目,北京、上海、宁夏、海南、新疆等 5 个省(区、市)未确定优质专科高等职业院校。[②]

(3)优质高职院校建设收官之年(2018—2019 年)

2018 年是验收之年,11 月教育部又发布了《高等职业教育创新发展行动计划(2015—2018 年)》实施情况,切实督促各地落实各项改革任务。31 个省(区、市)启动优质高职院校建设项目,29 个省(区、市)发文确定优质学校建设名单并给予重点支持。立项建设的省级"优质院校""一流院校""卓越院校"增至 456 所,占全国高职院校总数超三成。[③]

2. 立项建设的优质高职院校数量

通过对优质高职院校建设名单的梳理发现,除西藏、新疆之外,29 个省(区、市)立项建设的优质高职院校的数量已增至 488 所(不含新疆生产建设兵团),占全国高职院校总数的 30%以上,见表 5-7。在 488 所院校中,国家示范(骨干)高职院校仍是排头兵,但是,经过竞争择优、重新洗牌,一批新发展起来的非示范(骨干)院校也加入了这个行列。

表 5-7 各省(区、市)立项建设的优质高职院校数量

序号	省(区、市)	优质高职院校/所	总计/所
1	上海市	10	488
2	江苏省	22	
3	浙江省	20	
4	安徽省	16	
5	江西省	24	
6	山东省	37	
7	福建省	16	

① 教育部.关于 2016 年《高等职业教育创新发展行动计划(2015—2018 年)》执行情况及有关工作完成情况的通报[Z].教职成司函〔2017〕33 号,2017-4-14.

② 教育部.关于 2017 年《高等职业教育创新发展行动计划(2015—2018 年)》执行情况及有关工作完成情况的通报》[Z].教职成司函〔2018〕51 号,2017-4-12.

③ 《高等职业教育创新发展行动计划(2015—2018 年)》实施情况[EB/OL].http://www.moe.gov.cn/jyb_xwfb/xw_fbh/moe_2069/xwfbh_2018n/xwfb_20181107/sfcl/201811/t20181107_353846.html.

续表

序号	省(区、市)	优质高职院校/所	总计/所
8	河南省	40	488
9	湖北省	35	
10	湖南省	16	
11	北京市	12	
12	天津市	12	
13	河北省	25	
14	山西省	23	
15	内蒙古自治区	10	
16	重庆市	20	
17	四川省	23	
18	贵州省	13	
19	云南省	12	
20	广东省	18	
21	海南省	3	
22	广西壮族自治区	21	
23	陕西省	12	
24	甘肃省	13	
25	青海省	3	
26	宁夏回族自治区	4	
27	辽宁省	10	
28	吉林省	6	
29	黑龙江省	12	

3. 优质高职院校的区域分布

在地域分布上,优质高职院校呈现出了东多西少、南多北少的特点。由表 5-7 可以看到,优质高职院校的分布最多的地区是华东地区,其余依次为华中地区、华北地区、西南地区、华南地区、西北地区、东北地区,见图 5-1。总体来看,南部比北部有优势,东部比西部有优势,形成了一条“胡焕庸线”,与我国目前人口分布及城镇化水平的落差大致相契合。优质高职院校的区域分布的差异性,也在一定程度上显现了我国高职院校发展的区域不均衡性。此外,从研究中可以发现,当前在高职院校建设政策出台方面,区域不平衡性差异明显。

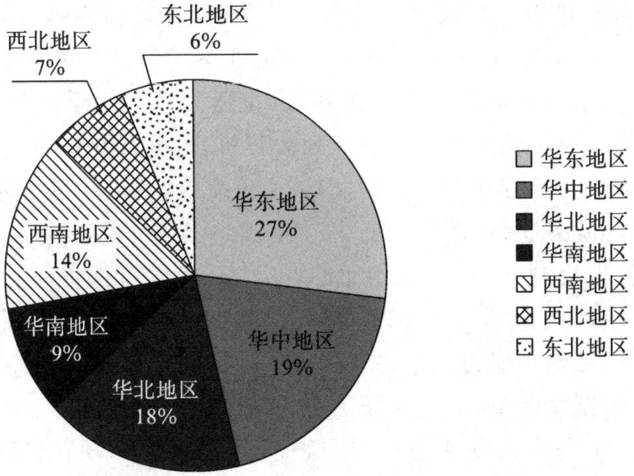

图 5-1　优质高职院校的地区分布情况

(二)优质高职院校建设的主要做法及成效

高职院校以建设优质为契机，精心组织，高位推进，以内涵建设为主线，以体制机制创新为保障，以重点专业建设、师资队伍建设、产教深度融合、社会服务能力提升、国际交流合作、创新创业教育六项举措为抓手，积极推进高职教育教学纵深改革，并在支撑“中国制造 2025”“脱贫攻坚”等国家战略中不断发力。在优质校建设过程中，高职院校不断迈上新台阶，已取得显著成效，有力促进了高职教育的内涵式发展。

1. 创新体制机制优化发展环境

体制机制创新是优质高职院校建设的首要任务，因为体制机制创新在院校建设中占据基础性、先导性地位，也是释放高职院校发展活力，引领职教优质发展的迫切需要，为此，各高职院校大胆探索体制机制创新，在治理结构、人事制度方面已取得突破性进展。

(1)不断完善章程建设，进一步优化了治理结构

高职院校以大学章程为统领，积极推进现代大学制度建设，不断优化治理结构，释放办学活力。比如：陕西工业职业技术学院以“一章八制”为统领，健全完善大学章程和党委领导下的校长负责制、教职工代表大会制度、学术委员会制度、理事会制度、教师申诉制度、学生申诉制度、财经委员会制度、信息公开制度，理顺明晰党委、行政、学术、民主监督四者相互独立、支撑、制衡的体制格局和二级管理模式的组织构架，建立责权利划分合理的运行机制，形成事前有标准、事中有监督、事后有考核的闭合制度体系和规程标准，让依法治校成为管理的新常态；[①]浙江建

① 崔岩. 陕西工业职业技术学院：创新发展，智造梦想挺起工业脊梁[N]. 中国教育报，2016-11-12(10).

设职业技术学院推进特色二级学院建设，以二级学院建设标准为重点，明确二级学院在专业建设、师资建设、党建工作、学生管理、经费资产、继续教育等方面的自主管理权限，扩大了二级学院的办学自主权，也激发了二级学院的办学活力；①金华职业技术学院以开展优质高职建设计划为契机，不断优化质量为导向的年度岗位目标责任制考核。学校在“突出中心工作、涵盖上级要求、区分不同基础、强化个性考核、部门学院关联、数量质量统一”的原则上实施目标责任制考核。同时建立考核落实与保障机制，强化考核的跟踪与督查，确保目标责任制考核落地。此外，学校还在学术治理、教学质量保证体系建设、跟踪督查反馈机制等方面深化改革，进一步提升内部治理能力和水平。

(2)深化人事制度改革，形成充满活力的选人用人机制

高职院校要在内涵式发展中出特色，提质量，创品牌，必须深化人事制度改革。为此，很多优质高职院校抓住深化改革的有利时机，以合理配置教育人才资源、优化高职院校人员结构、全面提高教育质量和办学效益为核心，启动新一轮人事制度改革，在激励机制、职称评聘等方面都取得了成效，为高职院校的改革与发展提供强有力的组织保证和人才支持。以中山职业技术学院和邯郸职业技术学院为例，中山职业技术学院实行以激发活力为方向的人事制度改革，建立岗位分类分层管理模式和动态调整机制、岗位与业绩相结合的人才评价机制、评聘双轨运行的人才良性循环系统、绩效工资分配模型和经费总额动态包干运行机制等，探索更加开放、灵活的人才引进、培养和使用机制。②邯郸职业技术学院实施以绩效贡献为基础，符合高职教育特点的考核制度，职称聘任按“首聘按年限，晋级按贡献”原则实施岗位竞聘。重点专业每年保障50万元专项经费；骨干教师每年保障3万元个人进修费；优质课主讲教师课时酬金上浮30%；赴境外培训优先考虑教师工作室负责人、优质课主讲人和骨干教师等。③

2. 强化专业建设走内涵式发展道路

专业建设工作是高职院校深化教育教学改革，促进教学内涵建设最直接、最核心的基础工作和重点任务，是优质高职院校建设中必不可少的一项内容。经过三年的建设，打造了一批特色鲜明的骨干专业，提升了专业整体发展水平。④

(1)优化专业结构，调整专业总体布局

近年来，高职学校立足区域经济发展，主动当好地方人才“蓄水池”，建立并完

---

① 何辉. 精优强深特 念好优质校“五字经”[N]. 中国教育报，2017-1-10(10).

② 吴建新. 释放办学活力 做服务发展的高职引领者[N]. 中国教育报，2016-12-27(10).

③ 白敏植，杨前卫，赵哲. 邯郸职业技术学院：高职教育“一体两翼”的创新发展之路[N]. 中国教育报，2018-09-20(8).

④ 《高等职业教育创新发展行动计划(2015—2018年)》实施情况[EB/OL]. http://www.moe.gov.cn/jyb_xwfb/xw_fbh/moe_2069/xwfbh_2018n/xwfb_20181107/sfcl/201811/t20181107_353846.html.

善了专业动态调整机制，深入调研了新技术、新产业、新业态、新模式发展变化，适应区域经济转型升级对人才的需求，进一步优化了专业建设资源配置，例如，安徽职业技术学院和深圳信息职业技术学院。安徽职业技术学院以“服务产业发展和促进就业创业”为办学理念，精准对接安徽省八大主导产业和战略新兴产业，开发新专业，改造老专业，加强专业内涵建设，加快发展特色专业，强化建设重点专业，动态优化专业结构，开设了机械工程学院、纺织服装学院等13个教学院部，下设能源动力与材料、文化艺术等12个大类的60多个招生专业，专业门类和专业数均位居全省高职院校前列。[①] 深圳信息职业技术学院依据契合珠三角和深圳经济社会发展需要，按照“服务发展、精致育人、强化特色、争创一流”的要求，不断优化专业布局，形成“信息技术”专业特色，重点建设计算机信息管理等9个全国领先、与国际接轨的高水平专业，培养具有国际视野的高素质技术技能型人才。[②]

(2)打造特色专业群，凸显了专业优势

专业群是由一个或多个办学实力强、就业率高的重点建设专业作为核心专业，若干个工程对象相同、技术领域相近或专业学科基础相近的相关专业组成的一个集合，是形成高职院校办学特色的关键。[③] 为此，优质高职院校的建设和发展高度重视专业群建设。经过几年的建设，许多优质高职院校的专业群已初具规模，专业人才培养质量稳步提升。比如，广东交通职业技术学院按照“专业基础相通、技术领域相近、职业岗位相关、教学资源共享、行业业务相连”的原则，结合专业群特点和渊源，采取“行业岗位组群”“技术基础组群”“产业链组群”三种方式，组建了7大专业集群，形成了“公路、水路、轨道三路引领，机电信息、经济管理两翼发展”的专业整体布局，见图5-2。此外，淄博职业学院构建了“品牌专业引领、特色专业带动、骨干专业支撑”的专业组群发展架构，建成智能制造、财经商贸、生化药品、医药健康、土木建筑等10个专业组群，做大做强电气、机电、汽车、数控、会计、化工、护理、医学、建筑等优势专业，做精做特陶瓷、艺术、动漫、中药、养老等特色专业，形成了以工为主，商、医为特色，工、商、医、艺、社会事业等各类专业群综合协调发展的办学格局。[④]

(3)创新专业人才培养模式，提高了人才培养质量

专业人才培养模式是否合理直接决定了人才培养的质量高低。为此，在优质高职院校的建设过程中，高职院校不断深化专业人才培养模式改革，为学生个性化发展、多样化选择、多路径成才创造条件，以江西工业贸易职业技术学院和唐山

---

① 王丽英.特色成就高水平竞争力[N].中国教育报，2018-6-21(8).

② 孙湧.突出信息特色，实现社会服务能力新跨越[N].中国教育报，2017-2-28(10).

③ 袁洪志.高职院校专业群建设探析[J].中国高教研究，2007，(4)：52-54.

④ 贾志强.淄博职业学院优质校建设之路——推进产教融合创建人文校园篇[N].中国青年报，2018-12-28(7).

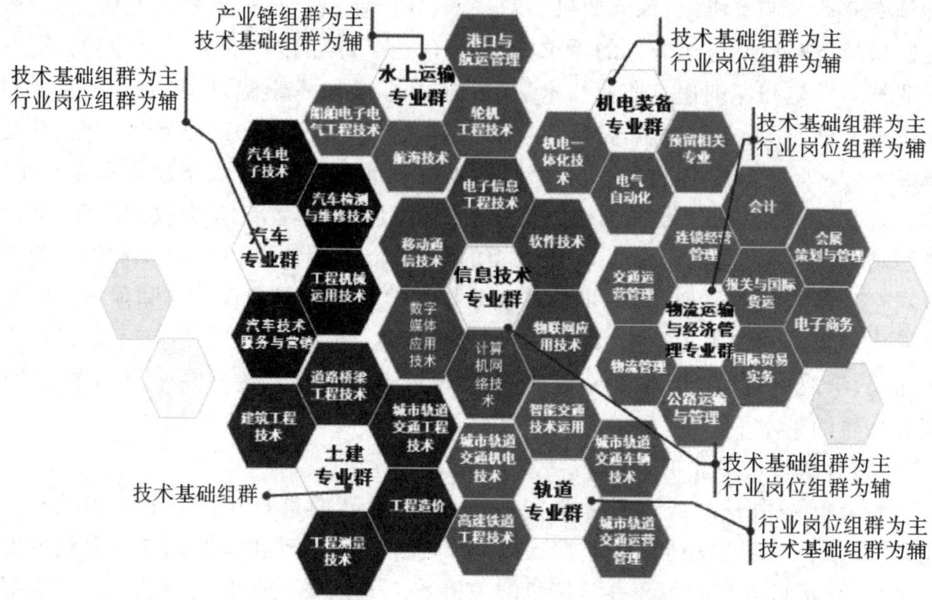

图 5-2 广东交通职业技术学院“三路引领，两翼发展”的专业整体布局

工业职业技术学院为例，江西工业贸易职业技术学院从 2016 年起开展了“专业＋”人才培养模式改革，把学习自主权交给学生，打破一考定终身的“计划型”弊端，拓宽了学生的专业视野和就业渠道。数控技术、电子商务、食品营养与检测、市场营销、茶艺专业、人力资源管理、会计、物联网应用技术、广告设计与制作（互联网＋方向）、工业机器人等 10 个拓展专业，为学生就业提供了第二块“敲门砖”。① 此外，该校与江西国鼎科技有限公司在物联网技术应用专业共同实施“现代学徒制”人才培养，以行业三个典型工程项目为主线，基于物联网技术人才成长规律，创新构建并实施了“3234”现代学徒制人才培养模式，见图 5-3。唐山工业职业技术学院为做大做强机电一体化技术专业，实施了校企合作、专业深化“双主体”育人模式。在校企协同、实施现代学徒制过程中，实现了“学校＋企业”情境育人、“师傅＋教师”双师授课、“学生＋学徒”角色融合、“线上＋线下”全程管理、“技能＋素养”并重培养；在实施“订单”培养中，依托学院牵头组建的河北省曹妃甸工业职业教育集团，联手知名规模企业，实现了合作办学、合作育人、合作就业、合作发展；在实施“工学交替”工程中，学生分阶段在“学院、企业”交替进行“理论、实践”学习。②

① 王苏．江西工业贸易职业技术学院：写好优质高职建设“奋进之笔”[N]．中国教育报，2018-9-12(4)．

② 唐山工业职业技术学院：多元合作共育机电行业杰出工匠”[N]．中国教育报，2019-1-18(3)．

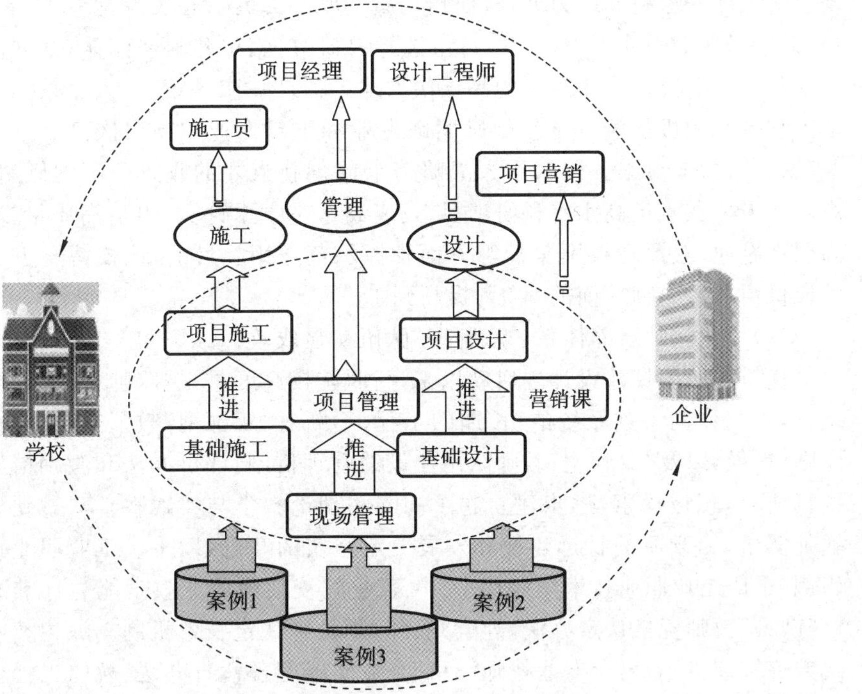

图 5-3　江西工业贸易职业技术学院“3234”现代学徒制人才培养模式

3. 努力打造高水平教师队伍

高水平教师队伍是优质高职院校建设的“第一资源”和核心竞争力，是新时代中国特色高水平高职院校和专业建设的关键，也是高职院校激发内生动力、办学活力，深化内涵特色发展的关键。优质高职院校以建设“全国一流、国际先进水平”优质高职院校为目标，充分发挥教师“第一资源”核心作用，遵循高等职业教育规律和教师成长发展规律，打造师德高尚、业务能力强、社会知名度高、行业影响力大的高水平“双师型”教师队伍，为提高人才培养质量、服务经济社会发展和产业转型升级提供坚实的人才支撑和智力保障。

(1)加大人才引进力度，高层次人才队伍逐步壮大

建设优质高职院校以来，各高职院校在充分发挥好现有高层次人才引领示范作用的同时，加快高层次人才的引进。通过制定配偶就业、子女入学以及安家补助等一系列优惠政策，提高了高职院校对人才的吸引力，高职院校的高层次人才队伍不断壮大。比如，南京工业职业技术学院实行“人才新政”，坚持“全职引进、柔性引进、项目化引进”，在人才引进方面取得新成效。该校专门成立了“人才引进工作保障小组”，为引进人才提供“一站式”服务，完善人才在配偶就业、子女入学以及安家补助等方面的保障，构建“全方位”的人才引进保障体系。2018 年，兑

现引进人才安家费581万元，科研启动费700多万元。在资源配置上给予重点支持，鼓励教师建立科研实验室，自主选择科研方向、组建科研团队，开展面向企业需求的应用研究。对于急需的高层次人才，实行“一院一策、一人一议”，为人才引培工作带来积极影响。学校鼓励紧缺专业和重点专业的高层次高水平人才申请“年薪制”，加大对服务国家重大战略需求的创新人才的收入分配的倾斜力度，让高层次人才在承担高水平科研项目、发表高水平学术论文、申请高质量专利、服务高层次企业、获评高级别奖励等方面发挥示范作用。目前，该校博士占专任教师的比例由“人才新政”前的8.9%提高到18%。[①]

(2)优化教师培养体系，“双师型”队伍初显成效

优质高职院校建设计划启动以来，高职院校高度重视“双师型”师资队伍建设工作，将其作为一项系统的、长期的工程，不断对“双师型”教师队伍的内涵、培养原则、途径，以及“双师型”教师队伍建设的管理机制、评价办法和激励措施等进行认真研究，积极探索，逐步建立起了一支在理论教学与实践教学双过硬的双师型教师队伍，为学院的长远建设和发展奠定坚实的基础，以重庆工业职业技术学院为例，重庆工业职业技术学院出版了《职业院校教师职业教学能力标准》，制定了“双师型”教师资格认定办法，健全“双师型”教师认定长效机制。深化教师企业实践锻炼管理机制，出台专业教师“311”企业实践管理暂行办法、教职工社会实践管理暂行办法等，依托“双千双师交流计划”等积极搭建企业实践、国内外培训交流等平台，逐步完善“双师型”教师培养和保障机制，目前学校“双师型”教师占比为80.6%。围绕打造“三支优秀团队”，即以技能大师为核心打造专业实践优秀团队，以专业带头人、教学名师为核心打造优秀教学团队，以学术技术带头人为核心打造教学研究和技术创新优秀团队，将“双师型”队伍建设纳入绩效考核体系，发挥绩效导向作用，进一步调动教职工内生动力。[②]

4. 深化产教融合校企合作

面对新环境新要求，如何适应经济社会转型和产业升级的新要求，如何全面提升高职教育质量，深化产教融合是关键一招。因此，在优质高职院校建设中，深化产教融合也是重中之重。高职院校产教融合的核心是将产业先进技术、产业优秀文化、产业发展需求融入教育教学资源和教育教学过程，推进专业教学对接产业发展，推广产业新技术、新技能，提升职业教育课程技术含量，增加技术技能人才培养的有效供给。[③] 目前，各地优质高职院校坚持以产教融合为主线，已开始多

① 打造人才高地 全面助推高水平高职院校建设——南京工业职业技术学院人才引进与培育工作成效展示[N]. 中国青年报，2019-1-24(007).

② 重庆市教育委员会. 重庆工业职业技术学院“三双”建设 深化产教协同育人[EB/OL]. http://www.moe.gov.cn/jyb_xwfb/s6192/s222/moe_1754/201811/t20181122_360879.html.

③ 马树超，郭文富. 高职教育深化产教融合的经验、问题与对策[J]. 中国高教研究，2018,(4):58-61.

元化、市场化的探索，全力推进产教融合从单一走向多元。

(1)积极推进校企协同育人，产教融合更加多元化

高职院校积极探索多形式、多层次、多渠道的校企合作。比如，福州职业技术学院全面实施“政校企合作，内涵式发展”的办学理念，以重点项目为抓手，多方式多渠道推进校企合作办学、合作育人、合作就业、合作创新、合作发展，实现产教深度融合。该校通过组建职教集团，与企业联盟、行业联合、园区联结，开展“二元制”、订单培养、委托培养等形式多样的合作实现工学结合，深化产教融合，推动学校教育事业与企业和区域经济同步发展。目前，该校有298家合作企业，其中包括阿里巴巴集团、微软、百度、苹果、安恒信息、迅达电梯、北方天途航空、福建金科集团、星网锐捷、网龙、福州地铁、东南汽车等大型、知名企业①，见表5-8。此外，襄阳职业技术学院与北京海天装饰集团在建筑装饰工程技术专业开展现代学徒制，实现育人过程的“一体化”，双方均以主体的身份参与人才培养过程。一个标准、一个方案、统一行动、统一考核贯穿人才培养始终，双方共同发挥作用完成人才培养全过程，打通了人才培养供给侧和产业需求侧之间的障碍，提高了人才培养质量，毕业生就业竞争优势明显。② 浙江商业职业技术学院依托地方政府资源平台，探索校地合作混合所有制办学，与义乌市政府部门签订了战略合作项目，共建“浙江电子商务学院”，探索应用型人才培养新模式，扩大开放办学，引入全国高校学生，打造人才集聚新高地。③

表5-8 福州职业技术学院部分校企合作项目一览表

序号	合作企业	合作项目
1	阿里巴巴	阿里巴巴大数据学院
2	微软	微软创新学院
3	百度	百度云人工智能技术协同创新中心
		百度云智学院人工智能学院
4	苹果	“苹果A+雏鹰”项目
5	迅达电梯	电梯工程技术实训与培训中心

① 黄朝波.福州职业技术学院 校企合作激发活力 产教融合创新发展[N].中国教育报，2018-11-28(7).

② 李菲.从“两张皮”到“一体化”[N].中国教育报，2018-3-5(8).

③ 张燕峰.浙江商业职业技术学院：依托四大平台 深化产教融合[N].中国教育报，2019-1-9(8).

续表

序号	合作企业	合作项目
6	安恒信息	网络空间安全人才实训与培训中心
		互联网金融犯罪监测预警实训中心
		涉众型经济犯罪数据监测预警实训中心
7	FANUC	智能制造技术应用与培训中心
8	北方天途	无人机应用技术实训与培训中心
9	福州地铁	订单培养及地铁员工岗前培训基地
10	东南汽车	共建新能源汽车试制车间及员工培训中心

(2)深入推进教育教学改革,校企协同实习管理显成效

随着产教融合、校企合作理念在高职院校中的层层渗透,带来了教育教学各个层面的深层变革,最为突出的是实习管理。以黎明职业大学、武汉职业技术学院、广东轻工职业技术学院为例。黎明职业大学按“校企合作、工学结合”的人才培养模式改革要求,紧紧围绕人才培养目标,主动适应行业企业对人才需求的变化,积极寻求与实习基地企业开展更为深入的合作,在规范实习管理的基础上,对实习途径、实习内容、实施方式等方面不断优化和完善,实现“校企生”三方共赢。在不断完善实习管理的过程中,学校实现就业工作长期高位运行,75%左右的毕业生留在泉州工作,在福建就业的毕业生超过90%,近五年毕业生就业率均在99.7%以上,用人单位满意率达95%以上,形成了“招生—人才培养—就业—职业发展”良性循环的局面。① 武汉职业技术学院以学生为本与439家企业建立了稳定的战略合作关系,与3551家企业建立了顶岗实习合作关系,这些宝贵的企业资源助力学生顶岗实习,并将系统论、协同学的管理理念与信息技术相结合,整体推进实习管理工作创新,摸索出了一条适合自身发展的实习管理之道。② 广东轻工职业技术学院不断探索与实践,构建了校企协同的实习管理新模式,实现了信息化、可监控、全过程的规范化实习管理,极大提升了教育成效。③

5. 着力提升社会服务能力

通过实施优质高职院校建设计划,高职院校的社会服务能力大幅度提升。很多优质高职院校积极开展社会服务,主动面向国家和地方重大战略要求,面向经

① 教育部职业技术教育中心研究所.全国职业院校实习管理50强案例报告之十九 黎明职业大学[EB/OL]. http://www.cvae.com.cn/zgzcw/fjs/201901/d937d907be3849b0a5c521f3f9af9a5e.shtml.

② 石芬芳.武汉职业技术学院:实习管理做精细,才能“对得起学生”[N].中国教育报,2018-12-4(9).

③ 魏敏.广东轻工职业技术学院:校企协同提升实习成效[N].中国教育报,2019-1-22(4).

济社会主战场，对接创新驱动发展战略需求，助推脱贫攻坚，通过提供多种形式的社会活动，切实提高了对区域经济和行业发展的贡献度。

(1)推进科技成果转化，提升了科技服务能力

优质高职院校充分发挥在技术服务方面的优势，推动产业转型发展，助力精准扶贫。第一，强合作、扩途径，推动科技成果对接产业。高职院校为行业企业提供应用技术研发服务、实现了成果转化，并将技术服务转化为经济收益。服务企业技术研发和产品升级能力、探索技术创新的意识与能力均大大增强，成为国家技术技能积累与创新的资源集聚地，以金华职业技术学院和杨凌职业技术学院为例。金华职业技术学院目前已建立了技术转化中心、协同创新企联合研发专业性公司等多位一体的科技成果转化创新载体，打造了“线上＋线下”的科技转化服务体系。通过进驻金华市产权交易中心，与金华科技大场以及省内外介公司广泛合作定向走访企业等途径，积极主动地推动学校科技成果对接产业。第二，发挥专业术优势，提升高职的科技扶贫能力。杨凌职业技术学院以助推农民致富为目标。利用科研成果户提供技术支撑，推广新技术、新品种。该校小麦育种专家赵瑜培育出的“武农”系列小麦新品种，在陕西省和黄淮麦区累计推广面积6000多万亩，增产粮食18亿公斤，帮助农民增收36亿元，为国家粮食安全生产、农业增产、农民增收作出了积极贡献，已成为高职院校履行社会责任的典范和标兵。①

(2)强化职业技能培训，提高了学校的影响力和辐射力

优质高职业院校充分发挥师资、办学资源优势，大力开展职业培训，在实现其服务社会功能的同时提高了职业教育的影响力和辐射力。一是围绕乡村振兴开展社会培训，做好职业技能培训扶贫工作，真正实现对贫困人口既扶智又扶技，充分发挥了高等职业教育“拔穷根”作用和“造血”功能。二是围绕企业发展开展技能培训。随着我国产业结构转型升级的深入进行，对高端技能型人才更大的迫切需求，同时去产能和产业调整导致大量职工离岗。在此过程中，高职院校发挥了自身优势，为企业转型产生的技能型紧缺人才和转岗职工提供技术培训，提升了高职教育人才支撑的能力。以岳阳职业技术学院和无锡职业技术学院为例。岳阳职业技术学院已成为国家技能型紧缺人才培训基地、省企业人才培训示范基地等20多个培训基地。近年来，依托基地面向社会共举办各类业务培训班700多个，累计培训48000多人次，开展技能鉴定万余人次。无锡职业技术学院托学校职业技能鉴定认证机构，开展30余个工种的职业技能培训及职业资格鉴定工作，被无锡市人民政府授予“无锡市职业院校产业发展贡献奖”。②

---

① 裴红波.杨凌职业技术学院：精准扶贫的“高职范本”[N].陕西日报，2016-7-19(7).

② 无锡工艺职业技术学院：内涵建设结硕果 特色办学有成效[N].中国青年报，2019-1-7(7).

6. 广泛参与国际交流与合作

优质高职院校开展优质教育资源引进的同时，也在向国外输出中国职业教育的理念与模式，开展中外合作办学和员外培训，同时不断深化中外职教对比研究及人文、地理、气候的研究，“服务一带一路”建设，具有一定的创新性和示范性。

(1)开展中外合作办学，服务“一带一路”战略

优质高职院校紧紧抓住国家“一带一路”的战略机遇，借助自身优势扩大与“一带一路”沿线国家的职业教育合作。比如，海南经贸职业技术学院充分利用国际旅游岛和在“一带一路”中的有利地理优势，与俄罗斯、白俄罗斯、哈萨克斯坦、阿联酋、巴基斯坦的多所大学建立合作办学通道。[①] 金华职业技术学院也积极响应国家积极响应国家“一带路 ”倡议，与卢旺达北省穆桑泽理工学院合作创办金职院国际穆桑泽国际学院，并积极拓展与埃及坦塔大学、约旦语言学院的“互学鉴，丝路‘新’行”合作项目等，开展深层次国际合作办学，并积极与国际标准接轨。此外，宁波职业技术学院牵头全国92家单位，包括高校、行业龙头企业和众多行业组织，成立了中国首个“一带一路”产教协同联盟，抱团出海办学。[②] 这些有力地促进了当地生产与社会经济协调发展，也为扩大企业和中国职业教育国际话语权、增强国家软实力做出了有益贡献。

(2)搭建职业教育援外培训平台，提升中国职业教育的国际影响力

优质高职院校建设以来，很多高职院校学校积极搭建职业教育援外培训平台，为发展中国家进行援外培训，促使援外培训向着制度化方向发展。全国1300多所高职院校中，宁波职业技术学院在教学和国际化程度上，均处于领先地位。宁波职业技术学院通过多年来援外培训工作的开展，积累了丰富的实践经验，发挥了积极的示范作用。宁波职业技术学院构建了全国唯一的职业技术教育援外培训基地，目前学院接受的培训人员已覆盖缅甸、泰国、坦桑尼亚、赞比亚、肯尼亚、埃及等100多个国家。[③] 此外，天津职业大学与乐康集团合作在柬埔寨建立“柬埔寨职业技能培训中心”(鲁班工坊)，与TTI咨询有限公司开展“一带一路”沿线国家汽车维修技能的跨境当地培训(鲁班工坊)等，服务“走出去”企业提升本土化人力资源水平，也提升中国高职教育的知名度和国际影响力。南宁职业技术学院也建设了桂港现代职业教育发展中心，全面开展面向中南、西南地区以及东南亚国家的职业教育课程培训、资格认证、技能竞赛和国际交流合作。[④]

---

① 董洪亮. 打造一带一路职业教育共同体[N]. 人民日报，2017-6-15(18).

② 蒋炜宁. 宁波职业技术学院：为“一带一路”培养“一流工匠”——宁波职业技术学院探索海外办学纪实[N]. 宁波日报，2018-11-13(A2).

③ 程宇. 宁波职业技术学院职业教育援外培训助力国家“一带一路”战略[J]. 职业技术教育，2015，(26)：1.

④ 董洪亮. 打造一带一路职业教育共同体[N]. 人民日报，2017-6-15(18).

(3)开展科技协同创新,职业教育国际化水平纵深发展

为了进一步提升国际化办学质量和学术水平,优质高职院校以科研创新为契机,推动国际合作向纵深发展,以郑州铁路职业技术学院和金华职业技术学院为例。郑州铁路职业技术学院与俄罗斯等国高校、企业共同成立河南省"高铁司机健康与安全研究协同创新中心""轨道牵引工程技术研究中心""高速铁路运营维护工程研究中心",建立由院士牵头的"坝道工程医院",联合开展科技创新,国际合作向纵深发展再一次取得新突破。目前,该校中外合作专业与项目 18 个,在校生近 4000 人,专业数量、学生规模、教学质量走在了国内同类院校的前列。① 金华职业技术学院与 9 所国外院校和机构签署了科研合作协议,围绕学校重点研究课题建设国际科研合作平台,开展科研交流合作。比如:德国伯福集团、医卫教育集团成立"中医研究与推广基地 ""医护类师资培养训基地"和"护理专业海外实习就基地 "。

7. 完善质量体系提升发展质量

在优质高职院校建设过程中,各地将"提高高职教育发展质量"作为主攻方向,以推动教育信息化为抓手,积极推进职业院校教学工作诊断与改进工作,不断发挥学校的教育质量保障主体作用,开启了高职院校质量保障的新征程。

(1)建设人才培养工作状态数据管理系统,助推教育信息化建设

建设人才培养工作状态数据管理系统是高职院校全面开展教学诊断与改进工作的重要前提。为此,优质高职院校加快推进相关信息化建设项目,充分现代利用信息技术,建立人才培养工作状态数据管理系统,及时掌握和分析人才培养工作状况。南京工业职业技术学院进一步发挥信息技术服务教育教学的作用,积极建设人才培养工作状态数据管理系统,形成了全校的"数据中心",实现即时抽取目标数据,自动进行数据有效性检验和分析,及时掌握学校人才培养的状态。② 无锡职业技术学院以人才培养状态数据采集、质量生成过程实时动态数据采集为基础,通过建设"校情综合分析与决策平台",进行数据挖掘、数据分析与反馈,为诊改提供数据与技术支撑,从而形成网络化、立体化、可操作化,具有较强预警功能的质量保证体系。③

(2)积极推进教学工作诊断与改进工作,进一步完善内部质量保障体系

优质高职院校按照"以诊促改、以改促升"的思路,以高等职业院校人才培养工作状态数据为基础,全力推进教学工作诊断与改进制度工作,旨在建成与优质

① 新丝路上的使命与担当——郑州铁路职业技术学院改革创新略记[N]. 中国教育报,2018-11-2(7).

② 孙爱武."双创"引领,迈向"高职高原上的高峰"[N]. 中国教育报,2017-2-5(3).

③ 无锡职业技术学院:"聚力诊改 聚焦育人"全面推进高职院校内部质量保证体系诊改工作[EB/OL]. https://zjs.zhcpt.edu.cn/info/1021/1301.htm.

学院相匹配的学院内部质量保证体系，形成学院良性循环发展机制，以兰州资源环境职业技术学院、无锡职业技术学院为例。兰州资源环境职业技术学院根据系统论及“PDCA”原理，构建“两线监控、三级管理、五个系统、六维评议”的教学质量诊改体系，对接人才培养状态数据采集平台，开发院级质量监控信息平台，固化数据分析预警反馈流程，形成全员、全过程、全方位的内部质量保证机制。[①] 无锡职业技术学院以促进“学生成长成才”为诊改核心目标，以信息化平台建设为支撑，以8字螺旋式提升为方向，以打造目标链和标准链为质保体系基础，以深化落实“学校层、专业层、课程层、师资层、学生层”五个层面的诊改为主要抓手，“聚力诊改 聚焦育人”，全面推进学校诊改工作，取得了可喜的成果(见图5-4)：一是学校一贯重视人才培养，内部质量保证体系建设有基础、有成效；二是学校重视现代质量文化的研究与培育，在树立先进质量理念、强化全校质量意识方面取得明显成效；三是信息化建设思路比较清晰，学校整体设计、分步推进，信息化环境建设达到国内院校先进水平，并与常规的质量管理有较高的契合度。[②]

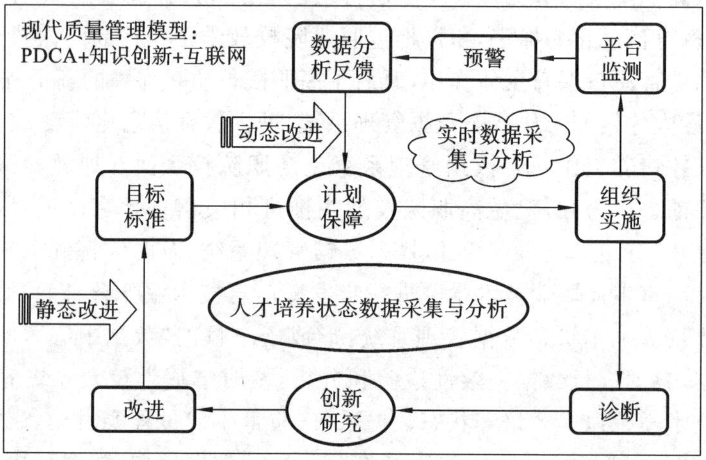

图5-4　无锡职业技术学院8字螺旋式教学与诊断改进机制

8. 扎实推进创新创业教育改革

创新创业，是国家发展之根，是民族振兴之魂。“双创”人才是国民经济的基础，培养“双创”人才对推动当前经济转型升级、加快新旧动能转换有着举足轻重的作用。优质高职院校积极响应国家大众创业、万众创新战略，主动适应产业链

① 时宁国. 提质增效，打造丝路优质高职[N]. 中国教育报，2016-12-20(10).

② 无锡职业技术学院：“聚力诊改 聚焦育人”全面推进高职院校内部质量保证体系诊改工作[EB/OL]. https://zjs.zhcpt.edu.cn/info/1021/1301.htm.

和人才供需链的新常态，大力推进创新创业教育改革，构建具有特色的创新创业教育体系，全面提升人才培养质量，进一步推动毕业生的影响力。

(1)立足产业发展需求，不断健全创新创业教育体系

优质高职院校深入贯彻落实国家《关于深化高等学校创新创业教育改革的实施意见》精神，立足产业发展需求，提出了一系列推动高质量“双创”教育改革的创新举措，不断健全特色化创新创业育人模式。目前，“双创”教育理念已深度融入学校人才培养整个体系之中，以如下三个学校为例。金华职业技术学院以立德树人为核心，全面深化创新创业教育改革，构建了“三四三”双创教育体系，见图 5-5。凸显了“专业＋”特色和“小镇”特色，实现了创新创业教育教学覆盖 100% 在校生的目标，双创教育工作不断取得新成效。常州信息职业技术学院秉承“立足信息产业、培养信息人才、服务信息社会”的办学理念，不断健全双创体系，搭建了载体建设、师资团队、实践训练、培养体系、激励保障“五位一体”创新创业教育体系，实施了助创、强基、引智、筑巢、育苗五大工程的全要素双创保障机制，让学生迸发出创新创业的激情，构筑了较为完善的创新创业教育生态。45 个学生项目获得省大学生创新创业训练计划项目立项，双创实践活动的学生参与率达 100%，涌现出江苏高职“中国青少年科技创新奖”获得者王浩等一大批创新创业典型。[①] 湖南科技职院开足创新创业课程，并建立大学生创新创业基地，为贫困地区学生创业就业提供指导。[②]

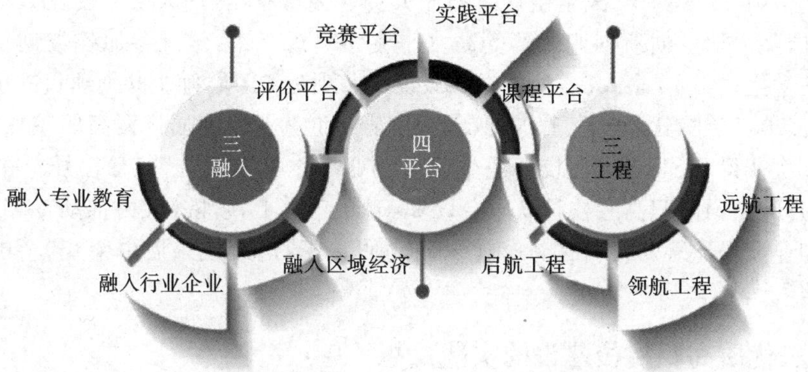

图 5-5 金华职业技术学院“三四三”双创教育体系

(2)搭建创新创业实践平台，强化创新创业实践教育

优质高职院校多维度、多举措推进专创融合，积极为学生搭建创新创业实践

---

① 立足信息产业 培养信息人才 服务信息社会——常州信息职业技术学院办学之路[N]. 中国青年报，2018-12-21(7).

② 李三福. 在精准扶贫中应有更大作为[N]. 中国教育报，2018-10-23(10).

平台。各高职院校创新创业团队蓬勃发展,创新创业气氛浓厚,为建设优质高等职业院校夯实了坚实的基础。比如,邯郸职业技术学院搭建了“六大平台”,即课程合作开发—教学创新实践—科技成果研创—知识产权服务—成果转移转化—创业项目孵化;[①]东莞职业技术学院建设了双创展示中心等6个集专业建设与学生双创教育于一体的基础平台。搭建了数字创业学院——乐创学院,支持创业团队孵化项目。学校还和人力资源部门、国家教育部门、财政部门等积极协调互动,共同为学生提供帮扶、指导和一站式服务。学生在创业平台中得到全方位的训练与服务,增强了双创技术技能的积累,实现从创新、创业到创赛的进阶式成长。[②]

(3)不断深化赛教融合,提升学生创新创业能力

高职院校持续深化赛教融合的教学改革,通过实践训练、校内外各类比赛激发学生的学习兴趣,提升学生的创新创业能力,提高学生的综合职业素质,以中金华职业技术学院和广西水利电力职业技术学院为例。金华职业技术学院坚持“以赛促教、以赛促学、以赛促该”,建立“初赛人人参与、省赛选拔参与、国赛集训参与”的学生竞赛组织管理体系,开发竞赛项目化课程等,营造浓厚的创新创业氛围。在2013—2017、2014—2018年全国普通高校学科竞赛评估结果(高职)和2017、2018年全国普通高校学科竞赛评估结果(高职)两个排行榜中,金华职业技术学院连续两年均位居全国高职院校第一。广西水利电力职业技术学院组织开展各类大学生创新创业大赛,组织开展模拟就业创业等各种活动,还积极组织学生参加中国“互联网+”大学生创新创业大赛、“创青春”全国大学生创业大赛、“深创杯”国际大学生创新创业大赛等高水平赛事。近年来,学院参加各类创新创业竞赛的学生达4000多人次,获得省部级以上奖项近50项,师生共创项目共申请专利50多项。学院就业创业工作成效显著,毕业生就业率稳居广西高职院校前列,学院多次获得“广西普通高校毕业生就业创业工作突出单位”荣誉称号。在2018年12月的全国高职高专校长联席会议2018年年会上,学院《大力推动专创融合,创新创业成果显著》案例在“新时代·新高职·新目标”成果展中荣获“全国优秀案例奖”。[③]

三、优质高职院校建设的实践反思

优质高职建设是一项系统工程,是一个不断演进的过程。在深化推进高等职业教育内涵式发展的关键阶段,随着“双高计划”的提出,我们需要在实践层面对

---

① 白敏植,杨前卫,赵哲.邯郸职业技术学院:高职教育“一体两翼”的创新发展之路[N].中国教育报,2018-9-20(8).

② 李玮炜.东莞职业技术学院 吸纳湾区新动能 构建双创新生态[N].中国教育报,2018-12-11(11).

③ 许婧.推进专创融合 促进创新创业——广西水利电力职业技术学院深化创新创业教育改革成效显著[N].中国教育报,2018-12-25(8).

优质高职院校建设的经验与不足进行省思。

(一)优质高职院校建设的经验总结

“优质校建设被视为高职院校的‘双一流’。”[①]自2015年以来,各省陆续在推进体制机制创新、提升专业建设水平、加强教师队伍建设深化校企合作、促进产教融合以及国际交流合作等方面进行优质高职院校建设革试点探索。

通过优质高职院校建设,高职院校办学内涵进一步深化,人才培养质量进一步提升,大胆改革、锐意进取、奋发上进的职业教育氛围逐渐形成,师生学习和工作的热情更加高涨,高职教育在社会中的影响力也进一步扩大,为高职院校的改革发展提供有益做法和鲜活经验,主要归结为以下四点:

1. 坚持政府规范管理、院校自主办学,为高职特色发展奠定基础

优质高职院校建设不同于“示范校”“骨干校”,而是坚持国家、省级、学校三个层面协同推进:教育部规划管理、省级统筹保障、院校自主实施,实现了高职院校建设由政府主导、项目拉动向政府规范管理、院校自主办学的转变。第一,政府规范管理是优质高职院校顺利开展的政治基础与保障。从优质高职院校的实践发现,优质告高职院校建设离不开各级政府的统筹规划与政策支持。自2015年以来,各级政府围绕适应经济社会和重点产业发展需求出发,积极推进优质高职院校建设,出台了一系列政策文件,为优质高职院校建设指明了方向;对实施优质校建设的高职院校坚持公平竞争、择优遴选、动态管理,实施中期建设考核评估,对于考核实绩不佳的院校予以淘汰,这种管理方式是一种创新,对于优质高职院校的监管具有重要的意义。第二,院校自主办学对于促进优质高职院校自主发展具有重要价值。优质高职院校建设计划赋予了高职院校更多的办学自主权,为高职院校的发展提供了更大的发展空间,也为特色发展、差异化发展的奠定了基础。为此,实施优质高职院校建设的院校中出现了一批有特色的高职院校,比如以创业教育、创意教育、国际教育为特色的义乌工商职业技术学院,它们立足自身发展实际,打造核心竞争力,走出了一条特色发展之路。

2. 坚持质量优先,以培养高素质技术技能人才为根本任务

优质高职院校建设是我国高职院校从外延式发展走向内涵式发展的必然选择。“这种内涵发展与外延发展、特色发展、转型发展、创新发展、高水平发展等存在着继承与超越,规模为基、质量优先、特色至上、创新为要、全面系统是高职院校内涵发展的基本理念。”[②]首先,从相关政府文件中可以发现,各省政府都极为重视高职院校的质量提升,聚焦高职教育的内涵发展。从遴选为优质高职院校的实践

① 王振洪.优质高职建设的四个切入点[N].中国教育报,2017-7-29(7).

② 周建松.高职院校内涵发展的理念与策略[J].现代教育管理,2017,(6):75-80.

可以看到，高职院校纷纷树立以提升质量为核心的发展理念，采取了一系列改革举措，突破学校的质量瓶颈制约，大力提升人才培养质量，打造学校的质量特色和品牌优势。比如，金华职业技术学院近三年结合自身传统优势，通过创新体制机制、打造产教融合高端平台、组建特色专业群、优化师资队伍建设、推进境外交流合作等措施，不断提升办学水平和人才培养质量，取得了显著的质量实绩：连续三年教学工作及业绩考核在这奖赏高职院校中排名第一，2018 年荣获全国高等职业院校教学资源、实习管理、服务贡献、国际影响力 50 强，全国毕业生就业典型经验 50 强院校，等等。

3. 坚持以重点突破带动整体提升，发挥优质校的示范引领作用

优质高职院校的建设内容是全面的，但高职院校不能在所有办学要素上平均用力，而是要有突破口。结合优质高职院校近三年的建设实践可以发现，高职院校坚持以重点突破带动学校办学水平和人才培养质量的整体提升。不同省份的高职院校积极对照各省的建设目标，并结合自身的现实情况，找准制约自身发展的关键问题，集中力量和资源对重点领域进行重点突破，比如专业建设、师资队伍建设、产教融合、国际交流与合作等领域，这是当前整体提升进和重点突破的有益实践。优质高职院校在建设过程中，在强化自身、重视内涵、提高质量的同时，还要发挥示范引领作用和辐射带动作用，带动其他职业院校协同创新、共同发展，进而不断缩小区域、校际差距，提高家长和社会对高职教育的满意度。实践证明，示范引领不仅是优质高职院校的责任使命，更是其实力领先的名片。深圳职业技术学院、金华职业技术学院、南京工业职业技术学院等优质高职院校建设院校，积极围绕优质高职院校建设目标，主动帮扶实力相对薄弱的高职院校，发挥各自对本省和全国高职教育的示范、引领、带动和推动作用，成为高职院校发展的“优质样本”。

4. 坚持以服务发展为宗旨，坚定不移地走产教融合发展道路

服务经济社会发展既是高职院校的使命，也是其实现优质发展的一条出路。在政府的政策引导和扶持下，近年来优质高职院校以服务发展为宗旨，主动面向国家和地方重大战略要求，对接各省战略性支柱产业和战略新兴产业，通过打造高端产教融合平台深化校企合作，推进高职“走出去”，努力为经济社会发展服务，取得了明显的社会效益。优质高职院校的技术技能人才培养质量持续提升；与行业企业共同推进技术技能积累创新的机制初步形成，对区域产业发展的贡献度逐步提升；服务“中国制造 2025”、一带一路、精准扶贫等国家战略的能力也不断增强；尤其是高职院校的社会服务意识、社会服务水平大幅提高。优质高职院校在较短时期内取得突破性成绩，正是因其主动适应了经济建设和社会发展的客观需求，坚持了“以服务为宗旨，走产教融合发展道路”的办学方针，这已成为高等职业教育战线的共识，是高等职业教育持续健康发展的重要经验。

(二)优质高职院校建设的问题反思

随着优质高职院校的建设,高职院校在诸多方面取得了新突破,极大地提高了高等职业教育的名誉度和影响力。但是,在优质高职院校的建设过程中,也涌现出一些现实问题,制约着高职院校高质量发展。

1. 对内涵式发展的认识仍须深化

当前对于高职内涵式发展的认识问题还没有得到很好的解决。第一,政府对优质高职院校建设的重视程度差异明显。由于各地政府对优质高职院校的认识存在差异,优质高职院校建设项目的启动时间参差不齐,有些省份甚至到 2018 年才刚刚开始启动,或者迟迟未确定其建设名单,还有不少省份的政策文本中仅仅是笼统提到要建设优质高职院校,如何建、怎样建并没有提及具体要求。这些都直接影响优质高职院校整体的建设进程和建设效果,甚至无法按时完成省级验收工作。第二,高职人才培养质量的提高还不够显著。在优质高职院校的具体实践中,有些院校对高职教育内涵式发展重要性的认识还不够充分,人才培养的成效也不够显著。根据企业对高职毕业生的评价发现,部分高职毕业生仍然存在专业知识不够扎实、专业技术技能适用于企业的程度不高、综合素质未能全面提升等问题。① 建设优质高职院校是推动高职从外延式发展向内涵式发展的重要抓手,对建设优质高职院校促进内涵发展的重要性和紧迫性认识不足,必然就会制约优质高职院校的建设,阻碍高职院校向内涵式发展转变。为此,高职院校应继续深化对高职教育内涵式发展重要性与紧迫性的认识,要在正确深入理解高职内涵式发展本质的基础上,大力打造内涵式发展着力点,创新内涵式发展机制与策略,切实做到全面持续提升人才培养质量。

2. 政策落实的有效性有待加强

职业教育政策的有效落实受制于决策者、执行者、管理体制、治理机制等多种因素影响。② 在优质高职院校的建设过程中,各地还存在政策落实不力、推动不实等问题。第一,过于注重政策移植,缺乏政策的省域开发。有些省份的建设目标、建设原则及建设重点任务的文字大同小异,基本复制国家文件表述,地方特色不够鲜明。第二,经费投入需要进一步落实。很多省份的政策都要求有关学校主管行业和部门、地方政府应加大投入力度,但是在建设过程中,由于地方区域经济发展水平的制约,有些地方政府的经费迟迟不能到位。此外,行指委承诺的经费更是落实缓慢,比如,到 2017 年餐饮、船舶工业、电子商务、工业和信息化、广播影

---

① 王虹,金榜,陈明忠.关于深入推进高职教育内涵式发展问题的探讨[J].教育与职业,2017,(8):48-54.

② 曾东升.优质高职院校建设的政策实践比较研究[J].职教论坛,2018,(1):20-24.

视、环境保护、粮食等16个行指委尚未安排专项经费，严重影响了优质高职院校的建设进度。第三，过程督察机制不够健全，任务落实效果难以保证。由于监督机制的缺失，一方面导致各地优质高职院校的实施进度参差不齐，总体上进展比较缓慢；另一方面难以保证其他高职院校把建设任务真正落到实处。为此，各方应该建立完善过程督察机制，做到政策落实到哪里，督察就要跟进到哪里，不断提高督察实效，更好发挥其打通关节、疏通堵点的作用，确保优质高职院校的建设方向不偏离、高职创新发展的改革任务不落空。[①]

3. 产教融合的精细化程度不够

对于产教融合而言，并不在于高职院校与企业的合作数量，而是合作的深度。[②] 深化产教融合是优质高职院校建设主线。三年来，各地的高职院校开展了广泛的实践，为产教融合发展积累了丰富的经验。但在产教融合实践中，也面临不少瓶颈和制约因素。第一，产教融合政策以及配套机制引导作用不够突出。近年来，政府部门要不断优化产教融合的发展环境，出台了《关于深化产教融合的若干意见》等相关政策，但是在产教融合的规范性、约束性及操作性等方面还有待加强，而且产教融合的评价机制、绩效体系、标准体系等配套制度缺失，产教融合的实践易流于形式。第二，由于高职院校市场化进程较为缓慢，市场机制不够完善，缺乏与企业行业、社会培训机构的对接机构，搭建的产教融合平台还处于浅层次、自发式、松散型、低水平状态，无法真正形成校企协同、实践育人的人才培养模式。第三，高职院校过于重视自身的主导作用，企业的参与积极性仍有待提高。在产教融合过程中，企业一直处于被动状态，参与作为辅助教学过程，再加上激励保障服务还不到位，使得企业参与产教融合、校企合作的意愿不强烈，进而无法提升产教融合的深度。

4. 专业群建设"形聚而神不聚"

专业群建设是优质高职院校建设的重要内容，是办出特色和品牌的关键载体。经过近三年的摸索，高职院校专业群取得了不少喜人的成绩，但也存在不少问题。第一，专业群内的专业整合不合理。目前很多专业群的专业划分不够科学合理，局限于学院或系部内部，这些专业群未在师资、教学资源等方面形成真正意义的集聚体，群内专业沟通与交流不足，难以真正实现资源共享、发挥专业群师资队伍的团队优势，甚至限制了专业的发展。第二，专业群的管理体制亟须完善。许多高职院校虽然已经组建了专业群，但是没有建立完善相关岗位职责和管理制度，对专业群的组织架构、人事安排、考核评估等方面缺乏具体安排，无法保证专业群内的各个专业真正凝聚在一起。第三，缺乏有效的专业群评价体系。当前，

---

① 高志研. 高职创新发展还要落实行动力[N]. 光明日报，2017-8-17(14).

② 汤智华. 我国职业教育产教融合的经验、瓶颈及出路[J]. 成人教育，2019，(1)：71-75.

评价体系的缺失造成了很多高职院校徒有“专业群”的外在形式，专业群的整体建设质量难以保障。为此，各高职校必须认清现状，打造独具品牌优势、专业紧密相连的专业群，切实将高职院校专业群建设与加强自身内涵建设有机统一起来。

5.科研工作的效能未充分发挥

在优质高职院校建设过程中，有些高职院校把内涵建设的关注点投向了研究。“然而受教师和学生研究水平限制，高职院校的研究成果虽然数量有明显提升，但质量总体不高。”①第一，对科研的重视程度不高，科研管理不健全。目前高职院校普遍存在重教学轻科研的现象，不仅是教师本身科研能力弱，学校对科研的重视程度也不高，主要体现在缺乏有效的管理机制，科研管理工作流于形式；科研工作及成果的奖励机制还不够完善，无法激发教师的科研动力，亟需加大科研奖励，推行切实有效的激励机制；第二，专职科研人员配备不足，很多高职院校科技处、高职研究所、学报三块牌子共用一班人马，甚至有些学校至今还未设立专门的高职教育研究机构。第三，高职院校普遍尚未开展院校研究，缺乏一支专业化的、能够采用科学方法为学校提供咨询的院校研究队伍。②第四，在校企合作产品与技术研发方面，也还有巨大发展空间，亟须搭建研究所需要的硬件平台，形成一批高水平的技术与产品研究实验中心。此外，高职院校也要继续强化教学研究，发挥学校人才、信息、资源聚集的优势，引导广大教师围绕专业建设、课程改革、实践教学、终身学习等方面开展教学研究，全面提升研究质量。

---

① 徐国庆.“研究型”是建设高水平高职的突破口[N].中国青年报，2019-1-14(5).

② 王亚南.高职教育院校研究规范发展的实践困境及未来路向[J].中国职业技术教育，2019，(1)：83-88.

第六章　优质高职院校建设的典型案例

随着优质高职院校建设行动的深入开展，一批特色鲜明、优势突出的优质高职院校脱颖而出。

这些院校既有综合性高职院校，又有行业性高职院校，它们立足自身特色与实际，以质量建设为重心，加快学校内涵发展、创新发展、特色发展，不仅丰富了我国高职院校的建设经验，而且引领了我国职业教育的实践发展。

一、深圳职业技术学院：全面推进“六个融合”，建设一流高职院校

2016 年，广东省教育厅与广东省财政厅联合开展实施“广东省一流高职院校建设计划”，18 所高职院校立项为建设单位。该建设计划的指导思想是以立德树人为根本，以服务发展为宗旨，以促进就业为导向，以打造广东高职教育品牌为目标，建设全国一流、世界有影响的高职院校，推动全省高职院校全面提升办学水平、人才培养质量和服务发展能力，为广东省实现“三个定位、两个率先”的总目标提供坚实的技术技能人才保障和强有力的智力支持、技术支撑。

广东省一流高职院校建设计划以服务发展、改革驱动、争创一流为基本原则，重点建设任务包括深化重点领域综合改革、教师队伍建设、高水平专业建设、加强科学研究和社会服务等方面，建设期为 4 年。

深圳职业技术学院（简称“深职院”）是广东省一流高职院校建设单位之一。

1. 举措与成效

深圳职业技术学院的一流高职院校建设方案设“综合改革”“教师队伍建设”“高水平专业建设”“科学研究和社会服务建设”“自选项目”五大类项目，总投入 2.98 亿元。学校以学生学习成效为导向，全面深入推进以“六个融合”为特征的人才培养模式改革，举全校之力扎实有序地开展各项建设工作，取得显著成效。

深职院 2018 年获国家级教学成果奖 5 项（特等奖 1 项、一等奖 1 项、二等奖 3 项），其中特等奖实现了广东省国家级教学成果奖零的突破，见表 6-1。

表 6-1　深职院 2018 年职业教育国家级教学成果获奖情况一览表

序号	成果名称	成果完成人	获得等级
1	深职院-华为培养信息通信技术技能人才“课证共生共长”模式研制与实践	马晓明、王永学、王隆杰、王苏南、徐平利、周建勋、卢鹏、张喜生、何健标、宋晶、董世学	特等奖
2	与专业教育深度融合的进阶式创业教育改革及实践	陈秋明、文首文、谭属春、李凯、黄伟贤、张锋兴、王波、窦志铭、廖巍巍、刘考、冯磊	一等奖
3	“单片机应用技术”课程建设及线上线下混合式教学的改革实践	温希东、王静霞、宋荣、赵杰、卿中全、陈海松、梁召峰、盛鸿宇、杨争	二等奖
4	物流管理专业中高职衔接课程体系构建与实践	姜洪、孟军齐、陈代芬、赵艳俐、段杰鑫、石滨、许笑平、陈朝萌	二等奖
5	借鉴德国应用科技大学经验，协同培养创新型汽车电子类专业人才的改革与实践	朱方来、孙晓莉、杨开亮、李正国、崔宏巍、肖钢、张强、黄亚妮、黄炳华、张凯、张亚琛、朱小春	二等奖

(1)深入推进产教融合

积极适应粤港澳大湾区经济社会和产业发展，围绕产业链部署专业链，优化智能时代人才供给。学校共设置 87 个专业，覆盖 17 个专业大类，紧贴深圳战略性新兴产业、先进制造业和现代服务业等重点发展领域。同时，学校灵活应对产业转型升级，依据第三方人才培养质量和就业质量数据，划分绿牌专业、预警专业、黄牌专业和红牌专业，实行专业动态调整与预警机制，对不适应产业和市场需求的专业及时“关、停、并、转”，为潜在产业和市场增设新专业方向。2018 年学校新设置大数据技术与应用、工业机器人技术、新能源汽车技术等 10 个专业，新设置人工智能应用技术、智能可穿戴应用技术等 5 个专业方向。近 3 年来转型升级专业 24 个。

学校瞄准产业发展前沿，依托特色专业群，与龙头企业、领军企业和相关机构联合举办特色产业学院，实行理事会领导下的院长负责制，共同建设专业，共同开发核心课程与教学标准，由高水平行业精英和企业骨干讲授的专业核心课程不少于 40%，采取“2＋1”(或“2＋2”)模式联合培养高素质应用型专业人才，为粤港澳大湾区和深圳国际科技、产业创新中心建设培育“大国工匠”。目前已建成特色产业学院 8 个，正在推进建设中的 9 个，在建省级品牌专业 16 个，省一流高水平建设专业 12 个，见表 6-2。

表 6-2　深职院依托专业群建设产业特色学院情况一览表

序号	联合单位	特色产业学院	依托专业群	建设进展
1	华为技术有限公司	深职院华为 ICT 学院	通信技术	已建成
2	深圳市民政局	深圳健康养老学院	医护	已建成
3	深圳天健集团	深职院天健建工学院	智慧建筑	已建成
4	百科荣创	深职院百科荣创 ARM 智能硬件学院	电子信息	已建成
5	德国萨尔兰工程和经济应用技术大学	中德智慧制造学院	智能制造	已建成
6	平安集团	深职院平安金融科技学院	金融科技	已建成
7	深圳裕同科技	深职院裕同包装产业学院	图文传播	已建成
8	比亚迪	深职院比亚迪交通学院	汽车技术	已建成
9	阿里云计算公司	深职院阿里云大数据应用学院	计算机	2019 年
10	HTC& 网龙	深职院网龙 3R 学院	大数据	2019 年
11	招商局港口	深职院招商局港口丝路学院	现代物流	2019 年
12	深圳市食品药品监督管理局	食品工程学院	食品检测	2019 年
13	中兴通讯	深职院中兴通讯技术学院	通信技术	2020 年
14	阿里巴巴	深职院数字贸易特色学院	商务外贸	2019 年
15	西门子、FESTO	智能制造特色产业学院	智能制造	2020 年
16	光启集团	新材料特色产业学院	材料工程	2020 年

(2)深入推进职普融合

为适应技术的快速变革以及生产服务方式的智能化转型，学校注重职业教育与普通教育的融合发展，在培养学生就业能力的同时，培养学生的职业生涯发展能力。学校进一步优化人才培养方案和课程设置及学时学分分配，强化主干专业学习，提升学生专业核心能力和就业能力。建设 19 个优质拓展专业，学生自主选择跨界复合学习，真正满足有兴趣、有余力的学生实现跨界复合的需求，培养基础能力、自主学习能力和综合素养。学校探索实施分层培养，根据学生的知识水平、能力水平、兴趣爱好、潜力倾向，开设技能强化精英班，制定普通班和精英班两种人才培养方案，满足学生个性化发展的需要。

(3)深入推进理实融合

学校推进“四室合一计划”（专业实训室＋教师工作室＋学生创业工作室＋行业协会办公室）、“靶向课程计划”和“实践教学提升计划”，紧贴岗位实际工作过程，大力推进行动导向的项目化课程和任务化课程建设，建立职业教育课程标准，动态更新课程内容，带领学生“在做中学，在学中做”，建立理论与实践高度融合的课程体系。立项建设校级项目化课程103门。

(4)深入推进教育与生活融合

学校实施“深职幸福＋工程”，让学生在生活中体会学习和求知的幸福，通过学习获得对幸福的认知和创造幸福生活的能力。实施“五个一”工程（熟读一部经典，爱好一项文体活动，交上一批好朋友，参加一个社团，做一名志愿者），开设深职“幸福人生课”，全面推进书院制建设，开展书院讲座，形成“一院一系列，一校一讲座”。实施学生年度发展报告制度，强化职业素养与身心健康训导。

(5)深入推进技术与文化融合

学校在技术的教育与培训中融入文化素质教育，提高学生文化素养，培养学生工匠精神。制定并实施《深圳职业技术学院文化育人实施纲要》，建立了完善的必修课与选修课并行的“6＋2＋1＋4”文化育人课程体系，建设“文化育人示范课程”32门，编写出版了《汽车文化》《翻译文化》《计算机思维与专业文化素养》《生活中的经济学》《科技改变世界》《数学文化》《数字艺术概论》等专业文化教材，以加强专业教育的文化渗透。

(6)深入推进人工智能与教学融合

学校建设基于大数据和人工智能的教学平台。运用MR、VR、AR等信息技术建设高端智慧教室，建立STEAM创新学习实验室、网上创客教室、慕课社区、微课社区、智慧图书馆和虚拟仿真实训中心，探索未来课室、未来学校的形态构建和未来教学、未来教育的模式创新。运用先进的信息化技术改进教育教学方法和手段，大力开展混合式教学，提升教育教学的效果。2018年，学校获国家级专业教学资源库立项2个（创新创业、电子信息工程），通过国家级专业教学资源库验收1个（通信技术）。

2. 特色与创新

(1)创新创业教育

2017年学校获评深圳市双创示范基地、广东省双创示范基地、全国深化创新创业教育改革示范高校。学校携手一流企业共同开展双创教育，与柴火空间合作举办Maker Faire Shenzhen 2017，吸引海内外30个国家和地区667位创客携上千个创新创意项目参展，被誉为创客界的“达沃斯”论坛；与硬蛋科技合作共同发布了“国际青创平台”。学校立项建设4个跨界学习中心和4个创客产品试制技术中心，每年全校接受启蒙教育的学生超过20000人，接受预科教育的学生超过2000人，接受专门教育的学生超过400人，接受指导、进行创业实战训练的学生超过400人。2018年以来，深圳职业技术学院园区在孵企业49家，注册资本合计2500余万元，全年社会融资200万元，申请专利41个。组织学校创业园区71个企业参加"互联网+""创青春""逐梦杯"等11类创新创业大赛，获得国家级奖励2个，省级奖励9个，市级奖励3个。

学校完善学分替代和创业休学及学籍的管理，制定了《学生申请免修、置换课程及替代课程学分管理办法》，允许学生通过参加竞赛、创新创业、参加讲座等取得的成果申请免修计算机类公共必修课和技能类专业课、置换考核不通过的专业必修课或专业选修课、替代任意选修课学分。制定了《创新创业学籍和学分管理办法（试行）》，对休学创业的学生，简化休学批准程序；新生由于创业等个人原因不能按时入学的，可以申请保留入学资格一年；学生因创业须中途休学，可休学保留学籍三年；在籍学生创业休学期满，转专业学习更能发挥企业经营优势的可以申请转专业。

（2）师资队伍建设

学校进一步加大师资队伍建设力度。

一是加大高层次人才引进和培养。设立高层次人才专项资金，出台《高层次人才引进与培养管理办法》等配套制度。近两年先后引进美国康奈尔大学霍夫曼诺奖团队、长江学者苏宏业教授团队、国家"万人计划"创新领军人才、长江学者孙立宁研究团队。获聘首批青年珠江学者1人，新增广东省高职专业领军人才3人、广东省高职院校高层次技能型兼职教师1人。

二是加强"双师型"队伍建设。学校制定《"双师型"教师培养与管理办法》，建设"双师型教师工作室"，实施"一师一企"计划，支持教师"下（下企业）、访（访问工程师）、挂（企业挂职锻炼）"，确保专任教师每5年在行业企业实践累计1年以上；制定《高层次技能型兼职教师管理办法》，加大从行业、企业引进高层次技能型兼职教师力度，鼓励企业经营管理和技术人员与学校管理人员、骨干教师相互兼职，带动"双师"素质教师团队的建设。目前，学校拥有深圳市阮友德工业自动化控制技能大师工作室、朱光力技能大师训练场等高技能人才培训基地，专业课教师中"双师"素质教师比例达到80%。

三是加大教学名师和优秀教学团队培育力度。学校制定《促进优秀人才优先发展措施与管理办法》，分类配套支持各类人才优先发展，加强人才团队建设；建立教师发展中心，实施《专任教师"一新一师"计划实施办法》，分期分类培训新入职教师，采取课堂讲授、技能实训、素质拓展等多种培训方式，共设计开展课程22门。四是实施师资队伍国际化推进计划。学校修订了《深圳职业技术学院教职工继续教育管理办法》，通过"深圳市深圳职业技术学院教育基金会"等渠道筹集资金，设立“国际交流基金”。按照“走出去、请进来”组织方式，有计划地选派、资助在岗教职工赴国（境）外开展学术交流与研修，邀请海外知名专家或优秀团队来我校进行新知识、新技术与先进管理经验等讲学与培训。学校现有专任教师1215人，其中正高202人，副高649人，博士375人。

（3）质量保障体系建设

2017年学校成为开展内部质量保证体系诊断与改进省级试点工作院校之一。学校成立试点工作领导小组，并设立办学目标管理、专业课程质量保证、师资队伍建设、学生全面发展、信息化建设五个质量保证工作组，诊改办设在质量保障中心。制定了《深职院内部质量保证体系诊断与改进试点工作方案》，细化《校内部教学质量保证体系诊改工作实施进度表》，逐步优化提升内部质量保证体系建设。学校在原有的质量管理体系基础上，以“五纵五横”顶层设计为指导，构建制度层面的质量体系和操作层面的质量保证体系（见图6-1），依托内部质量管理和诊断改进平台和大数据平台实施落地，成为质量管理部门的日常工作平台，诊改大数据分析系统，也是教师、学生、督导互动交流的PDCA反馈信息平台，包含七大系统（见图6-2）。

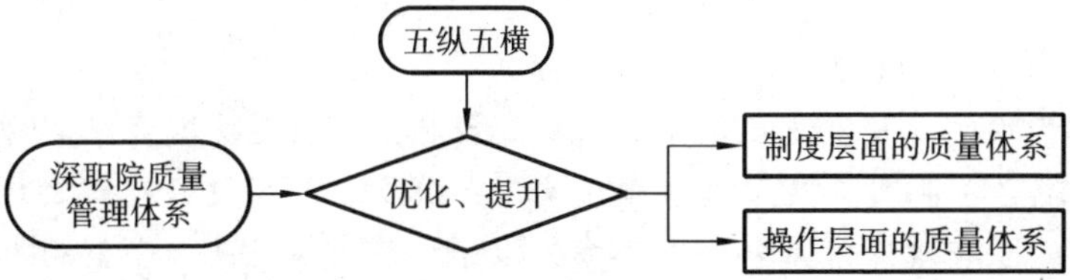

图6-1　深职院制度层面质量体系示意图

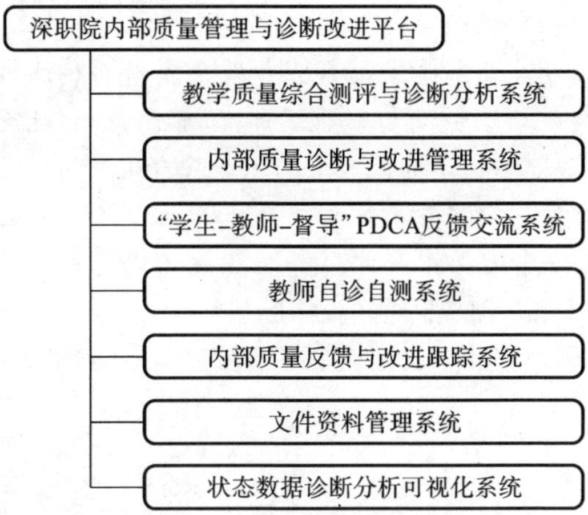

图6-2　深职院内部质量管理与诊断改进平台七大系统

(4)社会服务能力

一是学校积极服务市民终身教育需要,面向深圳居民开展技能鉴定与资格认证服务,年均开展各类培训 5000 余人次;积极服务深圳社区发展需要,与大鹏新区合作成立深职院大鹏新区社区旅游学院,为大鹏新区的旅游规划、旅游人才培训、老年大学、党课进社区提供支撑,与南山区西丽街道合作成立深职院西丽社区学院,为社区居民提供便捷、优质的职业教育服务;积极服务深圳对口帮扶需要,对口支援西藏、新疆、贵州等地 11 个省、自治区的 31 所高职院校和 168 所中职学校,为全国培训管理干部及骨干教师 1.2 万余人,连续 5 年名列全国第一。

二是学校坚持以"产学研用"一体化的科研导向,重视技术转移和科技成果转化。近年来,学校不断深化科研体制机制改革,大力加强与政府职能部门以及行业企业合作,组建成立了应用技术研发院、文化创意产品研发院、经济与社会发展研究院等三大综合性研发平台,建成 33 个省部、市区级科研平台,抢抓产业发展新机遇,服务地方经济社会和中小企业发展。近五年来,全校累计承担各级各类科研课题 1938 项,其中国家级项目 25 项,省部级项目 162 项,市区级项目 281 项。科研经费到账总经费达到 3.35 亿元,其中技术转移(横向科研)项目到账经费 1.21 亿元。

(5)国际交流与合作

学校与 30 个国家和地区的 150 余所高校和教育机构深度合作,开办了 5 个境内外合作办学专业、2 个中华工程教育学会(IEET)工程及科技教育国际认证专业、2 家海外职业教育培训中心、2 家海外汉语语言文化中心。学校积极推动职业教育与中国企业携手走出去,成立深职院招商局港口丝路学院,定期培训全球港口航运管理人才;成立智能制造双元职业教育集团,服务"一带一路"建设。学校积极探索输出职业教育"深职模式",成立联合国教科文组织职业教育计划亚非研究与培训中心,支持亚非地区国家提升职业教育质量。2018 年 3 月,应柬埔寨请求,学校专门为来自柬埔寨劳动与职业培训部、旅游部、经济金融部及国家智库、职业教育机构的代表团举行了为期 5 天的职业教育培训班。2018 年 5 月,马六甲马来西亚技术大学代表该国各类职业院校与学校签约,全面对接深职院标准。2016 至 2017 年,学校连续两年获评高等职业院校国际影响力 50 强。2018 年 5 月,我校成功举办"一带一路"职业教育国际研讨会,来自"一带一路"沿线 21 个国家和地区的 100 余名外宾和来自国内 200 余名嘉宾参会,形成了标志性成果《深圳共识》。

3. 问题与思考

与世界顶尖职业类院校相比,学校还存在一些问题和差距,还有一些深层次的难题需要破解,主要表现在:一是学校整体办学实力很强,但"单打冠军"还不够多,专业品牌的影响力还不够大;二是产教融合机制尚未取得实质性的突破,专业课程对新技术的反应也不够快；三是对优秀师资的吸引力不强，真正在全国和全球有影响力的领军人物还缺乏，人才、经费等办学自主权有待进一步落实；四是国际影响力需要进一步提升，真正建设好一批重量级的国际话语平台；五是办学资源相对紧张，实训、研发设施设备改造升级的任务繁重，教育信息化水平有待进一步提高。

二、金华职业技术学院：标准先行、平台夯基、项目引领，稳步推进优质校建设

“十三五”以来，经历了国家示范校建设的金华职业技术学院，放眼更高的奋斗目标，继续保持着改革创新发展的强劲势头。2017 年 6 月，金华职业技术学院以综合排名第一入选浙江省高职院校 5 所重点建设学校，为学校的持续发展提供了新的平台。在优质校建设过程中，金华职业技术学院聚焦标准、平台和项目三个核心要素，明晰目标、落实举措、完善保障，从理念升华到行动升级，有效推动从创新发展迈向高质量发展。

1. 全局思考，明晰整体发展目标

在分析区域经济社会发展对高素质技术技能人才的需求，盘点学校面临的挑战和谋划学校未来发展的基础上，金华职业技术学院以创新、协调、绿色、开放、共享五大发展理念为引领，制定优质校建设目标。

学校从四个维度来思考发展目标。一是服务从国家到地方的发展需要，对接“互联网＋”“中国制造 2025”“一带一路”“双创”等国家战略；力争使优质校成为进一步繁荣区域经济、社会、文化发展的助推器。二是彰显现代职业教育的发展内涵。从立德树人、服务发展、促进就业等现代职业教育发展的内涵要求出发，确立优质校建设的目标、责任和使命。三是体现国家示范建设的后续提升。将优质校建设定位于总体办学水平提升的基础上，关键领域、核心指标、培养质量的突破与提升。四是树立世界一流水平的目标追求。紧扣高质量发展的时代主题，将优质校建设作为树立标杆、打造一流、走向世界的重要平台。基于以上四个方面的考虑，学校将建设特色鲜明、优势突出、国内领先、国际先进的综合性优质高职院校作为优质校建设的总体目标，并以此引领整个优质校建设的开展。

围绕“打造一所高水平的区域服务型高职”的定位，学校提出一流治理、一流专业、一流人才、一流服务“四个一流”和力求做到服务战略的引领、先进标准的引领和办学品质的引领“三个引领”的目标，瞄准新时期创新发展的关键领域，设置了优质校建设“5＋2 项目”。其中 5 个规定项目分别是体制机制创新与综合改革、优势特色专业群建设、高水平教师队伍建设、技术技能积累与服务、国际交流与合作；2 个自选项目分别是融入特色小镇的创新创业教育和全要素网络化的内部质量保证体系建设。

2. 多措并举，推进重点领域建设

(1)标准先行，破题规范化管理

优质校建设具有一定的探索性和创新性，学校从标准化、规范化出发，积极落实新时期高职教育创新发展的各类方案和标准。既引导自身建设任务的有效开展，也期望通过标准的输出发挥优质校在高职教育中的引领作用。2017 年以来，学校重点围绕内部质量保证体系诊断与改进，针对专业建设、人才培养、教学诊改等主要环节，布局了《课程全过程评估标准及操作手册》《"工匠精神"培育操作手册》等 19 个相关标准及操作手册的研制任务，将工作过程标准化、流程化、图示化，计划通过 3 年时间的开发和实证，形成一套系列标准，覆盖教育教学的主要领域和关键环节。

(2)平台夯基，支撑高质量发展

优质校建设不是原有建设的低层次重复，需要更为系统的平台支撑。金华职业技术学院以产教融合、师资、国际化、协同创新四大平台建设为切入点，积极整合、有效利用教育资源。

①产教融合高端平台。

学校将产教融合作为高质量发展的主攻方向，积极推动每个专业群建立合作高端、体制灵活的产教融合平台，建立了 5 种类型的 11 个平台。

第一种是共享基地型。与西子航空集团等高端企业共建"智能化精密制造实训中心"，作为生产性的公共实训基地，获得了国家发改委产教融合工程项目支持，总投入 1.28 亿。

第二种是集团联盟型。牵头成立浙江省现代农业职教集团，获批省级示范职教集团；牵头成立"金华新能源汽车产业技术联盟"，实现产学研全方位合作。

第三种是资本混合型。如学前教育专业以优势资源入股，与 3 家公司共同组建独立法人的博伦沃德幼教集团，打造幼教连锁品牌，目前旗下幼儿园已有近 10 家；酒店管理专业与上海凯洛斯公司合作在校内共建实体酒店，企业赠送一架波音 737 退役客机作为实训基地。

第四种是校地合作型。与地方政府开展综合性、战略性合作，如金华经济技术开发区财政安排三年 5000 万元的合作专项资金支持校政企合作，促进学生当地创业和高质量就业；选择金义都市新区举办网络经济学院。

第五种是研发引领型。如化工制药类专业引进四川抗生素工业研究所在学校成立分所，以高层次科研来引领专业的高水平发展。

②教师专业发展平台。

一是以政策改革吸引集聚优秀人才。学校出台优惠政策吸引人才，近三年引进博士 26 人(含 11 人柔性引进)，公开招聘硕士 96 人，公开招聘招考辅导员、行政管理、实验员、其他专业技术岗位 97 人。

二是以“四有”标准打造高水平“双师”团队。学校重点建设教师发展中心，落实行动计划关于教师轮训、双师教师培养等任务。同时，校企共建“双师型”教师培养培训基地5个。

三是以分层构建形式打造教师发展体系。学校推行教师发展学时制，建立教师轮训制度，满足教师个性化、专业化发展。根据教师职业成长规律，学校从新教师、骨干教师、领军教师等三个层面打造教师发展体系，分别提供不同的培育制度，组织对应的培训和交流提升活动。

四是以考核引导完善管理评价体系。学校积极探索“特聘岗、创业岗、年薪制、双岗双薪、优效优酬”等方面的制度突破，近三年引进“国千”1人，新增省级高层次人才20人，正高职称突破百人；推进职称评聘改革，体现分层分类导向的专业技术职务评聘；建立了“4＋X”教师考核评价体系，实施聘期考核。学校入选教育部遴选的40所“高校教师考核评价改革示范校”之一。

五是以特长发挥鼓励教师多渠道发展。学校以技能大师工作室为校内主体，完成高技能人才技能传承、经验交流、技术创新、技术转化等目标，在数控技术攻关和陶艺文化传承领域分别设立了技能大师工作室，带动了一批专业教师和学生的技能提升。学校鼓励教师提升信息化教学能力，教师在2018年全国职业院校教学能力比赛中获一、二、三等奖各1项。

③国际合作交流平台。

学校以“顶层设计、以点带面、逐个突破”为要求，开展国际合作交流平台建设。

一是建设国际学院。学校与新西兰怀卡托理工大学合作成立了非独立法人的中新怀卡托国际学院，目前有6个招生专业，建成了一支中新结合、专兼职结合的优质教学团队，引入新西兰专业标准认证，形成了一套规范有效的中外合作管理机制。

二是举办海外分校。学校积极响应国家“一带一路”倡议和中非合作论坛约翰内斯堡峰会精神，在卢旺达穆桑泽国际学院建立了海外分校，推动中国高职教育理念和“金职模式”走进非洲。2018年7月习近平总书记访问卢旺达前夕发表题为《中卢友谊情比山高》的文章，文中也专门提到了与我校开展国际合作的穆桑泽综合技术学校，对双方在职业教育领域开展的合作给予高度肯定。学校派出多位专业骨干教师赴卢旺达开展支教工作，也接收了3位卢旺达教师来校内参加专业技术培训。

三是设立“一带一路”国际交流中心。学校与泰国西那瓦大学华夏国际学院国际教育中心合作，成立金职院泰国国际交流中心，积极发掘和服务“走出去”企业需求，拓展“一带一路”及沿线国家合作项目，增强辐射效应，助力优质产能“走出去”。

四是搭建科研合作和人文交流平台。学校与新西兰怀卡托理工学院、美国加州国际教育资源研究院等9个院校和机构签署了科研合作领域的专项协议，围绕学校重点研究课题建设国际科研合作平台，开展“内涵型”科研交流合作。通过外籍专家系列学术讲座、互派交换生交流、引进新西兰NZQA等一批国际标准及优质资源，引入双语、外语课程、专业国际认证，促进中外文化与学术互动。学校获批浙江省教育厅首批国际化特色高校，2017年和2018年连续两次入围全国高等职业教育“国际影响力50强”院校，2018年9月荣膺“亚太职业院校影响力50强”。

④应用协同创新平台。

一是技术研发平台。学校坚持创新驱动发展与协同创新发展战略，以产业行业需求为导向，立足应用研究，全面激发学校科技创新与社会服务动能。学校积极融入区域创新体系，面向中小微企业开展应用技术研发，与企业联合组建应用技术协同创新中心、高新技术研发中心、工程实验室和企业研究院等技术服务平台。获批“浙江省现代农机装备应用技术协同创新中心”和“农机技术与装备浙江省工程实验室”，组建“公司＋团队”模式的专业性公司10家。2017年立项国家基金项目2项，科技到款1096万元。

二是职教研究平台。学校牵头创办的浙江省现代职教研究院，是全省唯一依托高职院校的省级社科重点研究基地。职教研究院围绕国家重大职教战略，依托二级学院实践，结合重点校建设项目开展研究工作，承担省部级委托项目10项，国家社科基金等省部级以上的研究课题20余项，在《人民日报》《教育研究》等报刊发表理论文章60余篇，出版著作7部，20余项成果获省部级以上奖励，20项决策咨询获各级领导人批示，被评为“全国优秀高等教育研究机构”。

三是继续教育服务平台。学校积极搭建继续教育服务平台，与华孚色纺有限公司共同创办华孚大学；搭建全国首家工业废水处理工实训基地等社会培训平台，提供多项省中小学教师专业发展项目培训。学校出台了多项管理制度，规范培训过程，保证培训质量，提升培训内涵。在学历教育方面，与省内多家企业合作开展“双元制”教学，共为企业培养了1495名大专毕业生；在专业及技术培训方面，依托优势专业群，围绕“十三五”新兴产业规划中的五大领域及八大产业，开展网络技术、企业安全生产标准化、公共营养师、AHA救护培训、BIM应用技术等行业企业培训700多项，共计培训81705人次；在技能鉴定方面，积极参与企业技能人才自主评价工作，与多家企业合作开展中级工、高级工人才鉴定工作。

(3)项目引领，推进深内涵发展

①专业领航项目。

学校适应国家产业发展战略和区域产业规划布局，对接产业新业态和新技术发展，应对新高考改革，进一步完善专业动态调整及招生指标测算的综合评价模型，不断优化学科专业。围绕浙江省七大万亿元和金华五大千亿元产业，重点建设装备制造、电子信息、文化教育、健康服务、网络经济、现代农业等六大核心专业群，形成了“集群发展、突出重点”的区域服务型高职专业体系特征。学校实施“特色专业领航计划”，先分为专业群领航和创新领域试点两类专业，再划分 A、B、C 三个层级，A 类专业瞄准国内领先，B 类专业定位省内一流，C 类专业为校内骨干，分层分类推进专业建设。深入实施特色专业领航计划，开展创新领域试点。近年来，通过持续培育共建设 12 个“专业群领航专业”和 12 个“创新领域试点专业”，获批省优势专业 6 个、省特色专业 6 个、省四年制高职人才培养试点专业 2 个、教育部职业院校专业示范点 2 个、教育部现代学徒制试点专业 2 个，主持和联合主持国家专业教学资源库 2 个，承担教育部专业教学标准开发 3 个，获得国家级教学成果奖二等奖 7 项，省级教学成果奖一等奖 5 项、二等奖 5 项。

②特色培养项目。

学校以分层分类培养、校企协同育人、赛教融合为重点，开设各类特色小班，推动人才培养改革。电子信息专业群实施面向新兴领域的“分流分层、多元结合”培养；学前教育专业探索职前三年“走园”、职后三年“驻园”的“三三制”卓越幼儿教师培养；装备制造专业群开设学研互动的“工程创新班”；经管类专业开设跨专业的“新经济青年领军班”；汽修、酒店管理专业开展教育部现代学徒制试点。积极开展赛教融合的教学改革，实施竞赛项目、企业项目、科研项目等的教学化改造，连续三年全国职业技能竞赛获奖总数和一等奖数位居全国高职院校之首。

③教学创新项目。

学校以课程升级建设、信息化资源建设和应用为重点，深入实施“六个一批”教学创新项目，即一批优质平台课程、一批优质实训课程、一批示范微课、一批精品资源共享课、一批创新课堂、一批课堂教改项目，三年培育 290 项。以平台整合、资源集成、课程使用与管理为重点推动信息化教学资源平台的转型升级，在超星、智慧职教、蓝墨云班等平台上开设课程达 1360 余门。其中，立项国家级精品在线开放课程 1 门，是全国高职 22 门之一，通过省级首批精品在线开放课程认定 4 门、立项 15 门、在建 23 门。丰富课程建设与改革的理念与路径，对接职业标准、竞赛标准、国际标准，加强方向课程、新技术课程开发，如电子信息专业群引入世界技能大赛标准开发课程，覆盖生产实际的完整工作过程和典型工作任务。完善学分互认、课程替代、第二课堂等学分制相关制度，建立多渠道的学业指导、预警和帮扶制度，选修课、小班化教学和分层分类教学学时占总学时的比例分别达到了 43.8％、47.6％、41.2％。

④双创三航项目。

学校独立设置实体化运行的创业学院，融入互联网乐乐小镇，实施启航、领航、远航“三航工程”项目，全面深化创新创业教育。实施启航工程，通过双创通识课程教学、双创体验、社团活动等，实现双创教育全覆盖；实施领航工程，通过课程融合、项目培育、专业辅修、项目实战等，实现双创经历覆盖 15%；实施远航工程，通过“2+1” 实验班、项目孵化、自主创业等，实现双创成功孵化覆盖 5%。学校致力于促进创新教育与专业教育协同发展，2018 年开展了专创融合课程建设工作，从已将创新创业教育融入人才培养方案的专业中，遴选部分能突出创新创业教育的通识课程、专业平台课和专业核心课程，以及在建或拟申报的各级在线开放课程，升级改造为专创融合课程，将学科最新发展成果和创新创业知识融入专业课堂，突出实务、实战模块课时的比重，首批立项 18 门课程。

3. 全面保障，为项目开展提供支撑

(1)组织与管理

学校成立相关领导小组、出台各项政策文件，通过建立学校章程、规范二级管理、完善目标责任制考核、提升信息化水平、加强建设平安校园等举措，完善内部治理，从制度层面、机制层面、技术层面、安全层面全方位为优质校的实施提供保障。

(2)信息与数据

学校及时跟进云计算、大数据、物联网、移动应用等新技术，进一步完善智慧校园建设，通过信息化技术为优质校建设各项任务的开展提供保障。专门开发了重点校建设任务管理系统，定期申报进度、汇总成果，实行项目信息化、规范化管理，以提升项目管理效率。

(3)研究与推广

学校积极开展优质校建设研究，承担了教育部职成司委托课题组委托的“优质专科高等职业院校建设研究”项目，并完成研究报告。学校多次在国家优质高职院校建设推进会、全国优质高职交流研讨会、教育部高职教育创新发展行动计划工作会议等大型交流研讨活动上做典型发言，分享建设经验，接待了 20 余所兄弟院校来访交流。

4. 回顾反思，向着新的目标奋进

经过一个阶段的优质校建设，金华职业技术学院朝着既定目标稳步迈进。根据教育部公布的 2018 年高职教育质量年报数据，学校入选教学资源、国际影响力、服务贡献、实习管理 4 个项目的全国 50 强，成为全国 8 所拿到全部 50 强项目的“大满贯”高职院校之一。

新的发展形势，对职业教育提出了新的要求。学校不断回顾、反思和总结，寻找自身存在的问题和未来发展面临的挑战：一是专业转型升级的力度有待加强，专业在区域经济社会发展中的不可替代性还需进一步提升；二是产教融合程度需进一步加深，社会服务的宽度和广度需进一步挖掘；三是高层次科技研发、高技术含量的企业生产技术攻关项目还需要进一步拓展；四是业内具有领军地位的高层次人才相对欠缺，高层次人才的引领作用还需进一步发挥。站在国家职业教育改革发展的新起点上，金华职业技术学院不断探索、砥砺奋进，朝着更高的目标继续迈进。

三、天津职业大学：标定方位，协同发展，创新时代高职发展新范式

“十三五”以来，天津职业大学为贯彻落实党的十八大、十九大精神，根据教育部《高等职业教育创新发展行动计划（2015—2018 年）》《天津市高等职业院校提升办学能力建设项目管理办法》《天津市“双一流”建设项目实施细则》，以立德树人为根本任务，以建设天津创新示范、国内领先、世界先进水平的优质高职院校为目标，以 46 个任务和 15 个项目为抓手，实现人才培养质量提升、专业综合实力提升、师资队伍水平提升、应用研究能力提升、服务发展能力提升、国际办学水平提升等方面的新突破，达到了创建优质高职院校的预期目标。

1. 主要举措

天津职业大学坚定不移地走中国特色社会主义教育发展道路，以“内涵建设，质量提升”为基调，以提高人才培养质量为核心，以建设一流的高职院校、一流的专业体系、一流的师资队伍、一流的学校文化、一流的应用研究、一流的服务发展、一流的保障体系等行动计划为主线，全面推进人民满意学校创建工作。

（1）一流高职院校行动计划

在首批国家示范校基础上，学校相继启动了国家优质高职院校建设行动计划和世界先进水平高职院校建设行动计划。计划到 2020 年，学校整体建成国内领先、国际有影响的国家优质高职院校；到 2030 年，学校整体水平建成为世界先进水平高职院校；到 2050 年，学校建成为世界先进水平前列高职院校。

（2）一流专业体系行动计划

坚持“优化结构、按群建设、分类指导、做强做特”的发展思路，建立以产业结构调整为驱动的专业动态调整机制，推进“国家级、市级、校级重点专业”三层递进的专业建设体系，重点建设 10 个优势专业群，到 2020 年，13 个骨干专业达到天津市领先水平，6 个优质骨干专业达到国内领先水平。持续深化产教融合、校企合作，支持组建“职教集团”，推进“现代学徒制”人才培养模式改革，探索“五业联动”专业发展模式，支持专业与行业领军企业共建“联合培训中心”“协同创新研发中心”“技能大师工作室”“工作坊”等技术技能应用与创新基地，探寻技术技能提档升级的活力源泉，促进专业标准与产业标准接轨。持续推进国际化专业建设，以《悉尼协议》建设范式为切入点，以国际化师资建设为着力点，以国际化课程建设为突破点，全面实施《悉尼协议》为范式的专业建设和 OBE 课程开发，促进专业建设与国际职业教育质量标准接轨。持续推进专业服务产业能力项目、课堂教学综

合改革项目和专业教学资源库建设项目。

(3)一流师资队伍行动计划

实施“铸魂工程”,构建师德建设制度体系,完善教师思想政治和师德教育机制,开展“教学楷模”“德技双馨教师”等先进典型的选树表彰活动。实施“引智工程”,瞄准高层次专家学者、聚集专业领军人物,完善出台人才引进配套政策,建立人才推荐、引进奖励机制。实施“助飞工程”,做好校内专业领军人才和后备领军人才的遴选和培养工作,对自主培养的各类人才给予科研启动资金及专业培训支持,充分发挥教师发展中心作用,建立健全教师培养培训体系,开展新教师适岗培训、专业建设能力培训、信息化教学培训、教学能力提升培训。实施“孵化工程”,启动协同创新教师团队“孵化工程”,选拔建设校级技能大师工作室,遴选和培育市级、国家级技能大师;完善落实专业教师企业实践五年规划,提升专业教师实践应用和技术技能水平。

(4)一流学校文化行动计划

坚持“服务为本、应用为根、质量立身、卓尔不群”的办学理念,秉承“育德育能、力实力新”的校训,发扬“勤奋、求实、团结、创新”的校风,以“育人为本,全面发展”的理念为指导,持续推进“优秀文化”弘扬工程、“五风建设”浸润工程、“一院一品”特色工程、“课程育人”教改工程、“创新创业”教育工程、“竞技文化”普及工程,构建“教书育人、环境育人、活动育人、管理育人”的新格局,加强中国优秀传统文化教育,弘扬社会主义核心价值观,培养全面发展的社会主义建设者和接班人。

(5)一流应用研究行动计划

坚持“以研促教、以研致用、以研育人”的科研强校理念,完善科研引领与专业建设和人才培养协同发展的机制,探索建立以创新和贡献为主导的教师科研绩效评价机制。加强分层分类指导,采用重点培养与普遍培训相结合的方式,打造高水平自然科学研究团队、高水平哲学社会科学研究团队,高水平科技服务团队。创新产学研用一体化的合作模式,探索建设集实训教学、生产经营、技能鉴定、技能大赛练兵、学生社团活动、师资培养、社会培训和技术服务等功能于一体的工程技术中心。加强与区域科技主管部门协作,增加科技特派员数量和数量,提高知识产权转化成功率。

(6)一流服务发展行动计划

坚持“立足区域,服务大局”的社会服务理念,围绕“中国制造2025”、天津市“一基地三区”发展定位,实施供给侧结构性改革,调整优化专业结构,增强人才的社会适应性,发挥学校应用技术研发优势,以智力和技术并举,增强服务区域产业升级转型、服务民生的社会贡献力。加强对口交流、支援和合作,积极跟进“一带一路”“京津冀协同发展”“雄安新区”“精准扶贫”等国家发展战略和倡议,发挥学校首批国家示范校、全国重点建设职业教育师资培养培训基地的辐射作用,通过建立海外“鲁班工坊”、设立天津职业大学威县分校、实施“互联网＋教育培训”行动、帮扶西部地区职业教育发展、成立农村流动培训站等形式，增强学校服务国家发展服务人民的社会贡献力。

(7)一流保障体系行动计划

坚持深化内部管理体制改革，主动承担天津市市属高校全职化改革试点任务，实施以激发活力为方向的人事制度改革，增强发展动力，释放办学活力。构建“多方联动、协同监管”的项目管理机制、“瞄准前沿、协同创新”的项目建设机制、“专题培训、分享提高”的项目推进机制、“学校督查、学院自查”的质量双查机制，确保优质校建设任务、责任、成果落实到位。按照“需求导向、自我保证、多元诊断、重在改进”的质量保障工作方针，建立学校、专业、课程、教师、学生不同层面的目标链、标准链，形成螺旋递进的常态化自我诊断与改进机制。

2. 特色创新

(1)实训教学对接生产业务，产学融合炼技术能手

为满足天津经济社会快速发展对机电类人才的需求，学校将金工实习场和校办工厂合并为机械工程实训中心，成为学校机电类专业产学融合教学基地。机械工程实训中心按照学校教、学、做一体化的教学改革，积极探索产学结合实训教学模式，不仅培养学生的职业素养、专业知识和专业技能，而且在生产、教学、竞赛指导锻炼中提高了教师双师能力。到目前为止，机械实训中心教师获“全国技术能手”称号的教师已达 6 人，机电类专业学生参加天津市高职院校数控技能竞赛，获一等奖 47 项，占一等奖总数的 57.3%；参加全国职业院校技能大赛数控加工类竞赛，获一等奖 3 项。

(2)引世界企业项目落户，破专业技能升级困境

学校持续推进产教融合、校企合作，吸引林肯(中国)天津技术培训中心、华为 ICT 学院等一大批项目纷纷落户我校。其中，汽车学院与林肯(中国)共建了国内首家林肯校企合作基地——林肯(中国)天津技术培训中心，既是林肯(中国)新车型、新技术、新工艺的推广中心，又是我校汽车专业技术技能人才的校内学训中心，教师先期熟悉林肯产品及相关技术标准，接受新车型、新技术、新工艺的专业技能培训，并将企业标准融入课程教学。世界级企业项目的落户解决了专业技术技能与世界先进技术同步的难题，成为专业技术技能积累与升级、保持专业活力的源泉。

(3)贴身帮扶＋造血帮扶，助力西部职教内涵建设

学校认真落实精准扶贫战略，充分发挥教育资源优势，先后结对帮扶新疆职业教育、云南红河州职业教育。帮扶新疆中、高职院校 12 所，扶植建设专业 15 个，长期培训专业师资 92 名，短期培训教师 1150 余人次，管理人员培训 10 名，带动和田职业技术学院专业教师开展应用技术服务 200 人次，学校获得第七届市政府颁

发的民族团结先进称号，获赠新疆艾德莱斯绸手工织布机。帮扶云南红河州中、高职院校23所，培训师资300余名，为红河州农业学校、红河州民族师范学校等4所学校进行了专业建设、实训基地建设指导，出资20万元援建石屏县职业高级中学"组培实验室"生产性实训基地，配套900平方米大棚，开发铁皮石斛等12种农作物实验室栽培，4种推广到农作物大棚量产。

3. 建设成效

(1)学校发展目标更加明确

"十三五"以来，围绕建设国家优质高职院校的既定目标，深化教育教学改革，内涵质量建设得到进一步提升，学校先后入选全国高职院校"实习管理50强""服务贡献50强""教学资源50强"，学校主持项目获国家级教学成果奖3项，参与项目获国家级教学成果奖1项、主持项目获市级教学成果奖9项，参与项目获奖1项，行业专业指导委员会教学成果奖5项。全国职业院校增材制造技术应用中心、国家级技能大师工作室、天津市科委科技成果转化中心、天津市包装生产线技术工程中心、首批天津市高校众创空间、林肯(中国)天津技术培训中心、华为ICT学院等一大批项目纷纷落户我校。

2017年9月，天津市将天津职业大学列入"双一流"建设行列，扶持建设世界先进水平高职院校。2018年9月，在学校召开的全校教育教学工作大会上，明确提出了建设世界先进水平校的目标愿景、总体任务、重点领域和发展举措，建设中国特色高水平职业院校、世界先进水平校成为全校师生的共识和行动，并编制出台了《天津职业大学世界先进水平高职院校建设2020行动计划》《天津职业大学专业动态调整实施办法》《天津职业大学课程思政建设实施办法》《天津职业大学高层次人才引进实施办法》《天津职业大学教学信息化实施办法》《天津职业大学内部质量保证体系诊断与改进实施方案》《天津职业大学落实京津冀协同发展教育专项规划工作方案》等支撑建设世界先进水平校第一阶段目标系列文件。

(2)专业综合实力持续提升

学校不断加强专业内涵建设，专业核心竞争力、专业影响力显著增强，专业特色和专业品牌逐渐呈现。2016年，学校13个专业获批天津市骨干建设专业，两个专业获批"天津市高等职业院校优质专业群对接优势产业群项目"建设专业，老年服务与管理专业入选教育部首批现代学徒制试点专业；2017年，学校6个专业获批天津市优质骨干建设专业，烹调工艺与营养和数字媒体应用技术专业入选教育部第二批现代学徒制试点专业；2018年，计算机网络技术专业入选教育部第三批现代学徒制试点专业，机电学院代表学校获机械工业教育发展中心、全国机械职业教育教学指导委员会"全国机械行业服务先进制造高水平骨干职业院校"称号。近三年，学校老年服务与管理、酒店管理、旅游管理、机械制造与自动化、烹调工艺与营养专业先后分别被确定为全国职业院校健康服务类、全国职业院校旅游类、全国职业院校装备制造类、全国职业院校餐饮类专业示范点，6 个通过天津市国际化专业教学标准建设专业验收，6 个专业取得与天津科技大学、天津商业大学等开展联合培养应用型、高端技能型人才试点工作。

(3)人才培养质量持续提高

学校以提高人才培养质量为核心，树立以学生发展为中心的教育理念，深化教育教学改革，人才培养水平和培养质量逐年提高。学校先后荣获首届“黄炎培优秀学校奖”、全国普通高校毕业生就业工作先进集体、全国毕业生就业典型经验高校、全国职业院校就业竞争力示范校、天津市大学生思想政治教育工作优秀单位、天津市高职院校辅导员培训基地、天津市首批大学生思想政治教育新媒体示范校等多项荣誉。学生应届毕业生“双证书”获取率达到 96%，就业率稳定在 97% 以上；学生获国家级技能竞赛奖励 21 项，其中一等奖 5 项；获全国大学生电子设计大赛、数学建模竞赛一等奖 3 项、省部级竞一等奖 26 项；获市级大赛奖励 157 项，一等奖 33 项；一位学生入选世界技能大赛国家集训队。

(4)师资队伍实力持续增强

学校人才引培力度不断加大，队伍建设举措日趋完善，打造了一批具有卓越技术实力和社会声誉的教学大师和教学团队。其中特支计划国家级教学名师 1 人，国务院政府特殊津贴 2 人，国家级技能大师 2 人，全国优秀教师 2 人，天津市人才发展特支计划名师 1 人，天津市教学名师 6 人，黄炎培杰出教师 6 人，天津市安全生产专家 1 人，行业职业教育教学名师 2 人，全国技术能手 9 名，国家级优秀专业教学团队 2 个，首批全国高校黄大年式教师团队 1 个，天津市优秀专业教学团队 1 个，教育部优秀教学科研团队建设项目 1 项，拥有行业职业教育教学指导委员会副主任委员 4 名、委员 13 名。获批李建国国家级技能大师工作室、仇久安市级技能大师工作室、天津市包装生产技术工程中心。教师在全国和天津市各级各类信息化教学比赛中取得丰硕成果：共获得全国多媒体课件大赛一等奖 14 项，二等奖 12 项，三等奖项，优秀奖 3 项；全国职业院校信息化大赛一等奖 3 项，二等奖 6 项，三等奖 7 项；天津市职业院校信息化教学大赛一等奖 11 项，三等奖 11 项。全国职业院校教师微课大赛一等奖 6 项，二等奖 3 项，三等奖 9 项，优秀奖 7 项，优秀组织单位奖 1 项。

(5)应用研究能力持续加强

学校各方汇聚技术技能积累与创新资源，积极构建平台、建设团队、承接项目，应用技术创新研究能力不断提升。与天津大学、中海油天津化工研究设计院等有关高校、科研院所合作推进重点项目研究，挂牌天津大学职业技术教育学博士(硕士)研究生培养基地；与重庆眼镜产业园、天津市河北区科技园等行业企业合作共建技术研发中心。学校获得各类纵向科研立项 160 余项，其中省部级 69 项，纵向科研项目到账金额 1619 万元；开展横向科研项目 200 余项，横向技术服务到款额 2745 万元，成果转化到款额为 407 万元；发表论文 600 余篇；申请专利 1078 项，专利授权 713 项；建成 11 个应用技术研究中心、4 个协同创新中心及青年教师研创培育基地。

(6)服务发展力度持续加大

学校积极服务“京津冀协同发展”战略，与北京曹妃甸职教城投资有限公司、曹妃甸职业技术学院签订《京津冀校企合作战略框架协议》，推进首批师资培训和科研项目开发；与河北省容城职教中心签订战略合作协议，推进帮扶师资建设、学生技能培训鉴定、专业建设、劳动力输转培训等合作项目；推进与河北省威县职业教育中心对口支援项目，筹建天津职业大学威县分校；牵头组建京津冀汽车专业职教集团、京津冀文秘速录专业职教联盟、京津冀眼视光专业职教联盟、京津冀餐饮服务职教联盟。积极服务“雄安新区”建设，与雄安新区管委会签订战略合作协议，建设雄安新区天津职业大学培训基地；积极服务“精准扶贫”战略，完成与云南红河州职业教育、新疆阿克苏职业技术学院、和田职业技术学院等单位的对口支援建设工作。

(7)合作办学显著加快

学校注重交流交往和学术合作，以“引进来、走出去、深融合”为指导原则，在持续扩大交流规模的同时，更加注重文化之间的相互借鉴。在促进学校合作办学水平发展方面，学校与美国、俄罗斯、韩国、日本、泰国及我国香港、台湾地区多所高校缔结合作校关系，开展了短期培训、访学研修、学术交流、合作研究等多层次交流活动，提升了师资建设水平、专业建设水平。在促进学校合作办学影响方面，学校启动了与韩国朝鲜大学、釜山外国语大学等高校的交换生合作项目，持续深化与泰国来华留学生学历教育项目；持续推进与香港岭南大学合作开展港生普通话培训和专业顶岗实习等活动，至今共接收 647 名学生来校学习；举办“天津职业大学台湾高校验光配镜（高级）培训班”，对台湾中台科技大学学生开展视光师培训 126 人；承办了高水平国际会议 3 场，增强了中国与沿线国家的文化交流与沟通。

4. 存在问题

“十三五”以来，学校优质校建设各项工作取得了显著成绩，但从“双一流”整体建设看，仍面临着诸多挑战，存在着许多困难和问题：一是从落实立德树人的根本任务看，离全员、全过程、全方位育人的要求还有差距，学风、教风建设还需进一步加强；二是从教学理念上看，部分课堂教学缺乏活力，对学生缺乏吸引力，教师更多关注如何教，但对学生学习目标达成方面关注得不够；三是从师资队伍看，存在师资队伍整体数量不足，缺乏行业有影响力的大师级专业带头人，教学能力和科研水平需要进一步提升；四是从专业发展上看，在全国同领域具有特色和优势的顶尖专业数量不够多；校企合作开展不均衡，部分专业群缺少在行业有影响力的合作企业，行业发展新业态、新技术和新模式融入人才培养过程还未形成常态机制；缺少标志性的国际合作项目，专业的国际化水平亟待加强。

四、襄阳职业技术学院："深、聚、优、特"引领，实现地方高职跨越式发展

湖北省教育厅乘教育部《高等职业教育创新发展行动计划（2015—2018年）》（教职成〔2015〕9号）之东风，强化统筹，既充分发挥国家示范（骨干）高职院校的带动引领作用，也调动其他院校自主建设优质校的积极性，以"办学定位准确、专业特色鲜明、社会服务能力强、综合办学水平领先、与地方经济社会发展需要契合度高、行业优势突出"为目标，全省35所高职立项创建优质高职院校。3年来，湖北省教育厅立项建设了85个高职教育品牌专业、187个特色专业、88个职教技能名师工作室，设立了113个应用技术研究中心，命名了近200个职业教育示范性校外实习实训基地，探索了普通本科高校与高职院校联合培养技术技能型人才试点工作，为"一带一路"沿线国家和地区开展培训万余人次，年均开展农村劳动力转移培训100多万人次等。湖北省高职教育优质资源不断扩充，服务能力显著增强，人才培养质量逐年提高，有效改变了高职教育"体量大而不够强、产教合而不够深、专业全而不够特、质量有而不够高、师资足而不够优"的局面，奋力谱写了新时代湖北职业教育高质量发展的新篇章。

襄阳是湖北省域副中心城市和汉江流域中心城市。襄阳职业技术学院是襄阳市规模最大的高等职业院校和国家骨干高职院校，3年投入2.5873亿元进行优质校建设，践行"深、聚、优、特"四字"真经"，从深化教学改革、聚力政校企行、优化教育资源、培育特色人才等方面明确优质校建设的目标、内容、路径和举措，推动学院内涵建设不断升级和突破，取得多项标志性成果，综合实力显著增强，蝉联"高职院校服务贡献50强院校""高职院校创新创业示范校50强""全国职业院校就业竞争力示范校""中国职业教育就业百强"等荣誉，为区域经济社会发展提供了坚实的技术技能人才保障和社会服务支撑。

1.深：深化改革促内涵升级

襄阳职业技术学院主动适应国家经济建设和职教发展提档需求，先行先试，深化改革，精准发力，助推优质校建设内涵升级。

（1）深化专业改革，升级专业品质

学校秉持"对接产业、聚焦内涵、凸现优势、建成品牌"理念，建立了"国家、省、校"三级重点专业建设体系，3年投入3100万元持续做优品牌特色专业、做精专本连读和现代学徒制试点专业、做强创新发展行动计划国家级骨干专业。2018年以来，为了更好适应产业结构转型升级，学校紧贴区域产业发展规划，以"专业基础相通、技术领域相近、职业岗位相关、教学资源共享"为原则组建了11个专业群，

将之作为学校深化教学改革的重要突破口。组建的专业群“团队作战”比传统专业的“单打独斗”更有区域适应性和稳定性，稳固发挥了与区域经济之间的协同联动关系。

(2)深挖人才潜力，升级师资水平

培养与引进“双轨并行”，有计划有组织地培养专业水平过硬、科研服务能力强、行业影响力大的专业群领军人才；专业实行校企“双带头人”制度，着力培育“教学名师”和“技能名师”；按照“分层分类，名师引领，阶梯提升”原则助力青年教师成长和骨干教师团队培养，全面提升教师专业能力、实践创新能力、信息技术应用、教科研和社会服务能力。“育人”有力度，“引才”有强度，“留才”有气度，“用人”有宽度，构建高品质的用才环境和教师发展环境，初步形成了以“专业群领军人才为引领，专业群带头人和专业带头人为核心，省级名师、省级技能名师、国内外访问学者和学校双名教师为骨干，企业教师来助力”的结构合理、素质优良、专兼结合的教师队伍。建成了 29 个“双师型”教师培养基地，双师素质教师占专业教师总数 93%，培养了省级教学名师和“楚天技能名师”20 人，建设了 8 个教学名师工作室和技能大师工作室。

(3)深执双创理念，升华成长路径

在“创新引领创业、创业带动就业，面向全体学生、覆盖所有专业”理念引导下，构建了学生创新创业“五级成长链”：

①意识唤醒。实现创新创业教育全覆盖，入脑入心，播下良种，唤醒在校大学生的创新创业意识。

②平台晒梦。组建襄阳市大学生三创(创意、创新、创业)俱乐部、晒梦街、创业咖啡等公共众创空间和 22 个专业型创客空间，每年举办科技创新文化节和创业计划大赛，让全体学生参与到众创实践活动中。

③苗圃孵化。为学生创业团队提供基础商务服务和创业扶持政策，帮助他们开展创业项目运营拓展。

④园区启航。为初创企业提供个性化延伸服务，对接金融机构、指导项目路演、精准技术扶持等，帮助企业度过初期发展的困难，步入成长期。

⑤区域辐射。实施“一县一品一园”工程，将服务和技术向周边县市企业辐射，以成立分园的形式解决县市区当地技术难题，促进项目产业化，助推区域经济协同发展。

(4)深耕教学诊改，升级教学质量

自 2016 年以来连续 3 年进行教学诊断与改进工作，始终坚持目标导向和问题导向，立足自身发展实际，确立了“逐年诊改、有所侧重、螺旋提升”的诊改思路，建立了架构完备的诊改组织体系，调整了质量目标 15 类，修订完善了学校、专业、课程、教师、学生五个层面的质量标准和制度 18 大类 1265 个，逐渐完善了质量目标体系、标准体系、制度体系，形成了“说、做、改”教学诊改工作特色。借“说”的方式亮目标、亮差距、亮思路，按“做”的要求提认识、提措施、提能力，用“改”的力量抓问题、抓工作、抓落实。诊改工作成效明显，教育教学质量逐渐提升，学院自主保证人才培养质量的教学诊改常态化机制、自律性质量文化逐渐形成，成为湖北省第一所接受诊改复核并获得复核专家组一致好评的高职院校。

2. 聚：聚力政校企行增效能

坚持“开放办学”和“融合发展”的理念，紧密团结四方力量，为优质校建设提质增效。

(1)聚政校企行之力强保障

学校不断完善“政、校、企、行”四方联动合作办学机制，为优质校建设提供了强有力的机制保障。学校层面成立由市长任理事长的“合作办学理事会”，推动政府持续出台加强优质校建设的优惠政策；院系层面成立由行业主管部门主导的“校企合作工作委员会”，通过行业整合区域企业资源，统筹落实产教融合、校企合作政策和措施；专业层面成立由学校主导、企业参与的“专业合作建设委员会”，参与人才培养全过程。3 年来与政府、企业联合开展订单培养 5124 人，联合培育区域产业和经济建设发展“用得上、留得住”的技术技能人才。

(2)借企业之力深化合作育人

建筑工程学院“双主体双导师”混合所有制项目已在教育教学运行模式上形成实质性混合，基于企业真实任务开发了独具特色的理实一体课程体系，促进了学生学习成果的迅速转化。汽车检测与维修、建筑装饰工程技术、畜牧兽医、酒店管理专业践行了校企联合招生、联合培养、一体化育人的现代学徒制人才培养模式，充分发挥企业主体作用，从改革试点走向成熟的经验推广。学院与技术先进、管理规范、社会责任感强的龙头企业、规模企业共建实训基地 355 个，有效满足了学生轮岗和顶岗实习所需。

(3)凝社会之力提升服务品质

与中科院和各级政府合作，打造了刘嘉麒和王天然两位院士领衔的院士工作站、湖北麦冬工程技术中心等 17 个科技平台类创新发展项目，服务区域产业结构升级；争取到国家智能制造开放性技能实训基地、汽车制造与装配技术专业虚拟仿真实训中心等 4 个产业公共服务平台落户学院，提升社会服务品质；牵头组建了湖北汽车工程职教集团、湖北现代畜牧业职业教育集团、襄阳职教集团等，资源共享，协同育人。3 年来立项建设国家社科基金项目 1 项、国家教育科学规划重点项目 2 项、教育部人文社科基金 2 项、国家星火计划科技项目 1 项，完成省部级以上教科研项目 138 项，获得国家级教学成果奖、湖北省重大成果奖等各级教科研奖励 136 项、国家专利 123 项。

3. 优：整体优化提水平

紧跟职业教育快速发展的时代步伐，优化治理和教学体系，为优质校建设提挡加速。

(1)优化治理体系，提升管理效能

完善了以学院章程为引领、党委领导、校长负责、教授治学、依法治校、民主管理、社会参与的内部治理结构；重塑职能分工，通过放权、明责、增效，优化人、财、物等办学资源的配置，强化责、权、利相统一，激发二级学院办学主体地位，构建了集约高效、服务专业发展的校院两级管理体系；建成以目标管理为导向、突出实绩和贡献评价的全校、全员考核、分配机制，学校管理效能大为提升。

(2)优化课程体系，提升人才质量

搭建了素质素养平台、技术技能平台、创新创业三个平台，逐渐构建起“基础共享、核心分设、拓展互选、能力递进”的专业群课程体系。一是根据高素质技术技能人才必备的通用素质与能力要求设置公共通识能力课程，二是面向产业链和岗位群通用的基础理论和基本技能构建专业通用能力课程，三是根据专业群内不同的专业(或专业方向)分设专业核心能力课程，四是普及创新创业的基础知识与素养，构建创新创业基本能力课程，五是开设具有专业背景、多元化的创新创业限选课程，构建创新创业专门能力课程。

(3)优化实践体系，强化技能训练

根据学生认知规律和能力形成规律，按照从简单到复杂、从单项到综合的逻辑线索，构建了从单项技能训练、综合实训到顶岗实习、毕业设计层层递进的实践教学体系。实践教学体系更加突出与职业资格标准、行业技术标准、省级和国家级技能竞赛标准对接，设计开发了每个专业核心技能训练项目，严格落实每个实训项目的训练计划，确保专业核心技能项目、省赛国赛项目“面向人人，人人过关”。

(4)优化信息资源，提高课堂质量

主持国家级专业教学资源库2项(其中特殊教育专业资源库已于2018年通过教育部验收)，进入国家专业资源库备选1项，创新发展行动计划立项建设省级资源库3项、省级精品在线开放课程9门。依托职教云平台，每位任课教师和在校学生分别建有教学空间和学习空间，通过泛在网络，移动、个性化的学习方式已形成，线上线下混合教学、翻转课堂普遍应用，有效提升了课堂教学质量。3年来教师获得60余项国家和省级信息化教学比赛奖项。“特殊教育专业资源库”和“大学语文课程”建设团队多次在职教专业教学资源库建设研讨会、高职院校优质教学资源共建共享研讨会等全国会议上做专题交流。

4. 特：内涵提升显特色

学院在“问题导向、综合改革、整体提升、重点突破”的优质校建设历程中磨砺、创新和发展，打造襄阳职业技术学院特色名片。

(1)“一纳入四融合”创新创业教育特色

创新创业教育纳入人才培养全过程，创新创业课程与专业课程融合，创新创业导师团队与专业教师队伍融合，创新创业平台与专业实习实训基地融合，创新创业文化与校园文化融合。为此，学校分批建设了以“沃野”国家级星创天地和3个省级创客空间为代表的22个专业化创客空间，建成了以必修课、专业限选课、优质在线课为体系的创新创业教育课程群。成立了大学科技园，投入创业实践孵化场地5万平方米，培育孵化创业项目169个，争取项目资金800余万，助力近200家企业逐步壮大，提供就业岗位2261个，年创产值2.5亿。

(2)“四化协同”社会服务特色

学校主动与政府、行业、企业、社区对接，构建服务定位地方化、服务平台立体化、服务供给多样化、服务机制长效化的社会服务模式，把学校打造成区域技术技能积累中心。3年来年均完成科技服务项目230项，年均开展社会培训和技能鉴定18万人日以上；帮助160多家企业解决技术、经营难题，创造直接经济价值1.1亿元；研发推广的襄麦冬优质高产栽培技术、葡萄茎尖脱毒技术等成果，促进经济增收1.3亿元。

(3)“334”质量保障特色

全面实施班级责任制、课堂责任制、岗位责任制三个责任制为主体的质量管理制度体系，构建学院、院系、学生三个层面的三级督导体系，建成“政府、行业”双主导、“学院、企业”双主体的四方联动合作办学与质量评价机制。“三个责任制”以精准性来定位和强化相应岗位人员的质量、责任和业绩意识。“学院、院系、学生三级教学督导监控体系”强化了质量督导与监控的全覆盖、多层面、广视角，注重工作结果的应用。“政、校、企、行四方联动的合作办学与质量评价机制”推进了办学机制和质量评价机制的深化。

5. 面临的主要挑战

(1)学院需要优化各创新主体协同机制，有效汇聚创新资源和要素

突破创新主体间的壁垒，充分释放彼此间“人才、资本、信息、技术”等创新要素活力，我院还需做到：①进一步加强与市县、园区、行业深度合作，建设兼具科技攻关、智库咨询、英才培养、创新创业功能，体现学院特色的产教融合平台，服务产业升级和区域发展。②专业群进一步提高集聚度和配套供给的能力，做深做强，与国家重点、业界领先企业深度合作，建设兼具产品研发、工艺开发、技术推广、大师培育功能的技术技能平台，服务重点行业和支柱产业发展。

(2)需要进一步适应开放格局，实质性扩大国际交流合作

立足于建立国际交流与合作的良好互动平台，配合国家战略，服务“一带一路”倡议，引进“一带一路”沿线国家学生来校学习。开发国(境)外认可的专业教

学标准和课程标准，引进与利用职业教育发达国家的优质教育资源，并结合学校实际进行本土化改造。建设一支既懂专业又有语言优势的高水平国际化人才队伍，提升在国际舞台上的话语权。

百年积淀厚，襄职正芳华。襄阳职业技术学院在巩固、应用优质校建设成果基础上，正以强烈使命感和高度责任感扎实推进“高水平高职院校和高水平专业建设”，奋力实现“省内领先、全国一流”的高质量发展目标。

五、铜仁职业技术学院：立足优质强内涵，服务地方显特色

为贯彻落实《国务院关于加快发展现代职业教育的决定》和教育部印发的《高等职业教育创新发展行动计划（2015—2018 年）》，贵州省教育厅聚焦人才培养质量，印发了《贵州省高等职业教育人才培养质量提升工程实施方案（2016—2018 年）》开展了十大项目的申报与评审工作。

铜仁职业技术学院围绕“世界水准，中国特色，铜仁标志”的办学目标，以省级优质校创建为契机，以深化重点领域改革为突破口，以建设高水平专业为重点，以人才质量提升工程项目为支撑，通过三年建设，打造了高职教育的“贵州样本”。

1. 优质校建设主要举措

（1）优结构、强内涵，打造骨干专业与专业群

坚持“紧贴产业设专业、瞄准支柱建骨干、重点专业集群化、协同创新做引领”的专业发展思路，积极优化专业结构、打造骨干专业与专业群。

①建立专业动态调整机制。围绕区域产业转型升级和铜仁市重点实施的“一带双核”工程建设需要，增设了生态农业技术等 4 个专业，调整或停办了设施农业与装备等 12 个专业，招生专业数从 2017 年的 48 个调整到 40 个，实现了专业办学与产业发展的同频共振。

②建立专业协调发展机制。按照“分类建设，递进提升”理念，形成以新专业、合格、骨干、示范四类专业为基本框架的专业发展构架，完善规划、优化标准，使骨干专业达 11 个（国家级 4 个）、省级骨干专业达 5 个，“一体多翼、多专业协调发展”办学格局基本形成。

③建立专业服务产业机制。通过整合专业的优势资源，打造民族中兽药制造等 2 个省级协同创新中心与杨军雄中国传统康复技艺等 2 个省级大师工作室。研发与推广思南黄牛养殖等技术标准 5 项，解决了技术难题近 10 项，产生效益近亿元，助推铜仁市重点发展的生态畜牧业、生态药业、医养一体三个支柱与优势产业产业的发展。

（2）创新建设模式，提升课程建设品质

①以完善课程“两链”为基础，提升课程建设水平。按照“学院管底线，专业建规划，课程出标准”的发展模式，完善“学院-二级学院-专业”三级课程规划，累计制

定院级层面课程建设规划 1 份、二级学院层面课程规划 11 份，专业层面课程建设规划 40 份；优化“合格、优质、特色、精品在线开放”四类课程的底线建设标准，累计建立与优化课程标准 200 余份，基于“目标与标准”的课程诊改机制基本建成。

②以课程评选与竞赛为载体，提升课程内涵。在教师全员说课、课堂教学人人达标教学活动的基础上，通过举办信息化教学比赛、精品在线开放课程评审、全员参与优质课评选等活动，有力推进了“多形式、多路径”的课程发展模式。

（3）多措并举，实施分层分类管理

通过建立“引进，培训，激励，管理”四大机制，采取严把“入职关、素质关、能力关、技能关、质量关”五项举措，多渠道多途径全方位打造师资队伍，全力提升教学质量。

①坚持“高标准”，严把“入职关”。一是完善教师激励与约束机制，按照“四个层次，十个要素”建设思路，制定和完善《铜仁职业技术学院教师准入标准》和《铜仁职业技术学院教师专业能力标准》；二是制定科学、全面、合理的教师激励和约束机制，将教师专业发展纳入考核评价体系，建立考核评价结果反馈机制；三是落实教师岗前培训制度。

②实施“名师工程”，严把“素质关”。一是引进和培育有影响力的专业带头人，搭建科学研究、社会服务、技术应用平台；二是引进和培养教学名师、技能大师；三是积极打造以教学名师和行业专家为核心的专兼结合的教学团队；四是大力实施师资队伍国际化建设项目。

③构建“发展平台”，严把“能力关”。一是加强青年教师培养，做好“以老带新”，重点培养师德修养、教学能力、科研能力、实践能力；二是以有效促进教师的教学能力提升、专业化发展、职业生涯发展为目标，建立教师发展中心，构建分类分层教师培养体系，建立与教师发展标准契合的激励制度和质量保证问责机制；三是充分发挥教研室等基层教学组织的创新和改革作用。

④实施“双师工程”，严把“技能关”。一是加强专业教师实践能力培养，落实教师企业实践锻炼制度；二是打通校企人力资源共享通道，实施多种形式的企业人才引进战略；三是按照德能并重原则，加强对兼职教师的监控管理，保证兼职教师的教学质量。

⑤开展“课堂改革”，严把“质量关”。一是建立健全教学工作评价机制，开展课堂课程教学改革，提高课堂教学质量；二是建立健全教学工作量评价标准和教学质量评价制度，实施教师课堂“诊改”制度；三是严把课堂教学政治关，完善师德考核办法，健全师德建设长效机制，实行师德考核“一票否决”制。

（4）夯实科研实力，助推区域经济转型升级

坚持以服务为宗旨，在服务中育人，育人中服务，着力培养下得去、用得上、留得住的高技能人才，创建科技惠农服务品牌，形成科技惠农服务特色。

①创新开展“校企对接”、“校农对接”、“农超对接”等产销对接机制。通过“共商共识共建共享共担”合作模式，建设特色农产品生产基地、教学基地等，深化“政行企校村、产学研推用”合作，提高人才培养、科学研究、技术服务的能力和水平。积极支持和鼓励学院各专业特别是涉农专业加强与涉农企业、农业园区等合作，将课堂搬到田间地头、畜禽圈舍，及时发现农村产业发展中的技术问题、技术难题等需求，并组建团队进行技术攻关。对接贫困村寨、农业企业和农业园区，积极探索和实践鲜活农产品校农直销方式，减轻农产品销售压力，降低农产品流通成本，让农户、师生从中获得实惠。

②建平台、搭桥梁，开展产学研协同创新。通过建站设点搭建服务平台，建章立制明确服务职责，配车建网制作服务“套餐”，派师进村打造服务名师，招企引项确保服务收入，建室立所提供服务场地，资源共享带动援校发展，走出国门招收海外留学生等重要举措，组建产学研合作创新育人平台，构建“立体式”网络服务体系，创建“一师一班一村一品”服务模式，开辟“走出去”“请进来”培训方式，为师生提供“教、学、做、训、研、推、产”一体化的实践条件。

③开展党建扶贫，提高村镇自我发展能力与水平。发挥学院在人才培养与党建方面的能力优势，积极派骨干教师驻村镇帮扶，为驻村教师做好服务。利用驻村工作“五步法”，开展“六宣一帮”工作，使“党支部＋合作社(村寨)＋贫困户”的农村产业扶贫模式开花结果，实现“职教一人、就业一人、脱贫一家”。

④建精准扶贫育人平台，助力脱贫攻坚。充分发挥铜仁职业技术学院人才聚集优势，实施“五精准”工程，主动服务贫困学生，帮助他们掌握致富技术本领。一是“精准招生”，实施少数民族专项计划、精准扶贫专项计划、市政府订单培养、农村定向免费医学生等招生项目，对建卡生和农村户籍学生精准招生。二是“精准培养”，紧贴区域特色产业发展需要办专业，实施“精准培养”，为脱贫攻坚一线输送高质量的技术技能人。三是“精准资助”，按照应资尽资、应助尽助要求，构筑了完善的学生资助体系，贫困生全覆盖，确保一个都不掉队。四是“精准就业”，加强创新创业教育，引导贫困学子实现精准就业，贫困学生确保100%就业率，荣获“全国毕业生就业典型经验高校”称号。五是“精准引领”，走高职引领中职集团化发展道路，发挥铜仁职业教育集团学校排头兵作用，引领10个区县中职校助力脱贫攻坚工作。

(5)提升国际化办学水平

积极响应国家“一带一路”倡议，始终坚持“立足东盟，面向亚洲，放眼全世界”的国际化办学思路，围绕“本地离不开、业内都认同、国际可交流”的特色创新要求，将国际化办学作为提升办学竞争力的核心要素之一，开展了多层次、宽领域的国际教育交流与合作项目。

①大力实施双向互动，加强国际交流合作。

实施“引进来”战略。一是积极参加“中国-东盟教育交流周”系列活动，相互分享和借鉴先进国际教育交流与合作经验，共商共建、合作共赢，开启服务“一带一路”教育与人文交流与合作的新局面。二是利用美中友好志愿者项目，引进多名高素质美籍教师来校开展志愿服务教学，参与学院英语教学、科研课改、师资培训等项目。三是努力拓展国际交流与合作途径，与澳大利亚、新西兰 TAFE 学院洽谈中外合作办学项目，开启国际化办学的 4.0 时代。

实施“走出去”战略。一是组织教师 20 余人次赴国外（境外）考察、学习培训，开阔国际视野。二是通过实施国家高水平公派项目、“千人留学计划”等渠道派出学生赴国外知名高校交流学习。三是外派教师赴老挝国立大学、老挝寮都公学、印度尼西亚玛中大学等担任志愿者教师，为所在国家高校学生进行汉语培训。四是积极响应国家“一带一路”倡议，与老挝高校合作洽谈“海外分校”规划，向沿线国家输出优质职业教育资源。

②拓展国际化办学领域，实施中外合作办学项目。与澳大利亚 AZC 国际教育交流中心、英国驻重庆总领事馆、日内瓦商学院、泰国博仁大学、老挝琅南塔省教育厅等高校或教育组织与机构展开中外合作办学。与老挝巴巴萨技术学院达成了初步协议，计划在老挝开设我院第一所“海外分校”，向老方输出我院优质职业教育资源，帮助老挝打造特色鲜明的国际化职业教育合作新模式。与澳大利亚高登职业技术学院开展中外合作办学项目，合作举办环境艺术设计专业高等专科教育项目。

③发挥专业与语言优势，服务地方社会经济发展。为响应市政府等相关部门的要求，更好地服务铜仁地区社会经济发展，学院积极安排教师进行社会服务，进行现场翻译、旅游推介等活动。

（6）搭建诊改平台，推进质量保障体系建设

我院作为全国职业院校教学诊断与改进工作 27 所试点院校之一，通过多种方式对全院师生开展培训工作，统一认识，明确任务，分段开展，有序推进。

①搭建平台，促进诊改。学院已投入 3500 余万元完成了基础网络升级改造，建立了校级数据中心，实现了数据共享，打造了智慧校园平台，为诊改提供了数据保障。

②打造“两链”，持续推进。根据学院规划，制定了五个层面的目标链和标准链，围绕“两链”制定发展计划，拟定时间表、路线图，形成执行链，及时归纳总结执行过程中的经验、做法及遇到问题的改进方式，形成自我诊断报告，进一步总结提升，推进持续诊改。

2. 取得成效

我院在优质校建设中，与地方经济、产业结合紧密，已成为“当地离不开”，树立“铜仁标志”；在职业教育领域已形成一定的影响力，已渐渐被“业内都认可”，彰

显“中国特色”；在国际化办学方面，与二十多个国家、38 所大学开展合作办学，已形成“国际可交流”，打造“世界水准”。

(1)学院影响力不断扩大

连续 4 年名列“中国专科(高职高专)院校竞争力排行榜”全国 100 强、稳居贵州省第一；2015 年，成为国家民族事务委员会、贵州省人民政府共建高职院校；2016 年，获批教育部“首批全国新型职业农民培训示范基地”；2017 年，获批国家民委第五批“全国民族团结进步创建示范单位”；2017、2018 年，连续两年入选高职高专质量年报“国际影响力 50 强”；2018 年，入选高职高专质量年报“服务贡献 50 强”。

(2)产教融合更加紧密

围绕省委省政府三大战略行动和市委市政府四大跨越工程，实施专业动态调整机制，建成高水平专业 11 个(国家级 4 个)、省级骨干专业 5 个，实现骨干专业与支柱产业同频共振。校企深度融合，采取“以师带徒、分组轮训”的教学组织形式，构建了“校企双主体办学、分段育人”人才培养模式，开设“温氏畜牧兽医班”“贵茶绿宝石班”“电子商务班”等现代学徒制班，创建了山区特色的“现代学徒制”育人模式，2017 年列入教育部第二批现代学徒制试点单位。实施“职业教育精准扶贫”工程，近三年累计招收、培养农村户籍学生 13000 余人，其中精准扶贫学生 3400 余人；探索形成的“四扶四建”职教扶贫新模式为我省乃至武陵山片区决战决胜脱贫攻坚提供了可供借鉴和复制样板，被国家民委作为典型案例呈报到中央办公厅和国务院办公厅，并得到中央领导肯定性批示，打造了职业教育助力脱贫攻坚的铜仁样本。

(3)师资队伍水平显著提高

近 3 年来引进或培育出有影响力的专业带头人 20 名，培养省级以上教学名师 3 名，院级教学名师 11 名；培养省级技能大师 5 名，国家级技能大师 1 名；新增建设省级优秀教学团队 2 个，院级优秀教学团队 8 个；引进或培养博士研究生 17 名、硕士研究生 86 名；培养或引进高级职称专业技术职务人员 104 名。

(4)科研服务水平显著增强

学院依托四大高层次科研创新平台，科学研究取得重大突破，科研高原逐渐形成。学院科研服务入选 2017 年高职院校“服务贡献 50 强”。教师教学、科研成果显著，取得教学、科研成果奖 26 项，其中国家级教学成果二等奖 3 项、省级成果奖 12 项(一等奖 7 项)，市级成果奖 11 项(一等奖 7 项)。2014 年以来，开展职业技能鉴定、学历教育、技术服务、职业技能及师资培训、科技成果转化等服务，累计达 7 万余人。高层次科研平台促进贵州最大的中兽药生产企业及西南地区自动化程度最高的兽药生产企业落户铜仁，自 2015 年投产以来获批 23 个中兽药产品，年产规模逾 10 亿元。

(5)国际影响力显著提升

学院国际化办学 2016 年和 2017 年连续两年入选全国高职院校“国际影响力 50 强”,荣获“铜仁市改革创新奖”系列中的“特别贡献奖”第一名。示范引领了贵州省高职院校国际化办学的快速发展,成为西部高职院校国际化办学的典型案例。累计招收留学生 600 余人,涉及亚洲、非洲、美洲共 26 个国家,截至目前,学院共有 133 名留学生顺利毕业,128 名毕业回国的学生分别进入国家行政部门、地方金融、旅游、医疗、教育等单位就职,社会认可度高。积极承办“中-荷高职教育论坛”、“第五届中国-东盟职业教育论坛”,邀请荷兰、老挝、新加坡、越南、柬埔寨等国家的领导、职业教育专家、学者参加论坛。累计派出 14 个团 108 名学生赴境外交流学习、54 名教师赴国(境)外参加学术会议、开展专项进修培训。

(6)内部质量保证体系初步建立

以推行质量内部保证体系诊改工作为契机,以质量需求为导向,搭建了诊改平台,打造了目标链和标准链,制定了五个层面标准,更新了管理理念,形成了上下联动持续改进的诊改环境。

3. 存在的问题

①基于大数据技术的教学诊改平台尚未完全建立。学院已投入 3500 余万元,用于对校园基础网络进行重新建设;计划再投入 1700 万元,构建数据中心平台和各业务系统。

②校区基础设施建设存在差距,目前正在调整规划,已获得市政府投入 6.7 亿元用于新校区建设,力争通过 1～2 年的建设,基础设施达到优质校建设标准。

六、南京工业职业技术学院:面向新百年,开启新征程,示范打造江苏卓越高职院校

2017 年 9 月,江苏省政府办公厅发布的《江苏高等职业教育创新发展卓越计划》(苏政办发〔2017〕123 号)指出,“通过 5 年左右的努力,重点打造 5～8 所在全国具有领军地位、专业建设水平高、国际化程度高、特色鲜明、成果丰硕的江苏省卓越高职院校”,“为实现这一目标,遴选培育 20 所左右江苏省高水平高职院校”。2017 年 11 月,江苏省教育厅、财政厅发布《关于江苏省高水平高等职业院校建设单位申报工作的通知》(苏教高〔2017〕21 号),正式启动江苏省“优质专科高等职业院校建设”项目——江苏省高水平高职院校建设。南京工业职业技术学院在分析国内外职业教育发展形势基础上,注重彰显自身办学优势特色,凝练形成了“瞄准一个目标、把握五个升级、聚焦四个坚持、聚力八大工程”的高水平高职院校建设思路,系统制定了项目申报书、建设方案及相关佐证材料并上报省厅。2018 年 1 月,江苏省教育厅、财政厅发布《关于公布江苏省高水平高等职业院校建设单位名单的通知》(苏教高〔2018〕2 号),南京工业职业技术学院以优异成绩入选江苏省高

水平高等职业院校建设单位。2018 年 12 月，省财政厅、省教育厅发布《关于下达 2018 年江苏省卓越高等职业院校培育建设经费的通知》，确定南京工业职业技术学院入选江苏省卓越高职院校建设单位。

自江苏启动高职“卓越计划”以来，南京工业职业技术学院按照教育部、省教育厅有关要求，总结学校百年发展经验，聚焦专业发展、凝练办学特色、聚力改革创新，取得了显著成效。学校入选全国职业院校服务贡献 50 强、国际合作 50 强和教学管理 50 强。2018、2019 年，蝉联中国科教评价研究院发布的《中国高职高专院校竞争力排行榜》全国第二、江苏省第一。

1. 基本条件更加优越

(1)师资水平出众

学校大力实施人才强校战略，不断完善教师引进、激励、培养和评价机制，每年投入近 1000 万元人才强校专项资金，形成了吸引人才、培养人才、留住人才和用好人才的良好环境。2016、2017、2018 年，江苏省人才发展战略研究院《江苏高职院校人才竞争力 30 强报告》，学校排名第一。学校荣获教育部高校教师考核评价改革示范校和江苏省人才强校试点单位。现有教职工 800 余人，专任教师 560 余人，其中博士以上学历学位教师占比 21%、“双师型”教师占比 90%以上。高层次人才队伍由国家级优秀教学团队、首批全国“黄大年式”教师团队领衔，建立了 11 支省教学团队、省科技创新团队，以及 8 个全国技术能手挂帅的技能大师工作室。

(2)实训条件先进

以 3 个中央财政支持的职业教育实训基地为基础，围绕国家双创示范基地 9 大平台和“十三五”产教融合平台——江苏省现代机电技术公共实训基地，建有包括智能制造中心、工业机器人应用创新中心、风力发电工程技术中心、云与大数据培训中心等 16 个高水平实验实训中心在内实训室 200 余个。

(3)教学资源丰富

以国家、省、校三级项目建设为引领，坚持点面结合布局、企业深度参与的思路，充分利用虚拟仿真技术，构建覆盖广泛、类型丰富的优质教学资源。人才培养方案课程同步建设在线课程，建设校级在线课程 100 门，立项省级在线开放课程 6 门、国家精品在线开放课程 4 门。主持机电一体化技术、机械制造与自动化、创新创业教育等 3 个国家级专业教学资源库，建成优质资源 6 万余条、服务师生 10 余万人。

2. 育人成效更加突出

(1)德育为先

通过构建大思政育人工作格局，协同推进思政课教学改革。将爱国主义情怀教育、黄炎培职业教育思想解读和职业教育办学史讲授作为党委书记新生“开学

第一课”、新教师“入职培训第一课”。将思政课堂搬到展览馆，将思政育人成果制成微视频，让思政课教学“动”起来、“活”起来。推动课程思政与思政课程同向同行，出台《课程思政建设标准》，每年建设 20 门左右，覆盖全部专业。强化实践育人和劳动育人，全面推行“第二课堂成绩单”，做到坚持将劳动课纳入课程考核 40 年。

(2)厚植技能

建立专业、学校、省级、国家级四级技能大赛体系，推动综合实训项目与技能竞赛项目相对接，实训体系与技能大赛机制相融通。近年来学校获全国职业院校技能大赛一等奖 27 项、二等奖 20 项、三等奖 13 项。深入实施学徒制人才培养，在机电一体化等专业以制造技术链条为纽带开展协同育人，学校负责基本技能培养、技术输出企业负责核心技术培养、技术应用企业负责岗位技能培养。学徒全部获得技术型企业专项技能证书及 AHK 证书，毕业后深受企业欢迎，全部走上关键技术岗位，为企业培养了一批工匠型技能人才。

(3)双创融入

把创新创业教育作为人才培养突破口，融入人才培养方案、融入课程体系、融入素质评价，在实施过程中做到“三结合”，“素质养成”与“技能提升”相结合、“理实一体”与“创新素养”相结合、“面向人人”与“培优促优”相结合，培养学生同时具备专业知识、职业素养和创新创业能力。学生获“互联网＋”大学生创新创业大赛专家特别推荐奖 1 项、银奖 2 项、铜奖 3 项；“挑战杯”全国大学生课外学术科技作品竞赛二等奖 1 项；“挑战杯”全国职业学校创新创效创业大赛特等奖 2 项、一等奖 2 项；全国高职高专“发明杯”创新创业创意大赛一等奖 123 项。毕业生就业率连续多年在 99％以上，用人单位对毕业生满意度达到 98％，毕业生对母校满意度达到 98％。

(4)典型带动

构建精英人才培养体系，依托精英人才学校“创新精英班、创业先锋班、创优示范班”，每年从各个学院遴选百余名优秀学生，打破年级和专业分类设班，集中校内外优势资源，进行个性化培养，发挥以点带面、典型带动作用。精英人才学校学员获校级表彰率达到 100％，获省级以上表彰率达到 80％，近五年培育出了 4 名“江苏省大学生十大年度人物”，带动全校每年 500 人次以上获省级综合表彰或在高水平竞赛中获奖。

3. 办学特色更加彰显

(1)传承黄炎培职业教育理念

黄炎培职业教育理念是学校办学和人才培养的源头活水，以“手脑并用、双手万能”为核心理念，以“服务社会、服务平民”为办学宗旨，以“做人第一、敬业乐群”为育训方针，以“注重实用、注重技能”为培养模式，以“手脑联动、做学合一”为教育原则，最终目的“使无业者有业、使有业者乐业”，这些理念指引学校百年接续发展。经过长期的传承、实践和凝练，学校形成了以黄炎培职业教育理念和新时代工匠精神为核心的校园文化。

(2)坚持举办制造类专业的发展定力

以满足产业发展需要为主线，动态调整专业发展规划和建设计划，从中华职业学校建校之初开设铁工专业，到上海机械学校时期的机械类、南京机电学校时期的轻机类专业、目前的装备制造类核心专业群，百年聚焦制造业，培养实体经济发展需要的技术技能人才。目前，学校全面实施专业链对接产业链，整合从设计、工艺、加工、设备保障、智能控制、信息技术、企业管理到贸易服务等类专业，打造了全链对接的智能制造专业集群。

(3)形成做学合一的人才培养模式

在深入总结凝练百年办学成功经验做法的基础上，结合新时期高素质技术技能人才培养要求，形成了“分层分类、做学合一、专创融合”的人才培养模式。分层分类，是根据学校高考统招、对口单招、自主招生等学业水平高低不同的学生开展分层教学、结合生源类型实施分类培养，以深化学分制改革为保障，实现人才培养由粗放型向精细化的转变。做学合一，是坚持工学交替、做学合一，让行业企业工程师和教师共同参与人才培养方案制定，推动教师和工程师相互流动、岗位技术标准和课程教材内容相互融合、技术传授和理论教授相互结合，突出人才培养的岗位针对性、适用性，提高学生技术迁移和可持续发展能力。专创融合，是将创新创业教育融入专业人才培养全过程，使创业意识和创新能力成为学生共同品质。

(4)建立校企深度合作的命运共同体

围绕“创模式、搭平台、广合作、共发展”的思路，在智能制造专业集群中创新出“技术联盟”式、在信息技术专业集群中创新出“协同服务”式、在机电类品牌专业中创新出“国际伴随”式、依托大学科技园和国家“双创”示范基地探索出“双创孵化器”式等产学合作模式。学校 50 个专业与 500 余个企业建立了紧密校企合作关系，与 28 家世界 500 强企业开展深度合作，共建人工智能工业应用、无人机等 5 个产业研究院，深入开展专业共建、人才培养、项目合作、人员培训和应用研发。

(5)助力中国职教服务“一带一路”

学校是江苏最早举办中外合作办学的高职院校之一，牵头全国 100 多所高职院校成立中国教育国际交流协会职业技术教育国际交流分会和中国-东盟职业教育合作联盟，目前与近 20 个国家和地区的 30 余所院校建立了稳固的交流与合作关系。积极响应“一带一路”倡议，与 30 多个国(境)外政府机构、社会组织和高校建立了深度合作关系。与有色金属行指委及中国有色矿业集团合作携手“走出去”，成立中赞职业技术学院南工院分院，派遣 5 批次 10 余人次赴赞比亚，为中资企业培养培训本土技术技能人才 800 余人。以学校专业人才培养标准为基础，牵头制定赞比亚机电一体化专业教学标准及18门课程标准，被赞比亚职业教育与培训局确定为国家教学标准，输出中国职业技术标准，为国际职教发展贡献了中国智慧。

(6)示范引领作用有效发挥

学校主动整合多方资源，搭建各类平台，以特色优势服务职教、以优质资源贡献职教、以先进理念引领职教，在共同发展、服务奉献中发挥示范作用。牵头全国性平台5个，有黄炎培职业教育思想研究会学术中心、全国高等职业院校创新创业教育联盟、中国教育国际交流协会职业技术教育国际交流分会、中国轻工业联合会研究会和全国机械行业现代机电技术职教集团；牵头全省性平台9个，有江苏高职院校书记(校长)联席会、江苏省轻工协会、江苏省机电职教集团，江苏省高校科研管理研究会高职分会和江苏省高职院校思想政治教育研究会等；在全国、全省性重大会议上经验交流10余次，如2014年第二十三次全国高校党的建设工作会议交流发言(全国高职院校唯一代表)、2016年全省组织部长会议交流发言(江苏高校唯一代表)、2018年在全省加强和改进高校思想政治工作座谈会上交流发言等。在国家、省级重要媒体上报道300余次，如《南京工业职业技术学院开全国先河百万年薪招引"大国工匠"》(新华日报)、《点燃"双创"引擎驱动改革发展——南京工业职业技术学院创新创业教育改革展示》(中国青年报)、《固本强基先锋路——创新创业引领人才发展》(江苏教育新闻)等；兄弟院校来校交流1500余批次，来访院校占全国高职院校总数的70%；对口支援中西部院校10余个，接受挂职干部、老师50余人。

4. 改革创新更加深化

(1)优化内部治理体系

扩大二级学院办学自主权，促进管理重心下移，明晰校院两级责权利，形成学校宏观决策、职能部门协调指导、二级学院实体运行的管理模式。深化"分类管理、分级考核"人事分配制度改革，统筹兼顾各类岗位收入分配水平，注重向优秀人才和关键岗位倾斜；探索职称"评聘分离"制度改革，优化"能上能下"良性机制；持续优化用人环境，使人才"引得进、留得住、用得好"。

(2)完善师资引培机制

采用年薪制、项目制、柔性引进等方式，结合专业需求，引进了一批国家名师、大国工匠、技能大师、工程院院士和高水平师资团队，切实提升专业建设、实践教学水平，提高应用技术研发能力。健全青年教师培养"导师制"，提升青年教师教学科研水平。把一批科研实力强、专业水平高的骨干教师培养成为专业和行业领军人才。着力推进专创融合，培育一批兼具"双师"素质和"双创"能力的优秀教师，提升教师技术创新服务能力。

(3)健全质量保障机制

成立了内部质量保证体系诊断与改进工作委员会,依据“决策指挥、质量生成、资源建设、支持服务、监督控制”等五个纵向系统,按照“学校、专业、课程、教师、学生”等5个横向层面进行细化,形成了分类系统的诊断点矩阵,通过规划建设智慧校园大数据中心,实行常态化过程性量化监控。完成智慧校园平台设计,整合现有13个数据平台孤岛,形成了学校数据中心的建设方案并逐步推进实施,为全员、全过程、全方位的诊断与改进工作奠定了坚实的基础,分别于2017年底和2018年底接受了省诊改委专家组进行的现场调研。构建校院两级督导联动机制,实现对理论课、实验实训课、选修课程和第二课堂的全程监控。全校督导有针对性地开展专项听课并参与巡查,和教师面对面交流,全面真实了解教学一线状况。严格规范地“督”,科学热情地“导”,发挥教育教学督导最大功效。

5. 问题与展望

(1)优化人才培养体系

当前,在把立德树人融入思想道德教育、文化知识教育、社会实践教育各环节做出了积极的探索,然而与国家有关要求相比仍有不小的差距,仍需要进一步优化人才培养体系,在专业设置、培养定位、课程建设、教育教学等各环节体现立德树人的根本要求。

(2)强化师资队伍建设

在弘扬高尚师德方面树立了一批先进典型,但仍缺乏相对完善的师德师风建设的长效机制。新聘教师一定程度上存在实践能力不足的问题,需要进一步深化教师下企业锻炼制度,不断提升新教师实践教学能力。

(3)深化内部治理改革

随着职业教育改革的不断深入,院校治理体系和治理水平现代化成为亟待解决的问题。当前,学校机构设置和部门职能还需要不断完善,要进一步厘清管理部门的职责和分工。

七、青岛酒店管理职业技术学院:建章立制,锐意创新,稳步推进优质校建设工作

青岛酒店管理职业技术学院以一流专业群、高水平师资队伍、技术技能积累与社会服务为重点,以体制机制创新、信息化建设与应用、国际合作与交流、特色文化建设为推动,以质量管理与保证体系建设为保障,持续深化教学改革,深入推进产教融合,切实提升服务能力,不断提高办学水平,精准培养契合产业需求的技术技能人才。通过重点工作推进机制、建设项目动态管理、多平台多渠道宣传推广,优质校建设整体进展情况良好。

1. 优质校建设举措

(1)积极探索体制机制创新

牵头组建山东现代酒店业职业教育集团，推进各层面多形式集团化办学模式创新。校企共建混合所有制特征的银座旅游学院、工程造价混合所有制实训基地、万科管家学院教育教学基地，推进特色二级学院建设。政行企校共建“山东省研学旅行研究院”，推进人才培养、专业建设和服务社会良性互动。入选山东省第一批学分制改革试点高职院校，推进教育教学和人才培养模式改革。先后获评文化和旅游部旅游职业教育校企合作示范基地、山东省校企一体化合作办学示范院校、山东省校企合作先进单位。

(2)扎实推进一流专业建设

获评国家精品在线开放课程 2 门，位列全省高职第一名；荣获全国职业院校示范专业点 2 个；立项教育部第三批现代学徒制试点；新增省级品牌专业群 1 个、省级现代学徒制试点 1 个、省级教学团队 1 个、省级精品资源共享课程 13 门、省级教改项目 12 项、省级专业教学指导方案 3 项、省级优秀教材 4 部、青岛市高职重点专业 3 个、青岛市现代学徒制试点 4 个、青岛市现代学徒制特色课程 4 门。以赛促教、以赛促学、以赛促研、以赛促改，建设期内获全国职业院校技能大赛一等奖 3 项、二等奖 1 项，全国旅游院校服务技能大赛一等奖 10 项，山东省职业院校技能大赛一等奖 10 项，山东省“技能兴鲁”职业技能大赛金奖 5 项，山东省大学生数学竞赛一等奖 10 项。

(3)深入实施大师名师工程

4 名教师获省级教学成果奖一等奖；新增全国青年岗位能手 3 人、交通运输部青年科技英才 1 人、山东省先进工作者 1 人、山东省教学名师 1 人、省级名师工作室 2 个、省级青年技能名师 2 人、旅游教育名师 1 人、旅游教育杰出青年教师 1 人、青岛市教学名师 2 人、青岛市劳动模范 1 人、青岛市会计领军人才 1 人；牵头组建青岛市旅游智库，为区域产业发展贡献智慧力量。

(4)不断提高技术积累与社会服务能力

首次承接职业院校师资国家级培训项目 2 项，承接职业院校师资省级培训项目 6 项，开展技能鉴定、社会培训、社区培训 60000 余人次；立项 2 个省级技艺技能传承创新平台，立项 40 余项各级纵向科研基金、30 余项各类横向研究课题；主动服务以上合组织青岛峰会为代表的各级各类政府会议与行业活动，深受广大媒体和社会各界好评。

(5)系统构建教学信息化体系

烹调工艺与营养国家级专业教学资源库子库项目通过验收，快递运营与管理国家级专业教学资源库子库项目顺利启动，旅游管理省级专业教学资源库完成校内验收，立项建设物业管理省级专业教学资源库。移动数字校园上线运行。

(6)拓展深化国际合作交流

与澳大利亚南澳技术与继续教育学院合作举办酒店管理专业专科教育项目,在省政府举办的山东省-南澳州合作项目签约仪式上签署姊妹校协议。与加拿大卡纳多学院合作举办中餐烹饪学院。与塔吉克斯坦共和国劳动、移民及居民就业部签订餐旅人才培养合作备忘录。荣获世界职业院校与技术大学联盟卓越奖、亚太职业教育影响力50强、全国高职院校国际影响力50强。

(7)大力弘扬特色校园文化

多层次打造文化传播平台,荣获学校文化建设重点研究基地和山东教育政务新媒体先进单位。以"微笑文化"为核心,深入开展缤纷职业季、校园文化艺术节、励行论坛、明德讲堂等品牌活动。全面推进校园文化"2510"品牌建设工程。

学院秉承"立足青岛、面向国际、特色鲜明、业内领先"的发展思路,总体办学水平和综合实力居于全国同类院校前列,正在努力建设成为国内一流、国际知名的酒店业全科型职业教育品牌。

2. 优质校建设中期目标任务完成情况

学院优质校建设工程包括15个建设项目、52项标志性成果、20个一流量化指标、43个分项目量化指标。

根据山东省教育厅《关于组织开展第一批山东省优质高等职业院校建设工程项目中期检查工作的通知》要求,到目前为止,学院优质校建设工程中期项目指标完成率100%,部分项目超标准完成。

学院优质校建设工程预期标志性成果共计52项185个,其中国家级21项76个,已完成48个,完成率60.8%;省级18项84个,已完成72个,完成率85.7%;市级4项16个,已完成15个,完成率93.8%;独创性成果9项,均已建成,完成率100%。综合来看,各级各类标志性成果完成144个,总体完成率为77.8%。另获得计划外各级各类标志性成果31项52个。

3. 优质校建设经费管理情况

根据国家和省有关法律法规和相关规定,学院严格规范使用各项资金。专项资金的管理坚持"集中使用,突出重点;总体规划,分年实施;项目管理,绩效考评"的原则,建立资金管理责任制。建设项目预算纳入学院总体预算,按照专账核算、专款专用、结余留用的管理模式,严格项目管理,任何部门和项目单位不得截留、挪用和挤占。规范和加强对优质校建设项目专项资金的管理,提高了资金使用效益,保证项目顺利实施。

(1)健全机构,责任到人

学院成立优质校建设工作领导小组作为专项资金的管理机构,负责对专项资金进行总体规划和分配;学院财务处是专项资金的具体管理部门,负责专项资金的预算、决算和筹措,并对项目资金使用进行审核、考评和监督;各项目建设部门是专项资金的具体使用部门，负责按照预算内容和经费权限，对各项目建设资金的运用和效益分析等实行全过程管理；学院纪检监察处负责对专项资金使用的全过程进行监督和检查。

(2)建章立制，规范程序

以《山东省教育厅山东省财政厅关于实施山东省优质高等职业院校建设工程的通知》(鲁教职字〔2017〕4 号)等文件为依据，结合学院实际，出台了《学院山东省优质高职院校建设工程管理办法》《学院山东省优质高职院校建设工程专项资金使用与管理办法》《学院山东省优质高职院校建设工程专项资金监督管理办法》等规章制度。同时，在使用过程中，对专项资金的适用范围、管理权限、审批以及报销制定了详细的操作细则，确保了资金安全、合理，使用规范。

(3)指导执行，过程监控

为严格项目资金的管理，学院财务处对优质校专项资金管理进行全面业务指导和监督，及时分析和反馈专项资金预算执行情况、资金使用效益以及在项目建设过程中遇到的困难和问题；借助信息技术手段，将专项资金纳入学院财务管理系统，强化过程监控；建立子项目对接机制，定期与各建设项目资金子项目负责人核对资金支出总额，确保资金支出准确，控制资金使用进度，定期全面通报。

4. 优质校取得的标志性成果

(1)预期标志性成果(见表 6-3)

表 6-3　青岛酒店管理职业技术学院优质校建设预期标志性成果

序号	类别	成果名称	级别	预期数量	完成情况
1	学校	全国职业院校数字校园实验校	国家级	—	完成 1 项
2	学校	全国职业院校国际影响力 50 强	国家级	—	完成 1 项
3	教学成果奖	国家级职业教育教学成果奖	国家级	1 项	完成 1 项
4	教学名师	国家“万名旅游英才计划”双师型教师	国家级	4 人	完成 3 项
5	专业	国家级示范(骨干)专业	国家级	4 个	完成 2 项
6	专业	教育部现代学徒制试点	国家级	1 个	完成 1 项
7	课程	国家精品在线开放课程	国家级	2 门	完成 2 项
8	课程	国家精品资源共享课程	国家级	2 门	持续推进中

续表

序号	类别	成果名称	级别	预期数量	完成情况
9	教材	职业教育"十三五"规划教材	国家级	5 部	持续推进中
10	实训基地	校企共建的生产性实训基地	国家级	1 个	完成 1 项
11	资源库	国家级职业教育专业教学资源库	国家级	2 个	完成子库项目 2 项
12	技能竞赛	全国职业院校技能大赛获奖	国家级	9 项	完成一等奖 3 项、二等奖 1 项
13	技能竞赛	全国旅游院校服务技能大赛获奖	国家级	12 项	完成一等奖 10 项
14	技能竞赛	技能大赛国际赛事获奖	国家级	16 项	完成一等奖 5 项、二等奖 5 项
15	教师竞赛	全国职业院校信息化教学大赛获奖	国家级	3 项	持续推进中
16	技术技能积累	国家"万名旅游英才计划"实践服务型英才	国家级	6 人	完成 4 项
17	技术技能积累	众创空间平台	国家级	1 个	完成 1 项
18	技术技能积累	技能大师工作室	国家级	1 个	持续推进中
19	技术技能积累	职业能力虚拟仿真实训中心	国家级	1 个	持续推进中
20	技术技能积累	民族文化传承与创新示范专业点	国家级	1 个	持续推进中
21	社会服务	承办国家级培训项目	国家级	2 项	完成 2 项

续表

序号	类别	成果名称	级别	预期数量	完成情况
22	学校	山东省校企一体化合作办学示范院校	省级	—	完成 1 项
23	教学成果奖	山东省职业教育教学成果奖	省级	6 项	完成 5 项
24	教学名师	山东省高等职业院校教学名师	省级	3 人	完成 1 项
25	教学名师	山东省职业教育青年技能名师	省级	5 人	完成 4 项
26	教学团队	山东省职业院校教学团队	省级	3 个	完成 1 项
27	专业	山东省高等职业院校品牌专业群	省级	2 个	完成 2 项
28	专业	山东省职业教育现代学徒制试点	省级	2 个	完成 2 项
29	课程	山东省职业教育精品资源共享课程	省级	24 门	完成 13 项
30	课程	职业院校对口贯通分段培养课程体系	省级	3 项	完成 2 项
31	课程	职业院校专业教学指导方案	省级	3 个	完成 3 项
32	实训基地	校企共建的生产性实训基地	省级	3 个	完成 3 项
33	资源库	山东省职业教育专业教学资源库	省级	2 个	完成 2 项
34	教学改革项目	山东省职业教育教学改革研究项目	省级	12 项	完成 17 项
35	技能竞赛	山东省职业院校技能大赛一等奖	省级	9 项	完成 10 项
36	教师竞赛	山东省职业院校信息化教学大赛一等奖	省级	3 项	完成 1 项
37	校企合作	山东省骨干职业教育集团	省级	1 个	完成 1 项
38	技术技能积累	技能大师工作室	省级	1 个	完成 4 项

续表

序号	类别	成果名称	级别	预期数量	完成情况
39	技术技能积累	创新创业孵化基地	省级	1个	持续推进中
40	学校	青岛市品牌职业院校	市级	—	完成1项
41	专业	青岛市高职重点专业	市级	6个	完成6项
42	专业	青岛市职业教育现代学徒制试点	市级	6个	完成5项
43	专业	青岛市中高职办学联盟	市级	3个	完成3项
44	校企合作	混合所有制特征的银座旅游学院	独创	—	建成
45	社会服务	鲁菜文化创意体验中心	独创	—	建成
46	社会服务	酒店职业教育数据研究中心	独创	—	建成
47	社会服务	中国烹饪大师名师培训认证基地	独创	—	建成,已开展3批认证
48	社会服务	智慧旅游培训基地	独创	—	建成,已开展3500人次培训
49	国际交流合作	中国烹饪文化推广中心	独创	—	建成,在加拿大卡纳多学院挂牌成立
50	国际交流合作	中国海外传统文化培训中心	独创	—	建成,在澳大利亚南澳州TAFE挂牌成立
51	校园文化	中国酒店服务秀	独创	—	建成
52	校园文化	“微笑文化”主题品牌	独创	—	建成
合计					144项

(2)计划外标志性成果(见表 6-4)

表 6-4　青岛酒店管理职业技术学院优质校建设计划外标志性成果

序号	类别	成果名称	级别	数量
1	党建	青岛市先进基层党组织	市级	1 个
2	党建	青岛高校基层党建创新工程项目	市级	2 个
3	校企合作	山东省校企合作先进单位	省级	1 个
4	校企合作	2018 年邮政行业校企合作优秀典型案例	独创	1 个
5	校企合作	2018 洲际酒店集团战略英才培养学院	独创	1 个
6	校企合作	希尔顿集团人才培养卓越贡献奖	独创	1 个
7	校企合作	山东省校企合作(产教融合)示范单位	省级	1 个
8	教师	全国青年岗位能手	国家级	3 个
9	教师	交通运输部青年科技英才	国家级	1 个
10	教师	山东省先进工作者	省级	1 个
11	教师	山东省富民兴鲁劳动奖章	省级	1 个
12	教师	青岛市劳动模范	市级	1 个
13	教师	青岛高校教学名师	市级	2 个
14	教师	青岛市会计领军人才	市级	1 个
15	教师	中国旅游协会旅游教育名师	国家级	1 个
16	教师	中国旅游协会旅游教育杰出青年教师	国家级	1 个
17	课程	山东省职业院校优秀教材	省级	4 个
18	课程	青岛市现代学徒制特色课程	市级	4 个
19	技术技能积累	山东省职业教育技艺技能传承创新平台	省级	2 个
20	技术技能积累	2018 年山东省高等学校优秀科研成果奖	省级	3 个
21	国际交流合作	世界职业院校与技术大学联盟卓越奖学生服务类	国际	1 个

续表

序号	类别	成果名称	级别	数量
22	国际交流合作	亚太职业院校影响力50强	国际	1个
23	国际交流合作	中澳合作举办酒店管理专业专科教育项目	省级	1个
24	技能竞赛	“挑战杯——彩虹人生”全国职业学校创新创效创业大赛二等奖	国家级	1个
25	技能竞赛	山东省“技能兴鲁”职业技能大赛金奖	省级	5个
26	教师竞赛	第三届山东高校思政理论课教学比赛第一名	省级	1个
27	教师竞赛	山东省职业技能大赛教师组一等奖	省级	3个
28	教师竞赛	山东高校辅导员职业能力大赛一等奖	省级	2个
29	教师竞赛	山东省第二届高职院校辅导员职业能力大赛一等奖	省级	2个
30	校园文化	山东省大学生心理健康教育示范中心建设项目	省级	1个
31	校园文化	山东省大学生优秀科技社团	省级	1个
合计				52个

5. 优质校建设存在的主要问题与改进措施

(1)主要问题

优质校建设思想观念需要进一步更新。优质高等职业院校建设工程项目是一项开创性的工作，建设成功的关键就是观念的根本性转变。校企合作的体制机制需要进一步探索创新。校企合作体制机制创新力度不够，校企合作双方责、权、利的划分不明晰，专业内部能动机制不完善。促进内涵发展，打造优势特色专业群方面尚有很多工作要做。

(2)改进措施

针对目前在优质高等职业院校建设中存在的问题，将结合《青岛酒店管理职业技术学院优质高等职业院校建设方案》所提出的建设目标，切实整改，按期建设，逐项落实。具体思路如下：

随着优质高等职业院校建设的不断深入，需要进一步更新新时期、新背景下的高职建设理念，以推进人才培养模式、教育教学、实训基地、校企合作、国际交流、社会服务等方面的改革。

进一步深化办学体制机制改革，促进产教深度融合。学院将继续深化办学体制机制改革，不断创新校企合作模式，深入推进产教融合，与区域内企业、行业、社区开展深度合作，进一步深化“校企一体、协同发展”的行业办学特色，进一步完善“多形式、多元化”的工学结合人才培养模式，进一步加快国际化战略推进步伐，进一步探索企业深度参与教学机制、行业指导评价和服务机制，建立“政行企校”稳定持续的良性互动关系，共同育人，共谋发展。推进人才培养模式改革。

学院将进一步深化学院内涵建设，以专业建设和教学改革项目建设为抓手，全面深化教育教学改革；对接职业标准，加速推进“能力本位、任务驱动、项目教学、理实一体”课程改革；不断提升教师综合职教能力；努力将学院全面建成国内知名的旅游酒店业职业化人才培养基地、酒店管理咨询中心、鲁菜研发推广中心、区域性先进文化传播中心，促进技术技能的积累和创新，为区域经济社会发展做出更大贡献。

八、四川工程职业技术学院：平台为基，树人为本，培养装备制造业现代工匠

四川工程职业技术学院位于国家重装基地——四川德阳，1959 年与中国第二重型机械集团公司（简称“二重”）、东方电机厂等重装企业同时布点建设，是首批国家示范性高等职业院校。60 年来，学校与重装企业风雨同行、唇齿相依，始终坚持为装备制造业培养懂技术、精技能、能创新的德技兼修的技术技能人才，培养了以“改革先锋”新希望集团董事长刘永好为代表的近 9 万名建设人才。学校先后荣获国家高技能人才培育突出贡献奖、全国五一劳动奖状、全国毕业生就业典型经验高校、第六届高等教育国家级教学成果一等奖、2018 年职业教育国家级教学成果一等奖、高等职业院校服务贡献 50 强等荣誉。2017 年 12 月，依据《四川省教育厅关于确定四川省优质高等职业院校建设计划立项名单的通知》（川教函〔2017〕791 号），学校被确定为“四川省优质高等职业院校建设计划立项单位”。

1. 优质校建设目标

深入贯彻落实党的十九大精神，以习近平新时代中国特色社会主义思想为引领，全面加强党的建设，以立德树人为根本，把思想政治工作贯穿教育教学全过程，实现全程育人、全方位育人。紧紧围绕制造强国战略、“一带一路”倡议和四川省三大发展战略的迫切需要，按照“一二三四”的发展思路，走产学研相结合的道路，推进全面创新改革，加强高水平专业建设，提升人才培养质量、科技创新和社会服务能力，引领四川装备智能制造技术创新，将学校建成全国一流、国际可比、行业和地方需要的中国特色高水平高职学校，成为装备制造业现代工匠的培养培训基地、工艺技术创新基地、生产性服务基地、区域文化体育中心。

(1)坚持“一个根本”

坚持以立德树人为根本任务,全面加强党的建设和学校思想政治工作,坚持党委领导下的校长负责制,完善“一个机制、两个体系”建设,不断提升现代大学治理能力。

(2)争创“两个高水平”

围绕服务国家战略和支撑重大产业发展,组建高水平专业群,争创具有中国特色的高水平高职学校。

(3)实现“三个突破”

在产学研一体化的体制机制和人才培养模式创新上实现突破;通过四川省装备制造业产教联盟、“老挝质量检测中国培训中心”、KUKA 机器人认证学校、西门子德阳高端装备智能制造创新中心等项目建设,在提升教育现代化和国际化水平上实现突破;通过“立德树人工程、工匠引领工程、文明修身工程、产学研平台文化建设”等,在文化传承与创新能力上实现突破。

(4)形成“四个一批”

形成一批师德高尚、潜心育人、技艺精湛、学识渊博的一流师资团队;形成一批融入产业技术创新体系的产权明晰、成本共担的产学研平台;形成一批服务地方经济和引领产业发展的科研技术成果;培养一批吃苦耐劳、精益求精、勇于创新、乐于奉献的德技兼修的现代工匠。

2. 优质校建设举措和成效

(1)创新人才培养模式

高端装备制造业是国民经济的支柱产业,是我国由“制造大国”向“制造强国”迈进的关键突破口,为解决人才长期紧缺、短缺的问题,针对高端装备制造具有技术密集、工艺复杂、质量标准高等特点,学校依托“探索高等职业教育综合改革试验区建设”(03-123-205)项目,汇集社会资源建产学研园,校企联合开展“构建产学研育人平台,培养高端装备制造业现代工匠的探索与实践”(“1331”人才培养模式,见图 6-3),并在 22 个相关专业实践。2016 年学校“创新装备制造业高技能人才培养模式”成为四川省全面创新改革首批 21 条可借鉴经验;2017 年,学校人才培养案例入选国家“砥砺奋进的五年”大型成就展;2018 年荣获职业教育国家级教学成果一等奖、四川省第八届高等教育教学成果一等奖,入选“四川省教育改革创新发展典型案例”,“高职教育产学研协同双创机制”案例入选“全国双创活动周”主题展。

(2)完善综合办学条件

学校与中科院成都分院、北京航材院、二重万航模锻、KUKA 等,共建德阳中科先进制造创新育成中心、德阳高端装备智能制造创新中心,四川省“机器人应用、高温合金切削、模锻工艺”3 个工程实验室等产学研育人平台;建设校内实训基

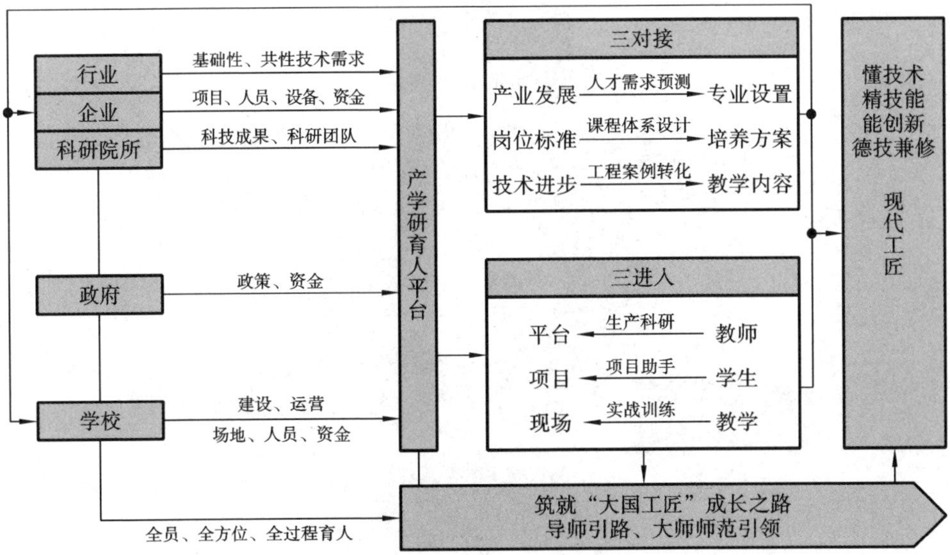

图 6-3　“1331”人才培养模式

地 21 个，实验室 101 个，仪器设备总值 1.67 亿元，行业企业准捐赠设备 1.34 亿元，校外实训基地 218 个；建有中华技能大奖获得者高凤林、罗东元、胡应华“大国工匠技能大师工作室”3 个，学校专任教师胡明华、任彦仰，以四川工匠身份建有技能大师工作室；建有“黄继光纪念馆”等爱国主义教育基地 6 个、“绵竹年画”等传统文化传承教育基地 5 个；建有“罗圈岩村”等国家精准扶贫教育基地 3 个；建有“德阳市敬老院”等大学生志愿者服务教育基地 21 个。

(3)强化质量保障体系

2015 年，经四川省教育厅核准发布了《四川工程职业技术学院章程》，修订和完善党委会议事规则、校长办公会议事规则，制定教学系(部)党政联席会议制度，修订了学校学术委员会、教学委员会、系部教授委员会章程；建立健全质量年报发布与使用制度；强化人才培养工作状态数据库的基础作用，修订和完善学校《教学诊断与改进工作方案》，逐步完善“十位一体”质量监控体系(见图 6-4)和常态化教学诊改工作运行机制。近 5 年，学生获得全国大学生机械创新大赛一等奖、全国大学生巴哈汽车大赛一等奖等省级及以上各类技能竞赛奖项 418 项，毕业生就业率均在 96%以上，是“全国毕业生就业典型经验高校”“第三届中国质量奖入围单位”。

(4)提升专业建设水平

学校牵头组建“四川省装备制造业产教联盟”，搭建“产教联盟信息平台”，发布产业动态和人才需求预测，建立“快速反应、同步跟进、动态调整”的专业设置与动态调整机制。目前，学校建成国家装备制造类示范专业点 1 个、国家示范建设

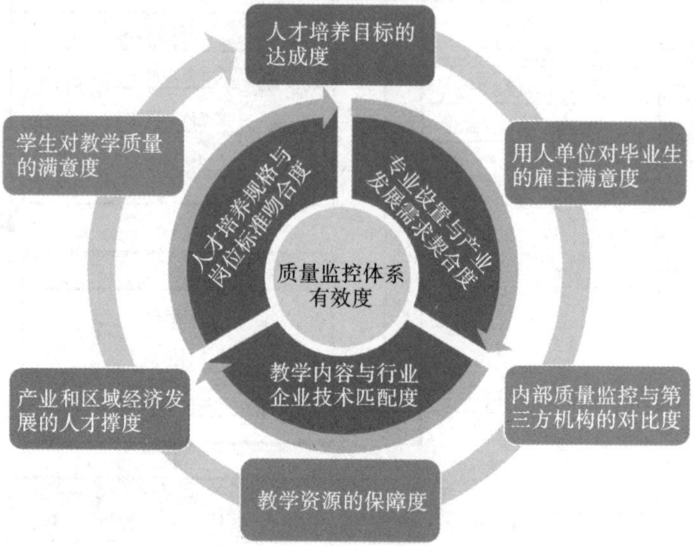

图 6-4 “十位一体”质量监控体系

专业(群)7 个、中央财政重点支持专业 6 个、全国机械行业技能人才培养特色专业 2 个、省级重点建设专业 8 个。学校是数控技术、航空材料精密成型技术专业的全国专业教学指导委员会主任单位。

(5)打造高水平师资队伍

学校高度重视师资队伍建设,成立党委书记、院长为组长的人才工作领导小组,按照事业发展要求,制定了《关于进一步加强师资队伍建设的意见》,制定和完善了《教师教学工作质量评价方案》《教师教学工作规范》《永好教师育人奖评选办法》《关于加快引进和培养高层次高学历人才的决定》《外聘兼职教师管理办法》《专业课教师轮岗制度》等办法,实施“技师工程师培育计划”,推行教师进产学研育人平台,完善企业顶岗锻炼等管理办法,支持专业骨干教师积累企业工作经历,提高教师工程实践能力。5 年来,通过实施高水平教师队伍建设工程,教师进产学研育人平台轮岗 206 人,企业顶岗 79 人。学校现有专任教师 720 人,其中硕士、博士 446 人,正高级职务 66 人,副高级职务 256 人,技师和高级技师 96 人;拥有国家“万人计划”领军人才教学名师 1 人,省级以上教学名师 5 名,省级教学团队 4 个,四川工匠 2 人,“双师素质”教师 515 人。聘请了以中华技能大奖获得者高凤林、罗东元、胡应华,航空工业领域材料失效分析首席专家陶春虎、8 万吨航空模锻压机总设计师陈晓慈、超高速飞行器研发首席专家刘伟雄将军、旅美人工智能专家师克力、中航工业首席技能专家叶晓英等顶级专家为代表的兼职教师 217 人。

(6)增强社会服务能力

针对科技成果转化、新产品试验试制、工艺技术研究、产品检验检测等共性技术需求，通过校企合作、校地合作、军民融合、国际合作等方式，共建产学研一体化育人平台，协同实施人才培养、技术创新、社会服务。近 5 年，校企联合开展航空发动机叶轮、南海深海钻钻铤等试验试制项目 762 项，为中科院光电所开展精密机床改造维修等科技服务 276 项，重型燃气轮机高温叶片用镍基高温合金重熔与纯净化处理关键技术研究等成果孵化转化 54 项，获得国家专利 321 项，省科技进步奖二等奖 1 项。学校是人社部高技能人才培训基地、中国航空学会培训基地、中国航空工业集团有限公司检测及焊接人员资格认证管理中心培训基地、北京材料分析测试服务联盟培训基地，为中国航空工业集团有限公司、东方汽轮机厂、东方电机厂等 40 余家企业开展员工培训 1.73 万人次，学校两次获得“高等职业院校服务贡献 50 强单位”等称号。

(7)扩大国际影响力

学校高度重视国际交流与合作，积极响应“一带一路”倡议和中国制造“走出去”战略的要求，走“产业＋教育”之路，兼收并蓄、总体规划、扎实推进、打造品牌，学校国际合作项目从无到有、从有到精，焕发勃勃生机。编制了 16 个专业中英文版人才培养方案，向“一带一路”沿线国家提供“中国方案”供交流使用；与泰国南邦职业学院、清莱职业学院、素可泰职业学院、斯里索隆工业社区教育学院、邦可法工业社区教育学院等 5 所院校合作开办酒店管理专业来华留学生项目，2018 年招收留学生 20 名；与 KUKA 机器人合作建设工业机器人应用中心；与西门子共建高端装备智能制造创新中心；与老挝成检质量技术服务有限公司签署了检测技术和人员培训的合作协议，启动企业员工和师资培训项目；与泰国南邦职业学院合作举办了学生中泰文化短期交流项目；开办了美国密苏里大学学生文化交流学习项目、美中友好志愿者等项目；吴先文、雷刚等 70 位教师为 Intel、Wistron 等公司开展员工培训。

3. 优质校建设特色与创新

(1)党建引领，夯实学校发展政治基础

充分发挥党委在学校建设、改革、发展中的领导核心作用，坚持把方向、管大局、作决策、保落实，对学校工作实行全面领导，重点把握好学校改革发展的目标、方向和节奏。坚持党委领导下的校长负责制，全面实施系部党政联席会议制度；选优配强教师党支部书记，推行专业带头人担任学生支部书记；实施把骨干教师培养成党员、把党员培养成骨干教师的“双培养”工程；推行党建工作进社团、进宿舍，针对学生顶岗实习期间党建工作“真空期”，学校与企业基层党组织签订联合培养协议，学生党建实行“双汇报、双考察”制度，建立“顶岗实习党员管理卡”。

(2)搭建平台，创新技术技能人才培养模式

学校聚焦人才培养和产业共性技术需求，联合龙头企业和顶尖科研院所，构建产学研育人平台，主动融入装备制造业生产、技术、管理、服务和创新体系，支撑

区域产业发展，服务国家重大战略。实施“三对接”，对接产业设置专业、依据岗位职业标准构建课程体系、跟进技术进步更新教学内容，实现专业紧跟产业。利用高水平产学研育人平台汇聚的优势资源，多方联合开展科技创新，培养师资团队和现代工匠，实现科研反哺教学。推行“三进入”，提高教师工程实践能力、学生实战能力和创新能力。营造氛围，导师教育引导，大师示范引领，首创高端装备制造业“实战精技能、立德塑匠心”的现代工匠培养方法。

（3）勇于探索，建立产教融合可持续发展机制

针对产教合作各方产权难以明晰和成本分担机制不健全等问题，坚持以“平台为基础、项目为推动、契约为纽带、利益为驱动”，不断激发联盟的内生动力和发展活力。在学校与中国航发北京航材院、中国二重万航模锻共建中国航发四川检测实验室的过程中，三方签订“合作协议”“运营协议”“场地、设施、设备使用协议”等合约，遵循“谁投资、谁所有”原则，明确资产权属。按照“独立核算，风险利益共担”原则，明确利润分成。建立三方联席会议制度，共同派驻管理人员，检测人员由学校专任教师轮岗担任，结合生产任务开展人才培养，学校成立全资企业四川航检科技有限公司，负责开展具体管理和业务。

（4）发挥优势，助力脱贫攻坚奔小康

学校按照上级党委的统一部署，统筹资源调配，落实广元市朝天区蒲家乡罗圈岩村对口帮扶任务，在推进集体经济发展、打造产业品牌、落实“一户一策”方案、加强村貌村风和基层党组织建设等方面精准发力，2018 年顺利通过脱贫验收。学校将对口帮扶藏区工作作为勇担社会责任的重大政治任务，定点帮扶四川省阿坝藏族羌族自治州若尔盖县求吉乡麻藏村，在志愿服务、政策咨询、招生就业咨询的基础上，为若尔盖县提供技术技能培训、师资培训，推进红色农旅发展，做好产业发展规划。推进智力扶贫，与广元市朝天职业中学、四川省通江县职业高级中学、四川应用技术职业学院等省内职业院校建立对口帮扶关系，为少数民族和贫困地区培训职教师资。

我国职业教育发展已进入黄金期，逐步构建具有中国特色、世界水平的现代职业教育体系，学校在四川省“国家全面创新改革试验区”和德阳“国家高等职业教育综合改革试验区”纵深推进之际，面临历史性的机遇和挑战。下一步，在人才培养质量提升、服务社会能力、科研创新能力、文化传承与创新能力、国际交流与合作能力等方面，学校还需要进一步改进和完善。

九、义乌工商职业技术学院：做强“三大特色”，服务地方社会

义乌是浙江省金华市下辖县级市，GDP 超千亿元，是全球最大的小商品集散中心，被联合国、世界银行等国际权威机构确定为世界第一大市场。义乌因市场而发展壮大，义乌工商职业技术学院因义乌而特色鲜明，义乌融创业之城、小商品

海洋与国际化都市于一体的城市特质铺就了学校特色办学之路。学校目前有中外学生约9600人，是首批创业型大学建设试点校，跻身全国高等职业院校服务贡献50强、国际影响力50强，获评全国高校实践育人创新创业基地、全国跨境电商专业人才培养示范校。学校作为一所未经“骨干校”与“示范校”建设洗礼的高职院校，作为全国第一所县级城市举办的地方高校，以黑马之姿入围“浙江省优质高职建设院校”，秘诀正是多年来始终坚持“创业教育、创意教育、国际教育”三大特色办学，不断提高服务地方社会能力。

1. 主要举措

学校着眼于激发教师活力和提高做事效率两条主线，坚持产教融合、信息化、国际化、开放办学四个建设方向不动摇，根据优质校建设任务和责任主体的具体情况开展调研，个性化定制优质校建设专项考核方案，一步一个脚印打好优质校建设攻坚战。

(1)两条主线

①优质校建设关键之一在“人”，在师资队伍建设。学校出台《年度“十大标兵”评选办法(试行)》和《实施师德师风建设负面清单制度》，正负双向强化助推教师“想干事”；学校完善《教师进修培训管理办法》《访问工程师(访问学者)管理实施办法》《教师境外研修实施办法》等师资培养培训制度，大幅增加师资培养投入力度，持续推进教师校本培养计划，引导教师开阔视野提升能力“能干事”；学校不断完善分类培养、管理、考核机制，出台《卓越教师培养实施办法》《教师技能竞赛管理办法》《岗位聘期考核管理办法》等制度，对教学、科研、社会服务三大类教师实施不同导向管理，发挥教师特长专精“好干事”。

②优质校建设关键之二在“事”，在项目建设任务目标的达成。优质校建设项目是一个系统工程，目标高任务多，学校对任务内容分块、责任主体分工、完成时间分解，要求各责任单位实施挂图作战，明确每一个任务点的责任人、任务达成标准、推进及完成时间，对任务进展情况执行月报制度，实施过程管理，确保工作效率。

(2)四个坚持

①坚持深化产教融合。产教融合是学校创业教育和创意教育特色办学的基石。学校大力推进混合所有制试点工作，成立了商城设计学院；大力推进现代学徒制实践的深入并不断改进与完善管理；大力推进全方位的校企合作，成立了七个冠名的二级学院；大力建设校内实训场所，2018年投入实训室建设经费近两千万元。

②坚持推进信息化改革。信息化是“互联网＋”时代学校管理和教学改革提质的重要路径，学校启动“智慧校园”建设方案，争取到地方财政投入四千多万元，升级校园云、智慧教室和数据中心，启动标准化建设、联通信息孤岛，提升教学信息化、管理信息化水平。

③坚持做强国际化特色。学校成立了国际教育学院，打造国际教育交流中

心，深化留学生走进市场、农村等“四进工程”，成立“第二课堂”专家指导委员会，让留学生感受中华传统文化的深厚底蕴；学校积极引进国（境）外先进教育理念、优质教育资源，加大中外合作办学专业建设力度、积极搭建国际科研合作平台，完善全外语课程以及双语课程建设，提升师生国际交流的广度和深度。

④坚持做大开放办学。坚持开放办学是学校更好地融入地方、服务社会的主要路径。学校明确了“立足义乌区域发展、对接全国培训需求、提升高校合作水平”的基本思路，主动对接义乌市政府部门、行业协会、龙头企业寻找需求；借助阿里巴巴全球跨境电商教育联盟、浙江省级专业技术人员继续教育基地等平台资源在全国范围开展培训；与浙江大学、北京邮电大学、浙江工业大学、浙江师范大学等院校开展合作，为在校生及义乌市民提供继续教育服务。

（3）一个具体

学校对优质校建设项目任务始终坚持具体问题具体对待的原则。优质校建设任务内容不同，难度也不同；责任主体情况有差异性，不同阶段任务推进情况也有差异性。学校制定了《优质校建设专项绩效考核办法》，根据不同任务和不同主体的具体情况，有针对性地开展调研，就难点重点任务和进度滞后任务及时召开专题研讨会寻找对策，每年为不同责任单位制定个性化优质校建设专项考核具体目标，保障优质校建设目标稳步推进。

2. 特色及成效

学校紧密依托义乌市场优势，打破常规、开拓创新，走出了一条扎根义乌、服务义乌、以“创”立校的特色办学之路，形成了“创业教育、创意教育、国际教育”三大办学特色。

（1）创业教育

随着“大众创业、万众创新”“互联网＋”等一系列国家重大发展战略的深入推进，义乌审时度势，提出了打造“全国网商集聚中心、全球网货销售中心、跨境电子商务高地”的新目标，推动实体小商品市场向县域电子商务经济体转型。作为建立在市场上的高职院校，义乌工商职业技术学院提出了以创新创业为导向的人才培养目标，成立了全省首个创业学院，搭建了创业孵化和创业培训两个平台，打造学生创业的全真练兵场。

校内一万余平方米的大学生创业园集学习实战、物流仓储、沟通洽谈等多功能于一体，是学生电商创业的主战场；建设了 24 家校级大学生专业创业工作室，实现了“专业＋创业”的多点培育；与“中国网店第一村”青岩刘村等镇街、园区合作，构建政校合作、产教融合、“校地混合所有”协同育人创新创业基地。

经过多年的探索、实践和总结，学校初步形成了一套相对成熟的“双元三维度”人才培养模式（见图 6-5），建立了“职业岗位能力递进融合创新创业能力提升”的专业课程体系（见图 6-6）。电子商务专业获批浙江省普通高校“十三五”优势专业，并在此基础上打造了以电子商务专业为主干，带动市场营销、工商企业管理、金融管理、会计专业协同发展的电子商务专业群，深度服务国家“双创”战略、推进义乌“两中心一高地”建设。

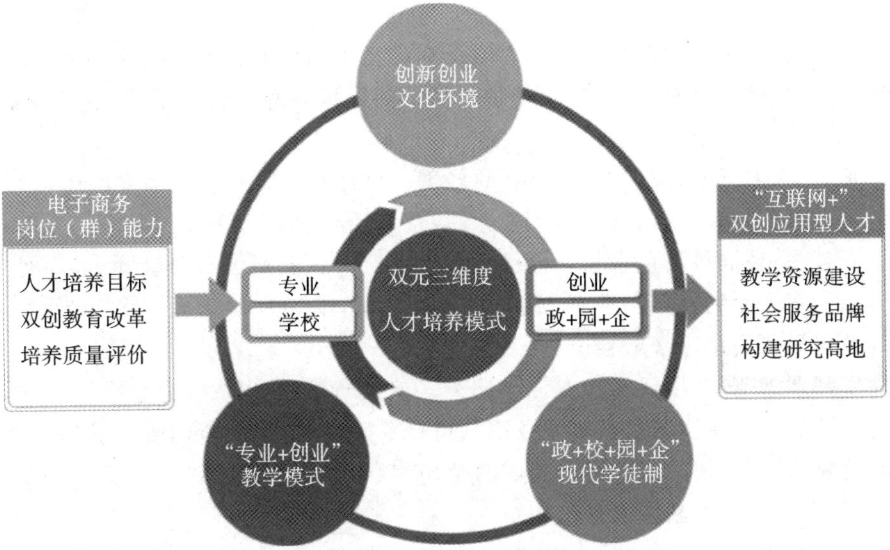

图 6-5　“双元三维度”人才培养模式

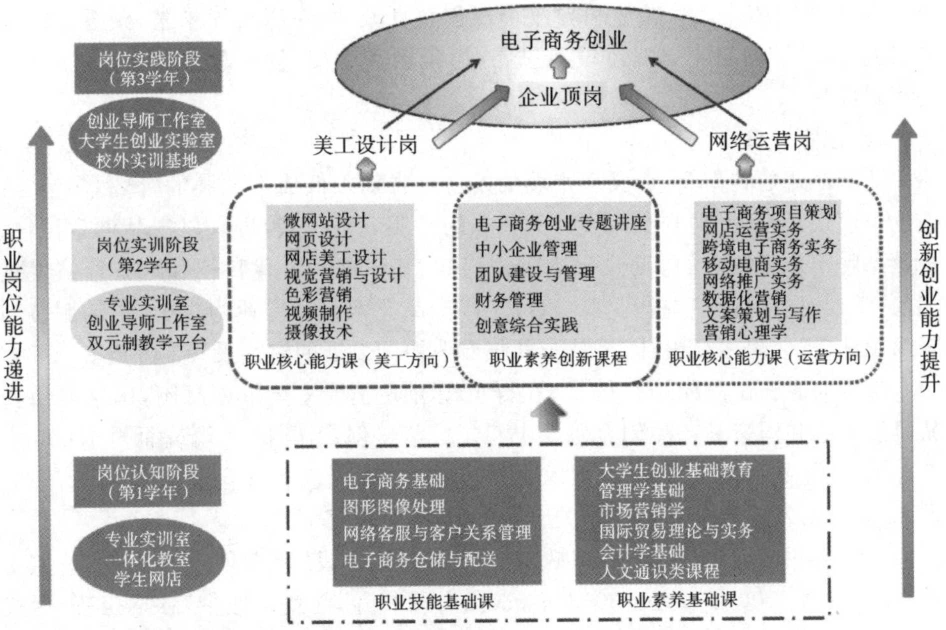

图 6-6　“职业岗位能力递进融合创新创业能力提升”的专业课程体系

立德树人是教育事业的“初心”，也是学校的终极使命。学校“创业教育”为义乌培养了一批又一批的电商创业人才，义乌丰富的市场资源催生了学校的“创业教育”特色，学校“创业教育”又反哺了义乌的“电商换市”战略，造就了一个又一个的“创业精英”：

杨甫刚，高考复读两年才考上大学。在义乌工商职业技术学院他找到了人生的新坐标，从捡矿泉水瓶、易拉罐的勤工俭学到五皇冠淘宝店卖家，每年营业额上千万元……

李鑫森，大三成为“发发批发网”总经理。他拥有一家皇冠级淘宝网店、100多平方米的仓库，与3位同学一起创业，月均营业额超20万元……

石豪杰，睿清科技董事长。他已经在深圳、台州、温州设有分公司、办事处，拥有自己的多项专利、品牌，业务面涵盖内销、外贸，平均月营业额在80万元左右，他的故事只能用奇迹来形容……

周帅，“蹭范趣”项目发起人。2018年，在“创青春”全国大学生创业大赛中，周帅的蹭范趣——专注城乡家宴服务团队勇夺赛事金奖，成为全国唯一获得金奖的高职院校参赛项目。2018年5月，“蹭范趣”项目获得A轮风投，投资额1000万元，项目创业实践不断深入推进……

2018年是义乌工商职业技术学院建校25周年、创业学院成立10周年，学校承办了“2018年全国创新创业教育论坛”，提出了“与市场共舞，因地制宜构建双创资源平台；领师生同创，因势利导改革双创教育教学；在当下谋未来，归零出发打造双创升级版”的创业学院建设新思路，力争创造学校“创业教育”特色的下一个十年辉煌！

(2)创意教育

随着产业的转型升级，义乌市场的发展将告别以低成本取胜的“薄利多销”价格竞争模式，转向以提升产品设计为核心的品质竞争模式，进入以产品创意设计、企业品牌塑造为核心的“设计智造”新时代。基于这一时代特征和地方经济发展需求，学校对接时尚消费产业群，建成了以产品艺术设计专业为主干，带动服装与服饰设计、工艺美术品设计、模特与礼仪专业协同发展的时尚设计专业群。

学校大胆尝试院园结合模式，在群英湖畔成立了义乌市创意园，国家旅游商品研发中心和国家林产品创意研发中心先后落户创意园，园区建筑面积15000多平方米，入住文创设计机构70多家。2017年，创意园服务社会业绩金额5277.51万元(以开具发票统计)，带动相关行业产值达7.92亿元。

2009年开始，学校在义乌市政府支持下开始建设“环湖创意产业带”一期工程，先后投入5100多万元。2018年，学校启动“环湖创意产业带”二期工程，由义乌市政府投资6800万元，包括义乌市创意园、创意设计中心(原中国义乌工业设计中心)两幢大楼的升级改建工程，以及沿湖连廊式建筑新建工程，2020年建成后建筑面积达 30650 平方米。环湖创意产业带将打造成集教学实训、创业孵化、研发智造、产业集聚、展示推广的创意综合体。

学校努力在多元主体混合所有制办学体制机制上寻求突破，2018 年 1 月与浙江中国小商品城集团股份有限公司合作共建混合所有制二级学院——商城设计学院，以义乌中国小商品城创意设计发展服务有限公司为载体，利用义乌市场产业集群优势，整合全球小商品创新设计资源，紧密对接支撑产业。与梦娜袜业、浪尖设计、木马设计、正摄文化传媒有限公司等生产型企业和设计服务型企业共同构建协同育人联盟，开展基于“平台＋中小微企业”时尚设计专业群现代学徒制试点探索，建立起一套企业全程参与的有效教学管理制度和教学组织实施流程，解决目前高职院校人才培养中普遍存在的职业技能不精、职业素养不高、无法胜任岗位工作的问题。

以商城设计学院为平台，以时尚设计专业群为主体，以“环湖创意产业带”与混合所有制商城设计学院为两翼，以“协同育人联盟”为长尾，创意教育经过多年坚持不懈的努力，已逐步形成了一个深度融入义乌地方经济社会的时尚设计生态圈，日益彰显其强大的生命力。见图 6-7。

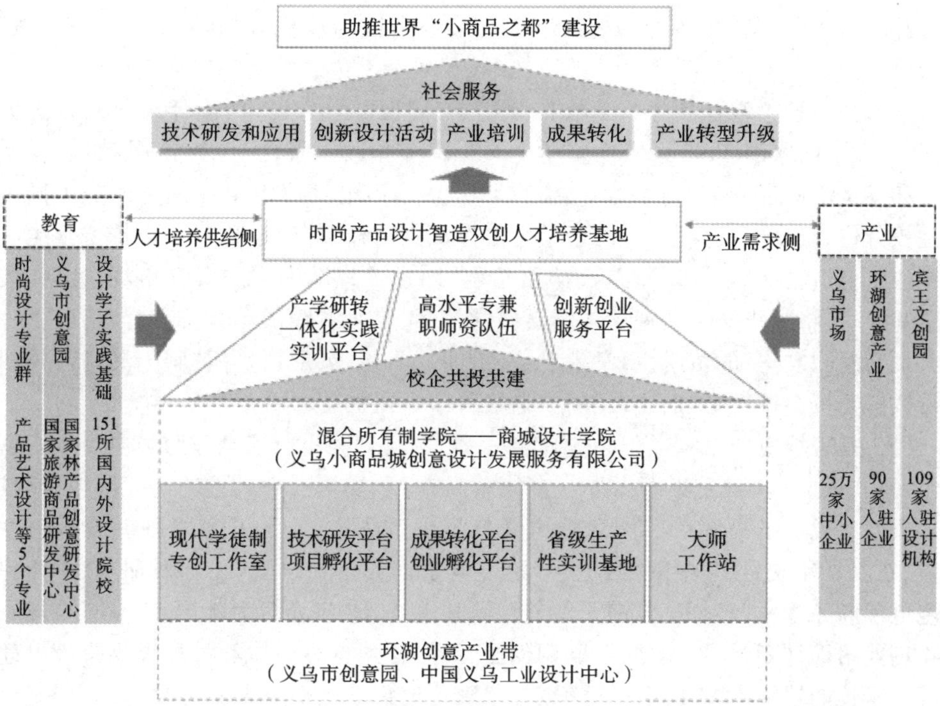

图 6-7　创意教育发展示意图

(3)国际教育

基于义乌的国际化环境,学校坚持“国际教育”办学特色,加强顶层设计,制定了《教育国际化“十三五”专项规划》,明确了依托义乌国际化优势,对接国家“一带一路”倡议,建立与学校发展目标相适应的国际交流与合作体系及运行机制,通过扩大国际化办学渠道、创新国际化教学模式、打造国际化教学团队,逐步实现学生生源国际化、师资队伍国际化、课程建设国际化、学术研究国际化和校园环境国际化,培养具有国际视野和国际化素养的高素质人才、培养“知华、友华”国际友人、服务义乌国际化进程的国际化办学思路。2018 年,学校主持的《面向国际贸易综合改革试点,培养中外国际化商贸人才的创新与实践》项目获得国家教学成果二等奖。

学校依托国际化师资队伍建设、学生涉外工作能力提升、国际合作科研三大平台的多年建设,目前专任教师出国访学或培训三个月以上人员百分比达 35%;每年立项近 20 门国际商贸类、管理类双语或全外语课程;每年推出近 20 个海外交流生、实习生项目,外派交流生、海外实习生占全校学生比为 0.96%;建立国际合作科研平台 16 个,2018 年主办承办国际论坛及学术会议 5 场。

学校成功打造了“留学生教育、跨境电商培训、多语种教育”三大品牌,丰富“国际教育”办学特色内涵,2018 年再次荣登全国高职院校“国际影响力 50 强”榜单。

一是留学生教育品牌。学校自 2007 年招收留学生以来,累计培养来自五大洲 70 多个国家的 8000 余人次留学生。2017 年招收了来自 50 多个国家的留学生 1125 人,留学生数量占在校生总数的 12.51%,年招收留学生数量位居全国同类院校首位,获团中央授予“全国留学生工作试点高校”等荣誉称号。学校留学生教育注重打造精品“第二课堂”,实施留学生“四进工程”,即走进义乌市场、社区、展会和农村,将中华文化的展示与汉语课堂教学、专业实践活动有机融合,培养了一大批“知华、友华”的留学生,学生巴特(伊朗)、阿福(突尼斯)等被聘为义乌涉外纠纷调解委员会调解员,被誉为外籍“老娘舅”,受到中央电视台等多次报道。

二是跨境电商培训品牌。2018 年 7 月 26 日,“阿里巴巴全球跨境电商教育联盟”正式成立,联盟云集海内外众多知名高校,学校是唯一入选的高职院校;学校牵头发起成立了中国(义乌)跨境电商发展促进中心、全国跨境电商教育发展联盟;在西班牙成立了“中欧(西班牙)跨境电子商务培训学院(巴塞罗那)”“中西跨境电子商务基地(马德里)”两个海外培训基地,2018 年先后为泰国教育团、全球青年创业培训计划学员、全球“互联网创业者计划”学员等团体和学员提供跨境电商等技术技能培训 10234 人次。学校是全国首批跨境电商专业人才培养示范校,获全国“互联网+”国际贸易综合技能大赛一等奖。

三是多语种教育品牌。随着 9 条“义新欧”班列的常态化运营,义乌对“小语种"人才的需求量不断扩大。学校先后开设了阿拉伯语、西班牙语、韩语、日语、法语、德语、俄语七个非通用语课程，为学生提供更多的语言学习选择权，小语种课程同时面向校外学员开放，满足义乌社会人士多语种学习需求。

3. 存在问题

学校启动优质校项目建设以来，上下一心撸起袖子加油干，实现了跨越式的发展，取得了可喜的成绩，但学校高速前进的同时也暴露出很多困难和问题。一是专业提升和动态调整困境，在我国社会经济全方面转型升级的大环境下，各大产业迭代更新速度不断加快，而学校的专业建设需要长时期的积累，往往跟不上社会及产业需求；二是信息化困境，无论外部教育行政管理体系还是校内部门管理体系，都存在互通性障碍，容易形成一个个信息孤岛，在管理和教学信息化上都存在标准不统一的问题；三是资源困境，作为高职院校中的后起之秀，学校基础较弱，能获取的资源有限，生师比、高层次人才、高级别科研及社会服务项目等方面都存在瓶颈，只能向管理要效率，深耕精细化管理提高有限资源的产出。

附　　录

附录A　“优质专科高等职业院校建设”调查报告

一、受访对象基本信息

本次调查的受访对象是来自121所高职院校的220名高校教学管理人员，首先对不同职务受访者、不同层次学校、不同隶属学校、不同性质学校的分布情况进行了描述性统计，结果见表A-1。

表A-1　受访对象基本信息

受访对象信息		人次/人(百分比)	合计/人(百分比)
受访对象职务	校长	16(7.3%)	220(100%)
	分管教学副校长	53(24.1%)	
	教务处长	86(39.1%)	
	高教所研究人员	65(29.5%)	
学校层次	国家示范(骨干)高职院校	75(62.0%)	121(100%)
	省级示范(骨干)院校	28(23.1%)	
	其他院校	18(14.9%)	
学校隶属	省属院校	80(66.1%)	121(100%)
	地市院校	36(29.8%)	
	其他院校	5(4.1%)	
办学性质	公办院校	116(95.9%)	121(100%)
	民办院校	4(3.3%)	
	其他院校	1(0.8%)	

二、问卷内容

1. 您认为目前制约贵校发展的内部因素中，较为突出的是(　　)(限填 2 项)

对制约高职院校发展的内部因素进行了描述性统计后，并根据各选项的人次和百分比由高到低进行排序：选择"'双师双能'教师缺乏"的比例最高，其次是"缺少国际交流与合作"，"专业服务产业发展能力不足"也紧跟其后。可此可见，目前制约高校发展的内部因素中，被认为较为突出的因素可以重点考虑这三项，其他因素也可供参考。见表 A-2。

表 A-2　制约高职院校发展的内部因素总体分析

选项	人次/人	响应百分比/(%)	个案百分比/(%)
"双师双能"教师缺乏	106	25.5	48.2
缺少国际交流与合作	77	18.6	35.0
专业服务产业发展能力不足	76	18.3	34.5
办学优势及特色不够突出	53	12.8	24.1
人才培养与社会需求存在差距	49	11.8	22.3
生师比过高	34	8.2	15.5
其他	20	4.8	9.1
合计	415	100.0	188.6

对受访者职务、学校类型等因素与制约学校发展的内部各因素进行 χ^2 检验，以六个内部因素为单位来分析，具体结果如下：

(1)在"办学优势及特色不够突出"上的选择，职务差异不显著，学校层次差异、学校隶属差异、学校类型差异均显著

不同层次学校，在"办学优势及特色不足"选择倾向有显著差异。χ^2 检验结果显示，$\chi^2=16.429$，P=0.000，省级示范(骨干)院校选择"办学优势及特色不够突出"这一内部因素的比例显著高于国家示范(骨干)高职院校，见表 A-3、图 A-1。

表 A-3　不同学校层次认为办学优势及特色不足是内部影响因素的分析

学校层次	人次/人	总人数/人	百分比/(%)
国家示范(骨干)高职院校	25	152	16.4
省级示范(骨干)院校	15	40	37.5
其他院校	13	28	46.4

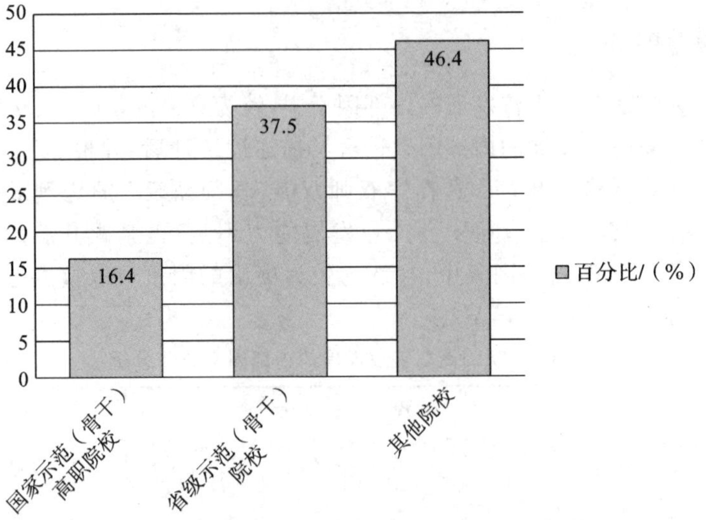

图 A-1　不同层次学校选择“办学优势及特色不足”的比例

不同隶属学校，在“办学优势及特色”选择倾向有显著差异。χ^2检验表明结果显示，$\chi^2=11.158$，$P=0.004$，即地市院校选择“办学优势及特色不够突出”这一内部因素的比例显著高于省属院校选择这一选项的比例，见表 A-4、图 A-2。

表 A-4　不同隶属的学校认为办学优势及特色不足是内部影响因素的分析

学校隶属	人次/人	总人数/人	百分比/(%)
省属院校	26	147	17.7
地市院校	25	64	39.1
其他院校	2	9	22.2

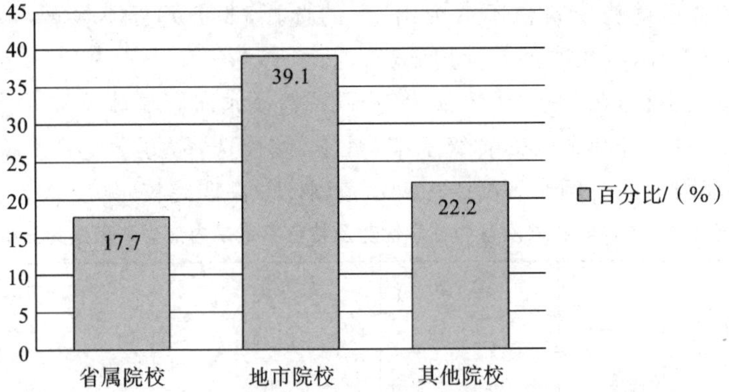

图 A-2　不同隶属的学校选择“办学优势及特色不足”的比例

不同类型学校，在“办学优势及特色”选择倾向有显著差异。χ^2检验结果显示，校准后的 Fisher＝7.832，P＝0.017，即综合型院校选择“办学优势及特色不够突出”这一内部因素的比例显著高于行业型选择这一选项的比例，见表 A-5、图 A-3。

表 A-5　不同类型的学校认为办学优势及特色不足是内部影响因素的分析

学校类型	人次/人	总人数/人	百分比/(%)
综合型	42	142	29.6
行业型	10	75	13.3
其他	1	3	0.33

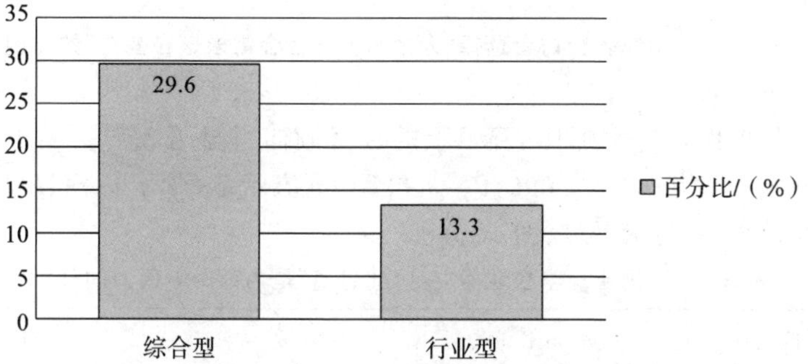

图 A-3　不同类型的学校认为办学优势及特色不足是内部影响因素的比例

(2)在“人才培养”上的选择，职务差异显著，学校层次、学校隶属、学校类型差异均不显著

不同职务受访者，在“办学优势及特色”选择倾向有显著差异。χ^2检验表明，分管教学副校长和教务处长选择“人才培养与社会需求存在差距”这一内部因素的比例显著更高，χ^2＝19.750，P＝0.000，见表 A-6、图 A-4。

表 A-6　不同职务受访者认为“人才培养与社会需求存在差距”是内部影响因素的分析

职务	人次/人	总人数/人	百分比/(%)
校长	5	16	31.3
分管教学副校长	8	53	15.1
教务处长	10	86	11.6
高教所研究人员	26	65	40.0

(3)在“生师比过高”上的选择，学校层次差异显著，不同职务、学校隶属、学校

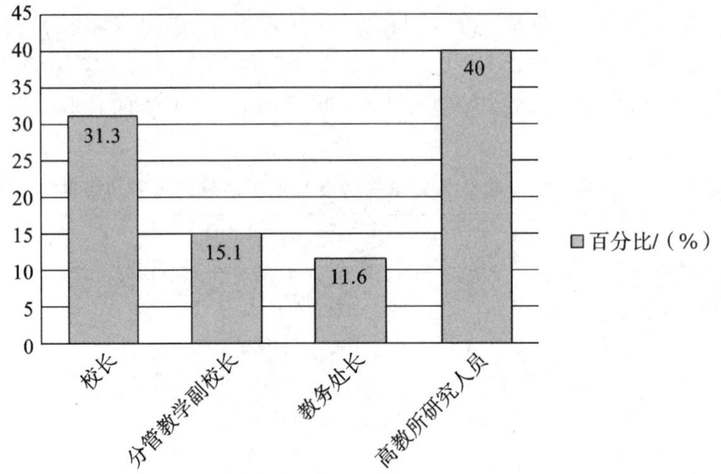

图 A-4　不同职务受访者选择“人才培养与社会需求存在差距”的比例

类型差异均不显著

不同学校层次，在“生师比过高”上的选择倾向有显著差异。χ^2检验表明，不同学校层次差异显著（$\chi^2=7.096$，$P=0.028$），国家示范（骨干）高职院校选择该选项的比例显著更高，见表 A-7、图 A-5。

表 A-7　不同层次学校认为“生师比过高”是内部影响因素的分析

学校层次	人次/人	总人数/人	百分比/(%)
国家示范(骨干)高职院校	30	152	19.7
省级示范(骨干)院校	3	40	7.5
其他院校	1	28	3.6

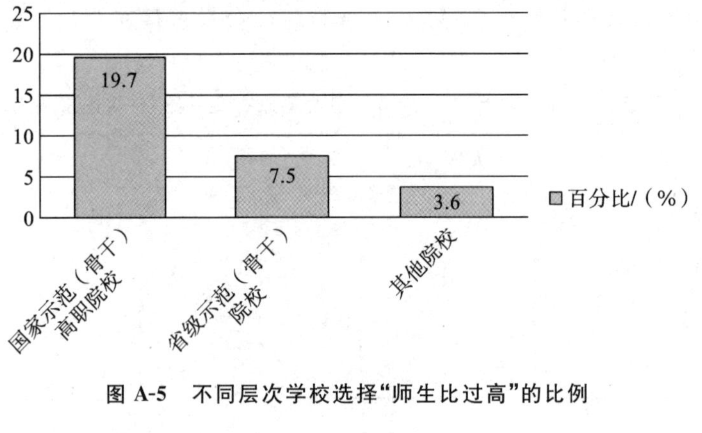

图 A-5　不同层次学校选择“师生比过高”的比例

(4)在“专业服务产业发展能力不足”上的选择，除学校层次差异显著外，职务、学校隶属、学校类型差异均不显著

不同学校层次，在“专业服务产业发展能力不足”上的选择倾向有显著差异。χ^2检验结果显示，$\chi^2=7.560$，$P=0.022$，其他院校认为“专业服务产业发展能力不足”是影响学校发展内部影响因素的比例显著更高，见表A-8、图A-6。

表A-8 不同层次学校认为“专业服务产业发展能力不足”是内部影响因素的分析

学校层次	人次/人	总人数/人	百分比/(%)
国家示范(骨干)高职院校	49	152	32.2
省级示范(骨干)院校	11	40	27.5
其他院校	16	28	57.1

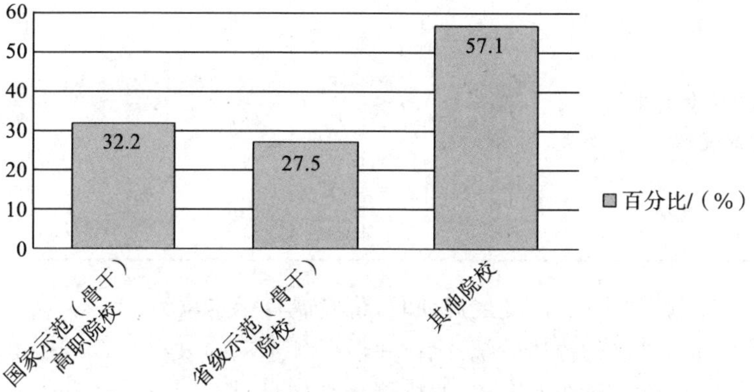

图A-6 不同层次学校选择“专业服务产业发展能力不足”的比例

除此之外“‘双师双能’教师缺乏”“缺少国际交流与合作”这两个选项上等χ^2检验结果均不显著，不受其他变量的影响。

2.您认为目前制约贵校发展的外部因素中，较为突出的是(　　)(限填2项)

对制约高职发展的外部因素进行了描述性统计后，并根据各选项的人次和百分比由高到低进行排序：选择“社会对高职教育认识的不足”(41.8%)的比例最高，其次是“企业参与人才培养所承担成本的补偿机制未建立”(39.5%)。且χ^2检验结果显示，该结果不受受访对象职务、学校性质等因素的影响。可此可见，目前制约高校发展的外部因素中，被认为较为突出的因素可以重点考虑这两项，其他因素也可供参考。见表A-9。

表 A-9　制约高职发展的外部因素总体分析

选项	人次/人	响应百分比/(%)	个案百分比/(%)
社会对高职教育认识的不足	92	21.6	41.8
企业参与人才培养所承担成本的补偿机制未建立	87	20.4	39.5
政策的缺失,没有形成合力	75	17.6	34.1
办学层次偏低	63	14.8	28.6
政策未落细、落实	51	12.0	23.2
在行业中缺乏话语权	31	7.3	14.1
师资培养体系中的职业教育师资培养处于短板	20	4.7	9.1
其他	3.2	1.6	3.2

3. 贵校在制定“十三五”发展规划时,将发展目标定位为(　　)

对该项目结果进行描述性统计后,并根据各选项的人次和百分比由高到低进行排序:选择“国内一流职业院校”的比例最高(61.4%),其次是“省内一流职业院校”(20.0%)。可此可见,受访者对“十三五”发展目标的定位,大致定位在这两项,其他类型院校也可供参考。见表 A-10、图 A-7。

表 A-10　制定“十三五”发展规划发展目标定位的总体分析

选项	人次/人	百分比/(%)
世界一流职业院校	24	10.9
国内一流职业院校	135	61.4
省内一流职业院校	44	20.0
行业一流职业院校	8	3.6
其他	9	4.1

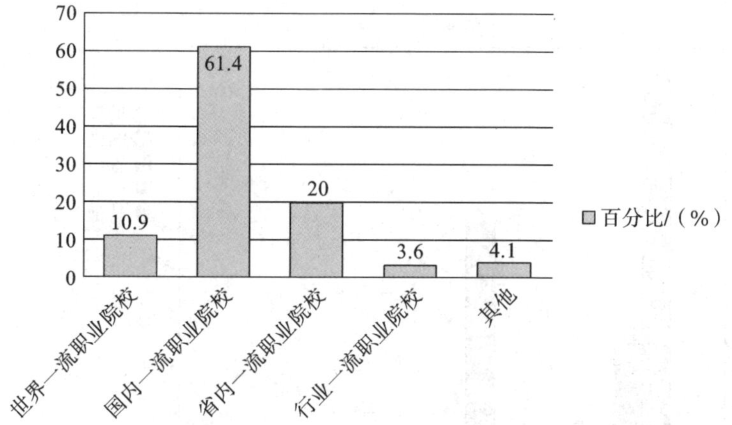

图 A-7 制定“十三五”发展规划发展目标定位分布比例

（1）不同受访者职务、学校类型对十三五规划发展目标定位的检验

对受访者职务、学校类型等因素与“十三五”目标进行 χ^2 检验，发现相关不显著，即不同职务和来自不同类型学校的受访者，对自己学校“十三五”发展目标都有较为相似的定位，见图 A-8、图 A-9。

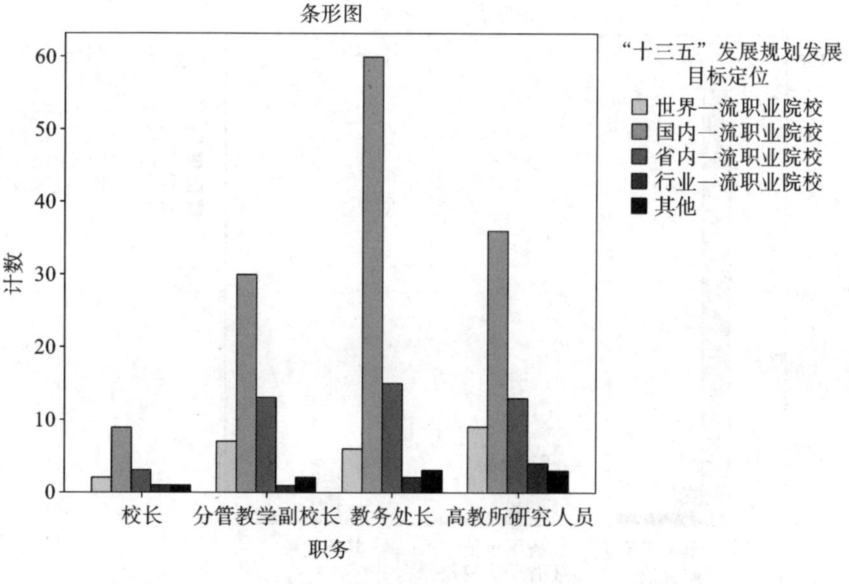

图 A-8 受访者“职务”与对学校“十三五”目标选择的关联性

（2）不同水平层次学校对十三五规划发展目标定位的检验

对受访者所在学校层次与十三五规划发展目标定位的 χ^2 检验结果为，Fisher＝81.585，P＝0.000，相关显著，即不同层次学校的受访者对自己学校“十三五”发展目标的定位不同，见图 A-10。国家示范（骨干）高职院校更倾向于成为国内一流

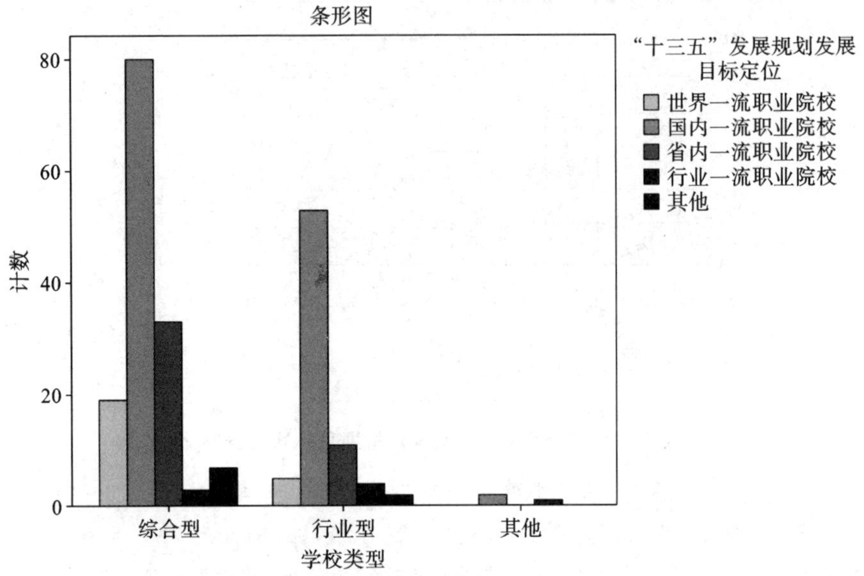

图 A-9　受访者"学校类型"与对学校"十三五"目标选择的关联性

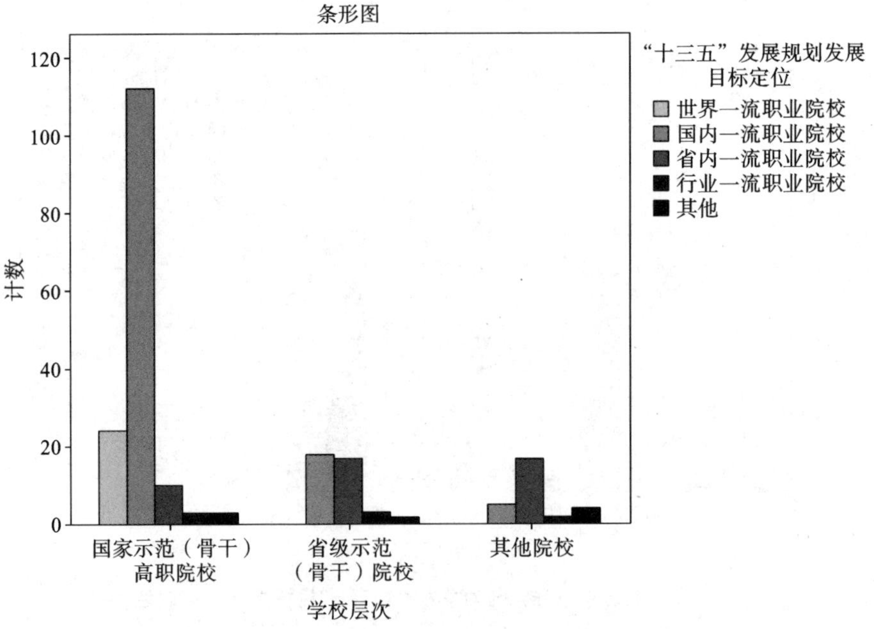

图 A-10　受访者"学校层次"与对学校"十三五"目标选择的关联性

职业院校，且成为世界一流职业院校，而省级示范（骨干）院校和其他院校对成为世界一流职业院校一项上选择为0。

(3)不同性质学校对十三五规划发展目标定位的检验

对受访者所在学校性质与十三五规划发展目标定位的 χ^2 检验结果为，Fisher＝16.692，P＝0.021，相关显著，即公办院校的受访者与民办院校、其他类型院校的受访者对自己学校“十三五”发展目标的定位显著不同，公办院校有更强烈的倾向成为国内一流职业院校，见图 A-11。

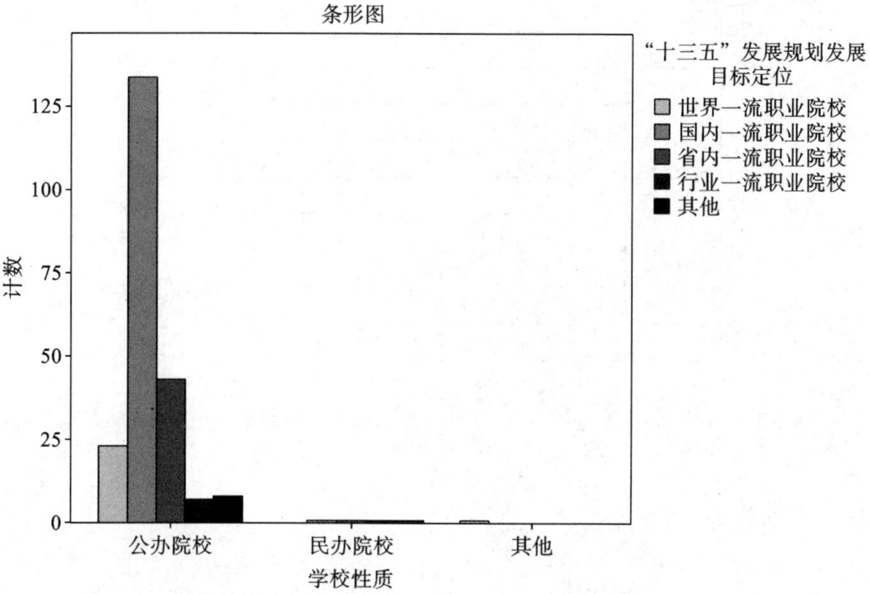

图 A-11　受访者“学校性质”与对学校“十三五”目标选择的关联性

4.您认为国家示范院校建设等重大项目给高职教育发展带来的主要变化是(　　)(限填 3 项)

结果显示，总的来说，推动高职教育从规模发展走向内涵发展(84.1%)、增强服务经济社会能力(60.0%)和形成可借鉴经验与模式(59.1%)所占比例为最高的三项，见表 A-11、图 A-12。

表 A-11　国家示范院校建设等重大项目给高职教育发展带来的主要变化的分析

项目	人次/人	响应百分比/(%)	个案百分比/(%)
推动高职教育从规模发展走向内涵发展	185	30.4	84.1
增强服务经济社会能力	132	21.7	60.0
形成可借鉴经验与模式	130	21.4	59.1
增进了社会对高职教育的认识	66	10.9	30.0
加大了院校的非均衡发展	54	8.9	24.5

续表

项目	人次/人	响应百分比/(%)	个案百分比/(%)
仅仅局限在项目支持院校的受益上，整体带动效应欠明显	40	6.6	18.2
其他	1	0.2	0.5

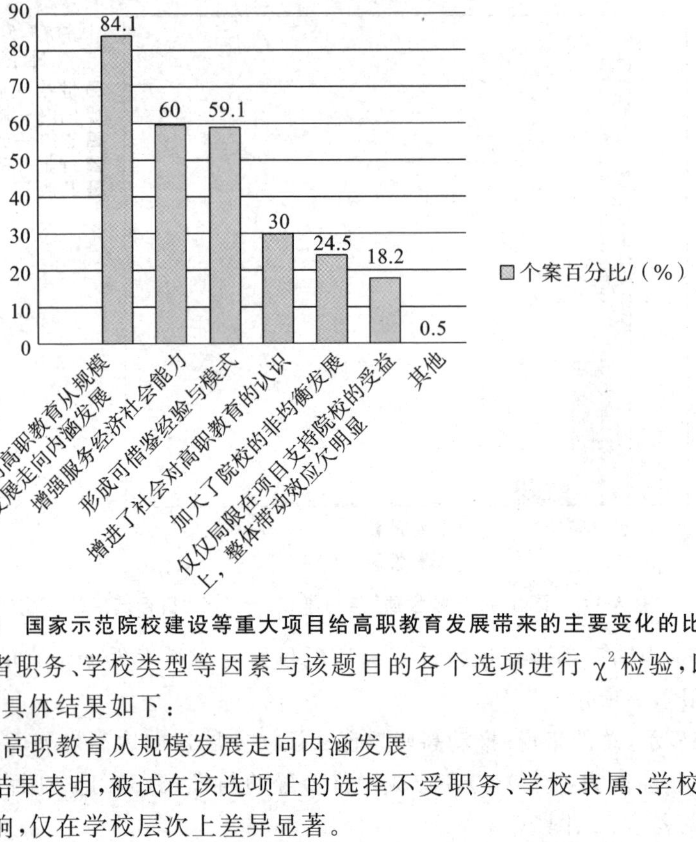

图 A-12　国家示范院校建设等重大项目给高职教育发展带来的主要变化的比例

对受访者职务、学校类型等因素与该题目的各个选项进行 χ^2 检验，以选项为单位来分析，具体结果如下：

(1)推动高职教育从规模发展走向内涵发展

χ^2 检验结果表明，被试在该选项上的选择不受职务、学校隶属、学校类型、学校性质等影响，仅在学校层次上差异显著。

不同学校层次，在“推动高职教育从规模发展走向内涵发展”上的选择倾向有显著差异。χ^2 检验结果显示，$\chi^2=24.672$，$P=0.000$，国家示范(骨干)高职院校认为国家示范院校建设等重大项目给高职教育发展带来的最主要的变化是“推动高职教育从规模发展走向内涵发展”比例显著高于其他院校，见表 A-12、图 A-13。

表 A-12　不同层次学校选择“推动高职教育从规模发展走向内涵发展”的分析

学校层次	人次/人	总人数/人	百分比/(%)
国家示范(骨干)高职院校	140	152	92.1
省级示范(骨干)院校	28	40	70.0
其他院校	17	28	60.7

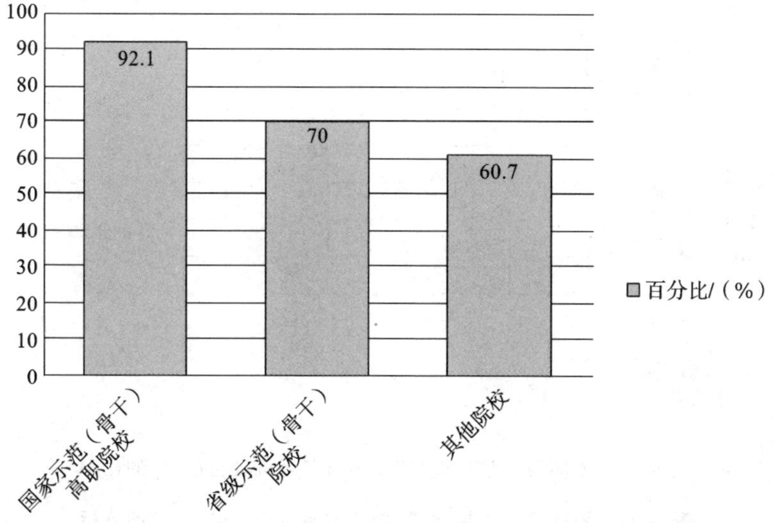

图 A-13　不同层次学校选择"推动高职教育从规模发展走向层次发展"的比例

(2)增强服务经济社会能力

χ^2检验结果表明,被试在该选项上的选择不受职务、学校类型、学校性质等影响,但在学校层次和学校隶属上差异显著。

不同学校层次,在"增强服务经济社会能力"上的选择倾向有显著差异。χ^2检验结果显示,$\chi^2=16.893$,$P=0.000$,国家示范(骨干)高职院校认为国家示范院校建设等重大项目给高职教育发展带来的主要的变化之一是"增强服务经济社会能力"的显著高于其他院校,见表 A-13、图 A-14。

表 A-13　不同层次学校选择"增强服务经济社会能力"的分析

学校层次	人次/人	总人数/人	百分比/(%)
国家示范(骨干)高职院校	105	152	69.1
省级示范(骨干)院校	16	40	40.0
其他院校	11	28	39.3

不同隶属的学校,在"增强服务经济社会能力"上的选择倾向有显著差异。χ^2检验结果显示,$\chi^2=6.668$,$P=0.041$,国家示范(骨干)高职院校认为国家示范院校建设等重大项目给高职教育发展带来的主要的变化之一是"增强服务经济社会能力"的显著高于省属院校和其他院校,见表 A-14、图 A-15。

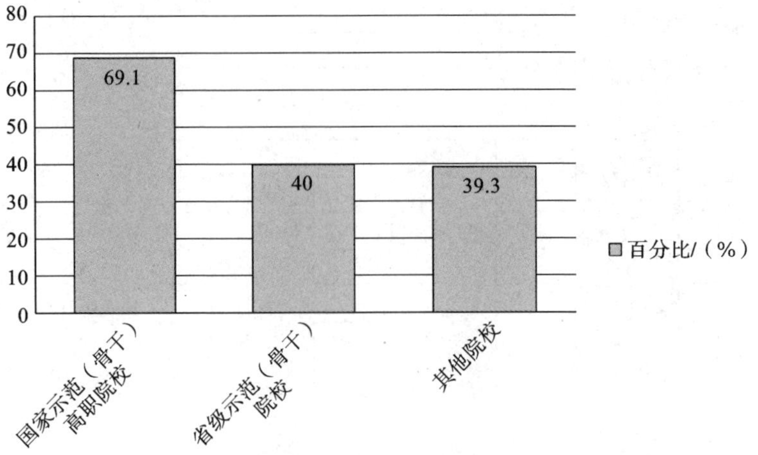

图 A-14　不同层次学校选择“增强服务经济社会能力”的比例

表 A-14　不同隶属学校选择“增强服务经济社会能力”的分析

学校隶属	人次/人	总人数/人	百分比/(%)
省属院校	97	147	60.0
地市院校	31	64	48.4
其他	4	9	44.4

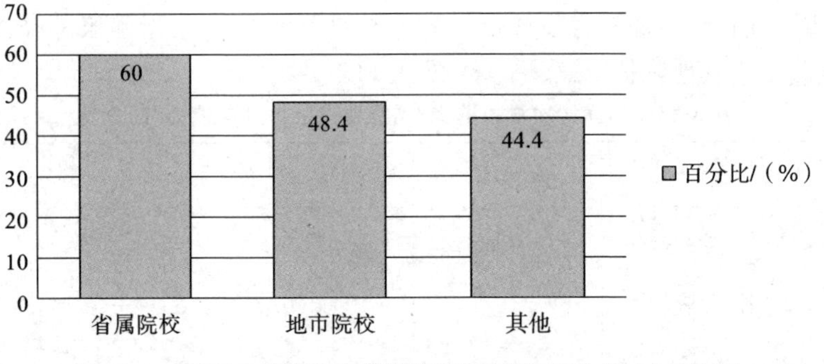

图 A-15　不同隶属学校选择“增强服务经济社会能力”的比例

(3)形成可借鉴经验与模式

χ^2检验结果表明，被试在该选项上的选择不受学校类型、学校性质、学校隶属等影响，但在职务和学校层次上差异显著。

不同职务的受访者，在“形成可借鉴经验与模式”上的选择倾向有显著差异。χ^2检验结果显示，$\chi^2=8.562$，$P=0.036$，认为国家示范院校建设等重大项目给高职教育发展带来的主要的变化之一是“形成可借鉴经验与模式”的，校长选择的比例显著大于其他职务受访者，其次为教务处长，见表 A-15、、图 A-16。

表 A-15　不同职务选择“形成可借鉴经验与模式”的分析

职务	人次/人	总人数/人	百分比/(%)
校长	13	16	81.3
分管教学副校长	28	53	52.8
教务处长	57	86	66.3
高教所研究人员	32	65	49.2

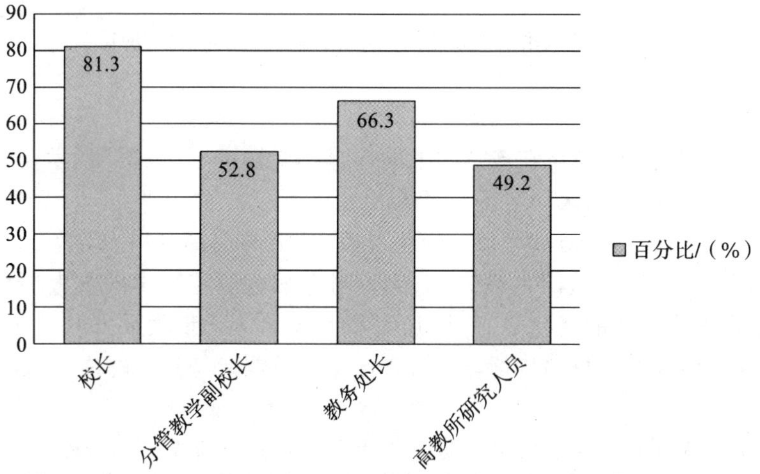

图 A-16　不同职务选择“形成可借鉴经验与模式”的比例

不同层次的学校，在“形成可借鉴经验与模式”上的选择倾向差异边缘显著。χ^2 检验结果显示，$\chi^2=5.902$，$P=0.051$，认为国家示范院校建设等重大项目给高职教育发展带来的主要的变化之一是“形成可借鉴经验与模式”的，国家示范（骨干）高职院校的比例显著大于省级示范（骨干）院校和其他院校，见表 A-16、图 A-17。

表 A-16　不同层次学校选择“形成可借鉴经验与模式”的分析

学校层次	人次/人	总人数/人	百分比/(%)
国家示范（骨干）高职院校	98	152	64.5
省级示范（骨干）院校	19	40	47.5
其他院校	13	28	46.4

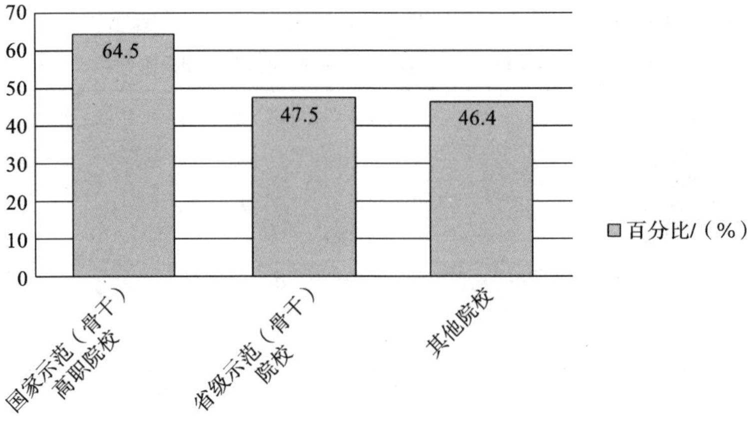

图 A-17　不同层次学校选择“形成可借鉴经验与模式”的比例

(4)加大了院校的非均衡发展

χ^2检验结果表明，被试在该选项上的选择不受职务、学校类型、学校性质等影响，但在学校层次、学校隶属上差异显著。

不同层次学校，在“形成可借鉴经验与模式”上的选择倾向有显著差异。χ^2检验结果显示，$\chi^2=52.785$，$P=0.000$。认为国家示范院校建设等重大项目给高职教育发展带来的主要的变化之一是“加大了院校的非均衡发展”的，省级示范（骨干）院校和其他院校选择的比例显著大于国家示范（骨干）高职院校，见表 A-17、图 A-18。

表 A-17　不同层次学校选择“加大了院校的非均衡发展”的分析

学校层次	人次/人	总人数/人	百分比/(%)
国家示范(骨干)高职院校	16	152	10.5
省级示范(骨干)院校	21	40	52.5
其他院校	17	28	60.7

不同隶属学校，在“形成可借鉴经验与模式”上的选择倾向有显著差异。χ^2检验结果显示，$\chi^2=11.041$，$P=0.004$。认为国家示范院校建设等重大项目给高职教育发展带来的主要的变化之一是“加大了院校的非均衡发展”的，地市院校和其他院校选择的比例显著大于省属院校，见表 A-18、图 A-19。

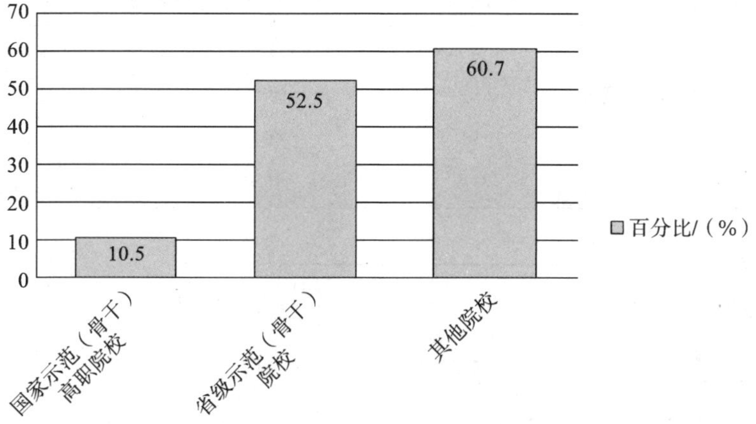

图 A-18　不同层次学校选择“加大了院校的非均衡发展”的比例

表 A-18　不同隶属学校选择“加大了院校的非均衡发展”的分析

学校隶属	人次/人	总人数/人	百分比/(%)
省属院校	27	147	18.37
地市院校	22	64	34.38
其他	5	9	55.56

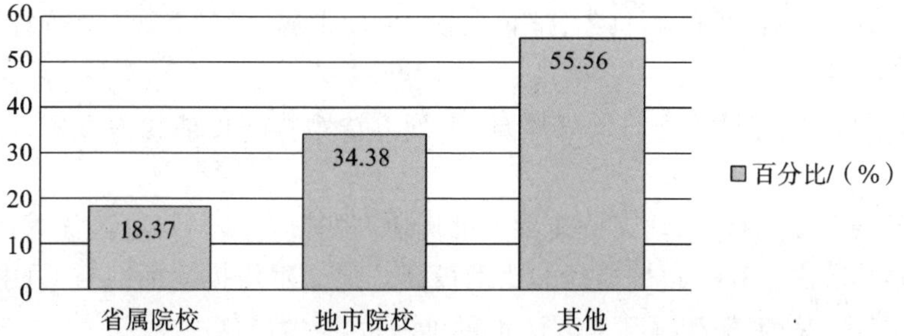

图 A-19　不同隶属学校选择“加大了院校的非均衡发展”的比例

(5)仅仅局限在项目支持院校的受益上，整体带动效应欠明显

χ^2检验结果表明，被试在该选项上的选择不受职务、学校类型、学校性质、学校隶属等影响，仅在学校层次上差异显著。

不同层次学校，在“仅仅局限在项目支持院校的受益上，整体带动效应欠明显”上的选择倾向有显著差异。χ^2检验结果显示，$\chi^2=43.419$，$P=0.000$。认为国家示范院校建设等重大项目给高职教育发展带来的主要的变化之一是“仅仅局限在项目支持院校的受益上”的，省级示范（骨干）院校和其他院校选择的比例显著大于国家示范（骨干）高职院校，见表 A-19、图 A-20。

表 A-19　不同层次学校选择“仅仅局限在项目支持院校的受益上，整体带动效应欠明显”的分析

学校层次	人次/人	总人数/人	百分比/(%)
国家示范(骨干)高职院校	11	152	7.24
省级示范(骨干)院校	14	40	35.00
其他院校	15	28	53.57

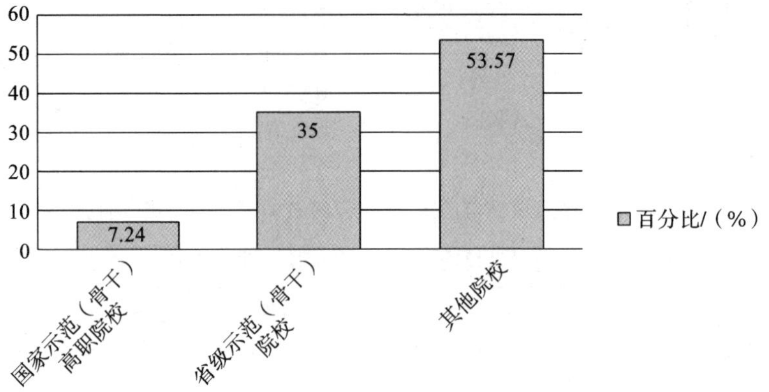

图 A-20　不同层次学校选择“仅仅局限在项目支持院校的受益上，整体带动效应欠明显”的比例

(6)增进了社会对高职教育的认识

在此方面，不论受访者职务、学校层次、学校隶属、学校类型、学校性质如何，均无显著差异。

5. 若要提升高职教育的发展质量，下列方法中哪些可能较为有效(　　)(限填 3 项)

结果显示，总的来说，“支持建设一批优质高职”(74.1%)、遴选优秀的高职院校提升办学层次(65.0%)被选择的比例最高，“建立生均拨款标准与 GDP 同步增长机制”其次，见表 A-20。其他方法也可供参考。

表 A-20　提升高职教育的发展质量的有效方法总体分析

选项	人次/人	响应百分比/(%)	个案百分比/(%)
支持建设一批优质高职	163	26.2	74.1
遴选优秀的高职院校提升办学层次	143	23.0	65.0
建立生均拨款标准与 GDP 同步增长机制	87	14.0	39.5
提升办学条件	64	10.3	29.1

续表

选项	人次/人	响应百分比/(%)	个案百分比/(%)
引入国外优质资源实行中外联合办学	62	10.0	28.2
落实生均拨款制度	60	9.6	27.3
建立职教联盟	37	5.9	16.8
其他	7	1.1	3.2

6. 如果设置优质专科高等职业院校的申报条件，您认为有必要对哪些方面进行限定(　　)(不限项)

结果显示，总的来说，“教育部规定的高职院校基本办学条件”(73.2%)、办学规模(70.9%)和毕业生初次就业率(63.2%)被选择的比例为前三，其他条件也可供参考。设置优质专科高等职业院校的申报条件的排序见表A-21。

表A-21　设置优质专科高等职业院校的申报条件的总体分析

选项	人次/人	响应百分比/(%)	个案百分比/(%)
教育部规定的基本办学条件	161	21.1	73.2
办学规模	156	20.4	70.9
毕业生初次就业率	139	18.2	63.2
是否有违规或弄虚作假行为	122	16.0	55.5
已有毕业生的届数	105	13.8	47.7
院校资产负债率	73	9.6	33.2
其他	7	0.9	3.2

7. 您认为是否应该通过分类的方式来遴选优质专科高等职业院校(　　)

统计结果显示，受访者对是否应该通过分类的方式来遴选优质专科高等职业院校的回答见表A-22，其中回答“应该”的最多。

表A-22　是否应该通过分类的方式来遴选优质专科高等职业院校

选项	人次/人	百分比/(%)
应该	192	87.3
不应该	28	12.7
合计	220	100

并且，对受访者的职务、受访者所在学校层次、性质、类型等因素与“十三五”规划发展目标定位的 χ^2 关联性检验结果显示，P 值均大于 0.05，相关不显著，即表 A-22 结果不论受访者职务如何，受访者所在学校水平层次、性质、类型影响。

8. 如果您选择“应该”，请问您认为以下哪种分类最为合理(　　)

统计结果表明，$\chi^2=126.926$，$P=0.000$，在第 7 题中选择“应该”的受访者中，对“综合型、特色型”的选择显著多于其他类型的分类方式，见表 A-23、图 A-21。

表 A-23　遴选优质专科高等职业院校的分类方式分析

选项	人次/人	百分比/(%)
综合型、特色型	103	46.8
地方型、行业型	64	29.1
省属院校、市属院校	18	8.2
其他	5	2.3
合计	190	100.0

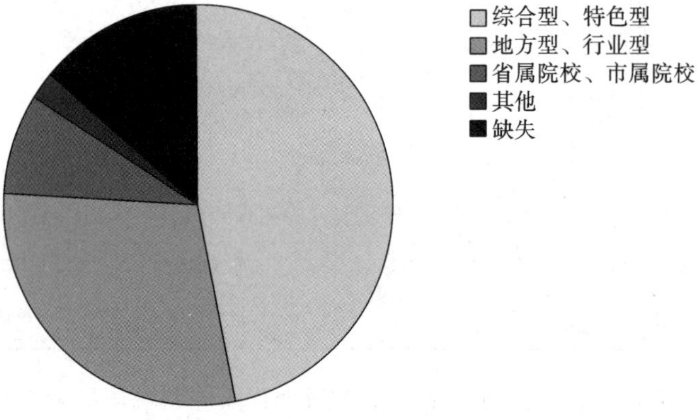

图 A-21　遴选优质专科高等职业院校的分类方式比例

9. 您认为以下哪些因素应作为遴选优质专科高等职业院校的主要考察因素(　　)(限填 5 项)

结果显示，总的来说，“内涵建设水平”(80.9%)、“毕业生就业竞争力”(68.6%)、“办学基础”(67.7%)、“产教融合度”(60.5%)、“办学影响力”(58.2%)被选择的比例为前五项，其他因素也可参考。遴选优质专科高等职业院校的主要考察因素的排序见表 A-24。

表 A-24 遴选优质专科高等职业院校的主要考察因素分析

选项	人次/人	百分比/(%)
内涵建设水平	178	80.9
毕业生就业竞争力	151	68.6
办学基础	149	67.7
产教融合度	133	60.5
办学影响力	128	58.2
发展潜力	125	56.8
应用技术与社会服务能力	103	46.8
毕业生满意度	56	25.5
国际化水平	36	16.4

10. 您认为遴选优质专科高等职业院校,以下哪种方式最合适(　　)

统计结果表明,受访者对"国家集中遴选和分省遴选相结合"的选择最多,见表 A-25、图 A-22。

表 A-25 遴选优质专科高等职业院校的方式分析

选项	人次/人	百分比/(%)
全国统一标准集中遴选	27	12.3
按省分配指标,由各省遴选	69	31.4
国家集中遴选和分省遴选相结合	123	55.9
其他	1	0.5
合计	220	100.0

经过对受访者的职务、受访者所在学校层次、性质、类型等因素与遴选建设优质专科高等职业院校方式的 χ^2 关联性检验结果为,P 值均大于0.05,相关不显著,即表 A-25 结果不受受访者职务,受访者所在学校水平层次、性质、类型等因素影响。

11. 您认为以哪种方式提供经费支持更有利于优质专科高等职业院校建设(　　)

统计结果表明,受访者对"以上两种方式相结合"的选择最多,见表 A-26。

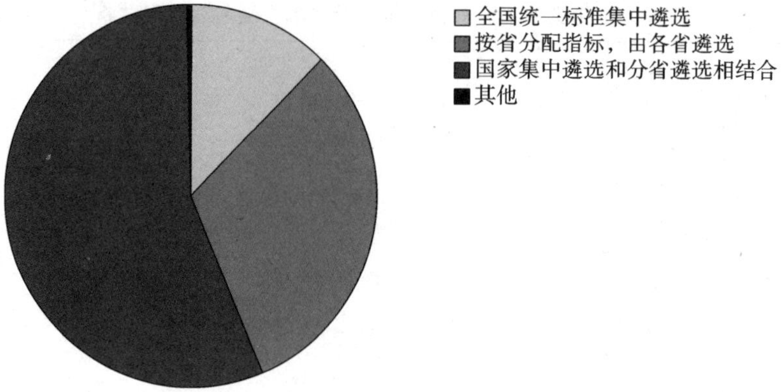

图 A-22　遴选优质专科高职院校的方式比例

表 A-26　有利于优质专科高等职业院校建设的经费支持的分析

选项	人次/人	百分比/(%)
列入优质专科高等职业院校建设校后即予以经费支持	55	25.0
优质高等职业院校验收后，再以奖励形式给予经费支持	37	16.8
以上两种方式相结合	128	58.2
合计	220	100.0

经过对受访者的职务、受访者所在学校层次、性质、类型等因素与经费支持方式的 χ^2 关联性检验结果为，P 值均大于 0.05，相关不显著，即表 A-26 结果不受受访者职务，受访者所在学校水平层次、性质、类型等因素影响。

12. 如贵校被列为优质专科高等职业院校建设单位，您认为中央财政投入多少经费较为适宜(　　)

统计结果表明，受访者对“5000 万元～1 亿元”的选择最多，如表 A-27 所示。

表 A-27　优质专科高等职业院校建设经费支持的分析

选项	人次/人	百分比/(%)
5000 万元以下	15	6.8
5000 万元～1 亿元	98	44.5
1 亿元～1.5 亿元	58	26.4
1.5 亿元以上	48	21.8
其他	1	0.5
合计	220	100.0

经过对受访者的职务、受访者所在学校层次、性质、类型等因素与经费支持方式的 χ^2 关联性检验结果为，P 值均大于 0.05，相关不显著，即不论受访者职务如何，受访者所在学校水平层次、性质、类型如何，5000 万元～1 亿元的经费支持被认为是最适宜的。

13. 如贵校被列为优质专科高等职业院校建设单位，您认为建设经费应主要投向哪几个方面（　　）（限填 5 项）

结果显示，总的来说，优质专科高等职业院校建设经费投向意愿排名前五的依次为："师资进修、培训"（84.1%）、"课程资源建设"（82.7%）、"教育信息化"（71.8%）、"教学仪器设备"（55.0%）、"研发平台建设"（46.8%），见表 A-28。其他因素也可参考。

表 A-28　优质专科高等职业院校建设经费投向意愿的分析

选项	人次/人	百分比/(%)
师资进修、培训	185	84.1
课程资源建设	182	82.7
教育信息化	158	71.8
教学仪器设备	121	55.0
研发平台建设	103	46.8
高层次人才引进	101	45.9
基础设施建设	78	35.5
众创空间建设	53	24.1
校外实训基地建设	46	20.9
学生活动场所建设	43	19.5

14. 您认为以下哪些指标应列为优质专科高等职业院校建设的核心指标（　　）（限填 5 项）

结果显示，总的来说，优质专科高等职业院校建设的核心指标被选择的前五名的依次为："服务地方和行业的高水平"（85.9%）、"毕业生就业竞争力的高水平"（83.2%）、"'双师双能'师资队伍的高水平"（69.5%）、"企业参与办学的高水平"（47.7%）、"社会认可的高水平"（43.6%），见表 A-29。其他因素也可参考。

表 A-29 优质专科高等职业院校建设的核心指标的分析

选项	人次/人	百分比/(%)
服务地方和行业的高水平	189	85.9
毕业生就业竞争力的高水平	183	83.2
"双师双能"师资队伍的高水平	153	69.5
企业参与办学的高水平	105	47.7
社会认可的高水平	96	43.6
办学条件的高水平	82	37.3
满足学生个性化发展的高水平	81	36.8
科研成果及其转化的高水平	63	28.6
协同创新的高水平	60	27.3
国际交流合作的高水平	46	20.9

15.关于优质专科高等职业院校的建设内容,您认为最合适的是(　　)

统计结果如下:受访者对"院校整体建设"的选择最多,"专业(群)+其他专项"其次,见表 A-30。

表 A-30 优质专科高等职业院校建设内容的分析

选项	人次/人	百分比/(%)
院校整体建设	97	44.1
若干专业(群)建设	33	15.0
专业(群)+其他专项	89	40.5
其他	1	0.5
合计	220	100.0

经过对受访者的职务、受访者所在学校层次、性质、类型等因素与经费支持方式的 χ^2 关联性检验结果为,P 值均大于 0.05,相关不显著,即表 A-30 结果不受受访者职务,受访者所在学校水平层次、性质、类型的影响。

16.如贵校成为优质专科高等职业院校建设单位,估计 3 年后有多少专业能达到国内一流水平(　　)

统计结果如下:受访者对"4～6 个"的选择最多,见表 A-31、图 A-23。

表 A-31　成为优质专科高等职业院校建设单位 3 年无能达到国内一流水平专业数量的分析

选项	人次/人	百分比/(%)
1～3 个	55	25.1
4～6 个	124	56.6
7 个以上	39	17.8
其他	1	0.5
合计	219	100.0

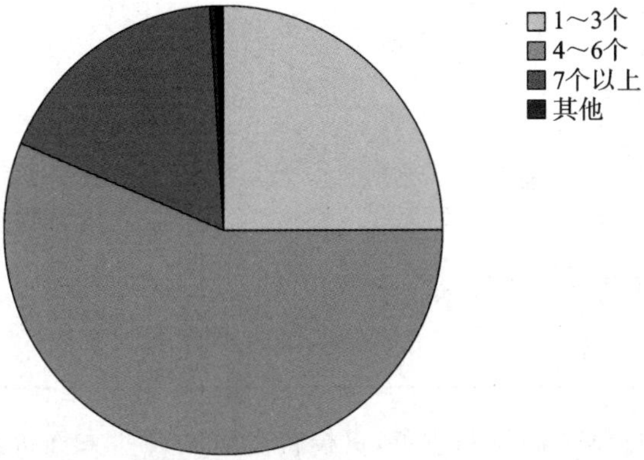

图 A-23　成为优质专科高等职业院校建设单位 3 年后能达到国内一流水平专业数量的比例

经过对受访者的职务、受访者所在学校层次、性质、类型等因素与经费支持方式的 χ^2 关联性检验结果为，P 值均大于 0.05，相关不显著，即表 A-31 结果不受受访者职务，受访者所在学校水平层次、性质、类型的影响，一般来说 4～6 个专业能达到国内一流水平的预期最多。

17. 在以优质专科高等职业院校建设推动高职教育创新发展中，贵校将着重从哪些方面进行努力(　　)(限填 5 项)

结果显示，总的来说，对于优质专科高等职业院校建设推动高职教育创新发展，需要着重努力的方面，被选择的前五名的依次为："专业内涵建设深化"(89.5%)、"师资队伍能力"(74.1%)、"质量保证体系"(51.4%)、"校企合作环境和体制机制"(46.8%)、"教育信息化水平"(45.0%)，见表 A-32。其他因素也可参考。

表 A-32 优质专科高等职业院校建设推动高职教育创新发展的分析

选项	人次/人	百分比/(%)
专业内涵建设深化	197	89.5
师资队伍能力	163	74.1
质量保证体系	113	51.4
校企合作环境和体制机制	103	46.8
教育信息化水平	99	45.0
院校内部治理	98	44.5
创新创业教育	76	34.5
应用技术研发能力	73	33.2
国际化水平	58	26.4
学生就业竞争力	45	20.5
文化素质教育	26	11.8
办学层次	23	10.5

18. 如果开展办学体制机制改革，贵校将着重从哪些方面进行探索(　　)(限填 3 项)

结果显示，总的来说，办学体制机制改革探索，受访学校将着重从以下三个方面探索："人事制度"(66.8%)、"院校内部治理"(64.1%)和"现代学徒制"(58.6%)，见表 A-33。

表 A-33 办学体制机制改革探索的分析

选项	人次/人	百分比/(%)
人事制度	147	66.8
院校内部治理	141	64.1
现代学徒制	129	58.6
混合所有制办学	85	38.6
职教集团	84	38.2
招生考试制度	41	18.6

19. 如果开展重点专业建设，贵校将着重从哪些方面进行努力(　　)(限填 5 项)

结果显示，总的来说，对于重点专业建设的努力方向，被选择比例最高的前五名的依次为："课程建设和改革"(75.0%)、"人才培养模式改革"(73.2%)、"专业教学团队建设"(56.8%)、"社会服务能力建设"(45.5%)、"校企深度合作"(40.0%)，见表 A-34。其他因素也可参考。

表 A-34　重点专业建设探索的分析

选项	人次/人	百分比/(%)
课程建设和改革	165	75.0
人才培养模式改革	161	73.2
专业教学团队建设	125	56.8
社会服务能力建设	100	45.5
校企深度合作	88	40.0
数字化教学资源建设与应用	87	39.5
专业诊断与改进	73	33.2
实训基地建设	68	30.9
创新创业教育改革	54	24.5
课堂教学创新	49	22.3
人文素养与职业精神	39	17.7
国际交流与合作	33	15.0
通识教育	25	11.4
学生学业指导与管理	9	4.1

20. 如果要强化"双师双能"教师队伍建设，贵校将着重从哪些方面进行努力(　　)(限填 3 项)

结果显示，总体来看，对于强化"双师双能"教师队伍建设的努力方向，被选择比例最高的前五名的依次为："校企协同培养，提高教师实践能力"(90.5%)、"引进行业有影响力的技能大师等"(88.2%)被选择的比例最高，其次是"提高教师国(境)外培训规模和质量"(40.9%)，见表 A-35。其他因素也可参考。

表 A-35 强化“双师双能”教师队伍建设的分析

选项	人次/人	百分比/(%)
校企协同培养，提高教师实践能力	199	90.5
引进行业有影响力的技能大师等	194	88.2
提高教师国(境)外培训规模和质量	90	40.9
提高“国培”项目的针对性和培训质量	70	31.8
引进和培养博士	50	22.7
引进国(境)外师资	32	14.5
其他	3	1.4

21. 如果要促进技术技能积累与服务，贵校将着重从哪些方面进行努力(　　)(限填 3 项)

结果显示，总体来看，对于促进技术技能积累与服务的努力方向，被选择比例最高的前五名的依次为：“建设应用技术协同创新中心”(71.8%)、“建设区域性实训平台或技能大师工作室”(70.9%)、“建立和完善教师技术服务、成果转化的制度与政策”(64.5%)被选择的比例最高，见表 A-36。其他因素也可参考。

表 A-36 促进技术技能积累与服务的分析

选项	人次/人	百分比/(%)
建设应用技术协同创新中心	158	71.8
建设区域性实训平台或技能大师工作室	156	70.9
建立和完善教师技术服务、成果转化的制度与政策	142	64.5
将教师科研和社会服务业绩作为教师发展绩效评估的重要指标	113	51.4
对接高新技术发展建设大学科技园	37	16.8
建立发展众创空间	35	15.9

22. 如果要服务“一带一路”倡议，贵校将着重从哪些方面进行努力(　　)(限填 3 项)

结果显示，总体来看，对于促进技术技能积累与服务的努力方向，被选择比例最高的前五名的依次为："举办合作办学项目"（69.5%）、"与'走出去'企业合作，面向当地员工开展技术技能人才培养培训"（58.6%）、"开展教师互派和交流"（55.9%）被选择的比例最高，见表 A-37。其他因素也可参考。

表 A-37 服务"一带一路"倡议的分析

选项	人次/人	百分比/(%)
举办合作办学项目	153	69.5
与"走出去"企业合作，面向当地员工开展技术技能人才培养培训	129	58.6
开展教师互派和交流	123	55.9
引进国际先进的标准和资源	103	46.8
开展学生交换和学分互认等合作	84	38.2
招收（扩大）学历留学生	27	12.3
在境外设立办学点	15	6.8

23. 关于优质专科高等职业院校建设项目验收标准的设置，您认为采取哪一种方式最合适（　　）

经过对受访者的职务、受访者所在学校层次、性质、类型等因素与经费支持方式的 χ^2 关联性检验结果为，P 值均大于 0.05，相关不显著，即表 A-38 结果不受受访者职务，受访者所在学校水平层次、性质、类型的影响，一致认为"统一规定的核心指标＋院校自设目标的达成度"的方式最合适。

表 A-38 优质专科高等职业院校建设项目验收标准的分析

选项	人次/人	百分比/(%)
由教育部制定统一标准	47	21.4
由各省（区、市）制定统一标准	34	15.5
由院校自设目标，考核目标的达成度	19	8.6
统一规定的核心指标＋院校自设目标的达成度	110	50.0
由社会（第三方）机构设置标准	10	4.5
合计	220	100.0

24. 您认为优质专科高等职业院校建设成效主要体现在哪些方面(　　)(限填5项)

结果显示,总体来看,对于促进技术技能积累与服务的努力方向,被选择比例最高的前五名的依次为:“师资队伍结构和能力得到改善与提升”(83.2%)、“学生培养质量得到用人单位认可”(74.5%)、“与企业合作层次得到提升”(60.5%)、“学生综合素质得到提升”(57.7%)、办学基本条件得到较大改善(49.1%)被选择的比例最高,见表A-39。其他因素也可参考。

表A-39　优质专科高等职业院校建设成效主要体现的分析

选项	人次/人	百分比/(%)
师资队伍结构和能力得到改善与提升	183	83.2
学生培养质量得到用人单位认可	164	74.5
与企业合作层次得到提升	133	60.5
学生综合素质得到提升	127	57.7
办学基本条件得到较大改善	108	49.1
培养一批专家型教师,在行业内有较高话语权	106	48.2
实验实训设备及环境更为优化	98	44.5
与国外先进职业院校在人才和师资培养方面形成常态化合作与交流	72	32.7
技术改进和研发水平达到行业内较高水准	67	30.5
校园环境更加优美	10	4.5

附录B “优质专科高等职业院校建设”调查问卷

您好：

目前，高等职业教育已占据我国高等教育的“半壁江山”，其发展对高等教育和经济社会的发展都具有重要影响。为了进一步促进高等职业教育发展，《高等职业教育创新发展行动计划（2015—2018年）》提出要建设一批“优质专科高等职业院校”。为了落实这一精神，推进优质专科高等职业院校建设，我们准备就相关问题进行调研。您的选择无对错之分，调查结果仅用于研究，请您根据实际情况填写。衷心感谢您的支持！

“优质专科高等职业院校建设研究”课题组

2016年7月

一、基本信息

您的身份：________（建议受访对象：校长/分管教学副校长/教务处长/高教所研究人员）

贵校是：（　　）A. 国家示范（骨干）高职院校 B. 省级示范（骨干）院校 C. 其他

贵校是：（　　）A. 省属院校　B. 地市院校　C. 其他

贵校是：（　　）A. 综合型　B. 行业型　C. 其他

贵校是：（　　）A. 公办院校　B. 民办院校　C. 其他

贵校专业数：______个

贵校全日制在校生人数：______人

二、问卷内容（未注明限选数量的只能填一个答案。如果您选择的项目中有横线，请在横线上写出具体内容。）

1. 您认为目前制约贵校发展的内部因素中，较为突出的是（　　）（限填2项）。

A. 办学优势及特色不够突出　B.“双师双能”教师缺乏

C. 人才培养与社会需求存在差距　D. 缺少国际交流与合作

E. 生师比过高　F. 专业服务产业发展能力不足

G. 其他（请填写）

2. 您认为目前制约贵校发展的外部因素中，较为突出的是（　　）（限填 2 项）。

A. 社会对高职教育认识的不足　　B. 办学层次偏低

C. 政策的缺失，没有形成合力　　D. 政策未落细、落实

E. 企业参与人才培养所承担成本的补偿机制未建立

F. 在行业中缺乏话语权

G. 师资培养体系中的职业教育师资培养处于短板

H. 其他（请填写）

3. 贵校在制定"十三五"发展规划时，将发展目标定位为（　　）。

A. 世界一流职业院校　　B. 国内一流职业院校

C. 省内一流职业院校　　D. 行业一流职业院校

E. 其他（请填写）

4. 您认为国家示范院校建设等重大项目给高职教育发展带来的主要变化是（　　）（限填 3 项）。

A. 推动高职教育从规模发展走向内涵发展

B. 进一步增强了服务经济社会发展的能力

C. 资金投入的差异加大了院校的非均衡发展

D. 在多个方面形成了可借鉴的经验、模式和制度

E. 增进了社会对高职教育的认识

F. 仅仅局限在项目支持院校的受益上，整体带动效应欠明显

G. 其他（请填写）

5. 若要提升高职教育的发展质量，下列方法中哪些可能较为有效（　　）（限填 3 项）。

A. 遴选优秀的高职院校提升办学层次

B. 支持建设一批优质高职

C. 引入国外优质资源实行中外联合办学

D. 建立职教联盟

E. 建立生均拨款标准与 GDP 同步增长机制

F. 落实生均拨款制度

G. 提升办学条件

H. 其他（请填写）

6. 如果设置优质专科高等职业院校的申报条件，您认为有必要对哪些方面进行限定（　　）（不限项）。

A. 办学规模（包括专业规模和在校生规模）

B. 毕业生初次就业率

C. 已有毕业生的届数

D. 教育部规定的高职院校基本办学条件

E. 院校资产负债率

F. 是否有违规或弄虚作假行为

G. 其他（请填写）

7. 您认为是否应该通过分类的方式来遴选优质专科高等职业院校（　　）。

A. 应该　　B. 不应该

如果您选择“应该”，请问您认为以下哪种分类最为合理（　　）

A. 综合型、特色型　　B. 地方型、行业型

C. 省属院校、市属院校　　D. 其他（请填写）

8. 您认为以下哪些因素应作为遴选优质专科高等职业院校的主要考察因素（　　）（限填 5 项）。

A. 办学基础　　B. 发展潜力　　C. 办学影响力　　D. 内涵建设水平

E. 毕业生就业竞争力　　F. 毕业生满意度

G. 产教融合度　　H. 应用技术与社会服务能力

I. 国际化水平　　J. 其他（请填写）

9. 您认为遴选建设优质专科高等职业院校，以下哪种方式最合适（　　）。

A. 全国统一标准集中遴选　　B. 按省分配指标，由各省组织遴选

C. 国家集中遴选和分省遴选相结合　　D. 其他（请填写）

10. 您认为以哪种方式提供经费支持更有利于优质专科高等职业院校建设（　　）。

A. 列入优质专科高等职业院校建设校后即予以经费支持

B. 优质高等职业院校验收后，再以奖励形式给予经费支持

C. 以上两种方式相结合

D. 其他（请填写）

11. 如贵校被列为优质专科高等职业院校建设单位，您认为中央财政投入多少经费较为适宜(　　)。

A. 5000 万元以下　　B. 5000 万元～1 亿元

C. 1 亿元～1.5 亿元　　D. 1.5 亿元以上

E. 其他(请填写)

12. 如贵校被列为优质专科高等职业院校建设单位，您认为建设经费应主要投向哪几个方面(　　)(限填 5 项)。

A. 基础设施建设　　B. 教学仪器设备

C. 课程资源建设　　D. 师资进修、培训

E. 研发平台建设　　F. 校外实训基地建设

G. 高层次人才引进　　H. 教育信息化

I. 众创空间建设　　J. 学生活动场所建设

K. 其他(请填写)

13. 您认为以下哪些指标应列为优质专科高等职业院校建设的核心指标(　　)(限填 5 项)。

A. 毕业生就业竞争力的高水平　　B. 科研成果及其转化的高水平

C. 服务地方和行业的高水平　　D. 办学条件的高水平

E. “双师双能”师资队伍的高水平　　F. 企业参与办学的高水平

G. 满足学生个性化发展的高水平　　H. 协同创新的高水平

I. 国际交流合作的高水平　　J. 社会认可的高水平

K. 其他(请填写)

14. 关于优质专科高等职业院校的建设内容，您认为最合适的是(　　)。

A. 院校整体建设　　B. 若干专业(群)建设

C. 专业(群)＋其他专项　　D. 其他(请填写)

15. 如贵校成为优质专科高等职业院校建设单位，估计三年后有多少专业能达到国内一流水平(　　)。

A. 1～3 个　　B. 4～6 个

C. 7 个以上　　D. 其他(请填写)

16. 在以优质专科高等职业院校建设推动高职教育创新发展中，贵校将着重从哪些方面进行努力(　　)(限填 5 项)。

A. 专业内涵建设深化
B. 师资队伍能力
C. 院校内部治理
D. 校企合作环境和体制机制
E. 应用技术研发能力
F. 国际化水平
G. 教育信息化水平
H. 质量保证体系
I. 文化素质教育
J. 创新创业教育
K. 办学层次
L. 学生就业竞争力
M. 其他(请填写)

17. 如果开展办学体制机制改革,贵校将着重从哪些方面进行探索(　　)(限填 3 项)。

A. 人事制度
B. 职教集团
C. 现代学徒制
D. 混合所有制办学
E. 院校内部治理
F. 招生考试制度
G. 其他(请填写)

18. 如果开展重点专业建设,贵校将着重从哪些方面进行努力(　　)(限填 5 项)。

A. 人才培养模式改革
B. 课程建设和改革
C. 通识教育
D. 实训基地建设
E. 社会服务能力建设
F. 专业教学团队建设
G. 课堂教学创新
H. 数字化教学资源建设与应用
I. 创新创业教育改革
J. 学生学业指导与管理
K. 校企深度合作
L. 国际交流与合作
M. 人文素养与职业精神
N. 专业诊断与改进
O. 其他(请填写)

19. 如果要强化"双师双能"教师队伍建设,贵校将着重从哪些方面进行努力(　　)(限填 3 项)。

A. 引进和培养博士
B. 引进行业有影响力的技能大师等
C. 引进国(境)外师资
D. 校企协同培养,提高教师实践能力
E. 提高"国培"项目的针对性和培训质量
F. 提高教师国(境)外培训规模和质量
G. 其他(请填写)

20. 如果要促进技术技能积累与服务,贵校将着重从哪些方面进行努力

(　　)(限填 3 项)。

A. 建设应用技术协同创新中心

B. 建设区域性实训平台或技能大师工作室

C. 对接高新技术发展建设大学科技园

D. 建立和完善教师技术服务、成果转化的制度与政策

E. 将教师科研和社会服务业绩作为教师发展绩效评估的重要指标

F. 建立发展众创空间　　G. 其他(请填写)

21. 如果要服务"一带一路"倡议,贵校将着重从哪些方面进行努力(　　)(限填 3 项)。

A. 举办合作办学项目　　B. 开展教师互派和交流

C. 开展学生交换和学分互认等合作

D. 与"走出去"企业合作,面向当地员工开展技术技能人才培养培训

E. 引进国际先进的标准和资源　　F. 在境外设立办学点

G. 招收(扩大)学历留学生　　H. 其他(请填写)

22. 关于优质专科高等职业院校建设项目验收标准的设置,您认为采取哪一种方式最合适(　　)。

A. 由教育部制定统一标准　　B. 由各省(区、市)制定统一标准

C. 由院校自设目标,考核目标的达成度

D. 统一规定的核心指标+院校自设目标的达成度

E. 由社会(第三方)机构设置标准　　F. 其他(请填写)

23. 您认为优质专科高等职业院校建设成效主要体现在哪些方面(　　)(限填 5 项)。

A. 办学基本条件得到较大改善　　B. 实验实训设备及环境更为优化

C. 师资队伍结构和能力得到改善与提升

D. 学生综合素质得到提升　　E. 学生培养质量得到用人单位认可

F. 校园环境更加优美　　G. 与企业合作层次得到提升

H. 与国外先进职业院校在人才和师资培养方面形成常态化合作与交流

I. 技术改进和研发水平达到行业内较高水准

J. 培养一批专家型教师,在行业内有较高话语权

K. 其他(请填写)

问卷到此结束。再次感谢您对我们调查的支持!

参 考 文 献

[1] 柴福洪,陈年友.高等职业教育名词研究[M].北京:高等教育出版社,2012.

[2] 董刚.高等职业教育内涵式发展研究[M].北京:高等教育出版社,2014.

[3] 周建松.优质高职院校建设指南[M].杭州:浙江工商大学出版社,2017.

[4] 王振洪.高职院校兼职教师有效管理的理论与实践[M].北京:高等教育出版社,2011.

[5] 黄尧.职业教育学——原理与应用[M].北京:高等教育出版社,2009.

[6] 朱德全.职业教育统筹发展论[M].北京:科学出版社,2016.

[7] 王继平.中国教育改革大系:职业教育卷[M].武汉:湖北教育出版社,2016.

[8] 康永久.教育制度的生成与变革——新制度教育学论纲[M].北京:教育科学出版社,2004.

[9] 梁明义,王本强,马越.职业教育知识实用手册:职业教育基本概念与高等职业教育特色内涵[M].兰州:兰州大学出版社,2008.

[10] 上海市教育科学研究院,麦可思研究院.2017 中国高等职业教育人才培养质量年度报告[R].北京:高等教育出版社,2017.

[11] 马树超,等.2016 中国高等职业教育质量年度报告[R].北京:高等教育出版社,2016.

[12] 上海市教育科学研究院,麦可思研究院.2016 中国高等职业教育人才培养质量年度报告[R].北京:高等教育出版社,2016.

[13] 林金辉.中外合作办学发展报告 2010—2015[R].厦门:厦门大学出版社,2016.

[14] 童卫军,等."国家示范性高等职业院校建设计划"骨干高职院校建设项目绩效评价报告[R].北京:机械工业出版社,2016.

[15] The International Bank for Reconstruction and Development. Priorities and Strategies for Education [R]. Washington, D. C.: The World Bank, 1995.

[16] 王芳.基于全面质量管理理论的电力企业客户关系管理的研究[D].天津:天津大学,2016.

[17] 纪德奎.变革与重建:课堂优质化建设研究[D].兰州:西北师范大学,2008.

[18] 叶敏弦.县域绿色经济差异化发展研究[D].福州:福建师范大学,2014.
[19] 何应林.高职院校技能人才有效培养研究[D].南京:南京师范大学,2014.
[20] 何新哲.我国高职院校中外合作办学五年制教育模式研究[D].上海:华东师范大学,2018.
[21] 张晓艳.职工基本养老保险实现全国统筹的障碍与对策研究[D].哈尔滨:黑龙江大学,2018.
[22] 罗荣丰.湖南省国家示范性高职院校建设的成就、问题与对策[D].长沙:湖南师范大学,2010.
[23] 宋雪翎.国家示范性高等职业院校建设问题研究[D].上海:华东师范大学,2009.
[24] 李钢.和而不同——历史文化视域下的《论语》英译研究[D].长沙:湖南师范大学,2012.
[25] 匡瑛,石伟平.走向现代化:改革开放40年我国职业教育发展之路[J].教育与经济,2018(4).
[26] 姜大源.论中国高等职业教育对世界教育的独特贡献[J].中国职业技术教育,2015(36).
[27] 中国教育科学研究院课题组.未来五年我国教育改革发展预测分析[J].教育研究,2015(5).
[28] 周为.在第八届中国—东盟职业教育改革发展论坛上的主旨发言[J].中国职业技术教育,2015(25).
[29] 周峰,苏鸿,郑向荣.论优质学校的内涵及特征[J].教育发展研究,2009(12).
[30] 张新平,陈粤秀.何谓优质学校——基于40位教管人员的访谈研究[J].教育发展研究,2011(10).
[31] 翁乾明.判断优质学校的感性标志[J].中小学管理,2008(9).
[32] 谢翌,马云鹏.优质学校的基本理念与文化形态[J].教育研究,2008(8).
[33] 李吉芳,陈新宇.论"教育是什么"与"什么是教育"[J].现代教育科学·普教研究,2011(1).
[34] 郑小明.建设优质高职院校的背景、内涵与标准[J].江苏教育研究,2016(10).
[35] 郝天聪.优质高职院校建设的必要性、价值标准与行动框架[J].职教论坛,2017(22).
[36] 徐玉成,贾少华.优质高职院校建设的内涵、着力点与行动路径[J].教育与职业,2018(16).
[37] 罗婕.优质高职院校内涵探析[J].昆明冶金高等专科学校学报,2018(2).

［38］ 强冬梅.高职院校应走特色发展之路［J］.安徽工业大学学报(社会科学版),2005(5).
［39］ 赵长兴.联合国教科文组织如何看优质教育［J］.世界教育信息,2004(9).
［40］ 沙培宁.聚焦优质教育——“基础教育的使命——努力办好优质教育”学术研讨会综述［J］.中小学管理,2004(3).
［41］ 任占营.优质高等职业院校建设的思考［J］.国家教育行政学院学报,2018(7).
［42］ 周建松.优质高职院校建设重点与路径研究——基于示范性高职院校建设计划到创新发展行动计划演进的视角［J］.职教论坛,2017(12).
［43］ 赵存卿.“泛木桶理论”与教师管理［J］.教书育人,2005(33).
［44］ 周晓红.实施差异化战略是企业发展的必然选择［J］.求实,2008(10).
［45］ 奚丽萍.教育同质化现象论［J］.教育研究与实验,2009(5).
［46］ 李家福,刘生.高等教育大众化阶段的大学差异化发展［J］.中国高教研究,2008(5).
［47］ 章露红.二十年来我国教育公平研究的学术进展——基于 1994－2014 年间的文献分析［J］.复旦教育论坛,2015(4).
［48］ 刘亚敏,师东海.21 世纪以来我国教育公平的基本理论研究探析［J］.教育理论与实践,2009(7).
［49］ 石中英.教育公平的主要内涵与社会意义［J］.中国教育学刊,2008(3).
［50］ 王建华.教育公平的两种概念［J］.教育研究与实验,2016(6).
［51］ 李延平.论职业教育公平［J］.教育研究,2009(11).
［52］ 杨东平.对我国教育公平问题的认识和思考［J］.教育发展研究,2000(9).
［53］ 高鸿,赵昕.《以学习者为中心的人才培养模式研究》研究报告［J］.中国职业技术教育,2017(31).
［54］ 邓泽民,等.以学习者为中心的职业院校人才培养模式的研究［J］.中国职业技术教育,2017(31).
［55］ 祝成林,柳小芳.产教融合背景下高职教育培养技术技能人才的困境与路径［J］.职业技术教育,2015(34).
［56］ 唐智彬,欧阳河,任陈伟.“以学习者为中心”:论职业教育现代化人才培养模式变革［J］.职教论坛,2017(34).
［57］ 何立山.“短板”理论在思想政治工作中的应用［J］.全国商情(理论研究),2012(4).
［58］ 王亚鹏.高职院校内部质量保证体系建设的内生性:超越“问责制”逻辑［J］.职业技术教育,2018(25).
［59］ 刘志峰.高职院校内部质量保证体系诊改工作:本质、意义和内容［J］.职业

技术教育,2016(18).
[60] 陈秀珍.高职院校专业群课程体系构建的研究[J].中国职业技术教育,2015(2).
[61] 鲁娟娟,王俊,王高山,等.高职院校“底层共享、中层分立、高层互选”专业群课程体系的探讨和实践[J].职教通讯,2016(9).
[62] 张媛,曾义.高职校企人才双向交流体系探析[J].商,2014(28).
[63] 张爱华.论高职院校中青年骨干教师的成长途径[J].山西广播电视大学学报,2008(4).
[64] 王飞,李红浪.地方高职院校骨干教师队伍建设实证研究[J].职教论坛,2016(23).
[65] 曹必文.高职院校高层次人才队伍建设:现状、困惑与对策[J].职业教育研究,2012(4).
[66] 柯万利.对高职院校高层次人才引进策略的思考[J].职业教育研究,2007(6).
[67] 姬兴华.高职教育办学“特色”与“质量”辨析[J].中国高教研究,2009(1).
[68] 王振洪.嵌入区域经济发展 打造高职院校办学特色[J].中国高教研究,2010(9).
[69] 应智国.论专业群建设与高职办学特色[J].嘉兴学院学报,2001(4).
[70] 李兴志.高职院校开展留学生教育工作的探索[J].世界教育信息,2013(16).
[71] 王煜.高职留学生教育存在的问题及改进措施[J].江苏经贸职业技术学院学报,2018(2).
[72] 孙峰.境外院校开展海外实习综述及对我国高职教育的启示[J].职教论坛,2011(36).
[73] 李军.论国际教育培训对中国铁路“走出去”战略的作用[J].现代国企研究,2017(6).
[74] 查有梁.什么是模式论?[J].社会科学研究,1994(2).
[75] 范先佐,郭清扬,付卫东.义务教育均衡发展与省级统筹[J].教育研究,2015(2).
[76] 陈健生.城乡公共服务统筹治理的制度分析——以国家统筹城乡试验区成都市为例[J].财经科学,2010(2).
[77] 刘永林,周海涛.深化高等教育“放管服”改革的思考[J].复旦教育论坛,2017(5).
[78] 钱俊君.论“弯道超车”与“政府角色”[J].湖南社会科学,2009(5).
[79] 范先佐,郭清扬,付卫东.义务教育均衡发展与省级统筹[J].教育研究,

2015(2).
[80] 项贤明.论教育创新与教育改革[J].高等教育研究,2007(12).
[81] 何静,赵良梅.示范高职建设:成果与期待——基于200所国家示范(骨干)高职院校的调查分析[J].职业技术教育,2013(6).
[82] 陈正江.教育制度供给与高职院校发展——基于国家示范性高等职业院校建设计划的研究[J].中国高教研究,2016(7).
[83] 周建松.基于示范再引领的高职教育创新发展研究[J].教育发展研究,2016(19).
[84] 张启明,王博,童卫军.各地落实《高等职业教育创新发展行动计划》举措综述[J].中国职业技术教育,2016(13).
[85] 李梦卿,刘晶晶.我国优质高职院校建设的逻辑、特征与机制[J].高等教育研究,2018(2).
[86] 檀祝平,杨劲松,胡彩霞."面向未来":高职优质校建设的逻辑起点[J].职教论坛,2018(1).
[87] 席东梅.高职教育再启程:从示范到优质[J].中国职业技术教育,2017(4).
[88] 曾东升.优质高职院校建设的政策实践比较研究[J].职教论坛,2018(1).
[89] 陈衍,郭珊,徐梦佳.高等职业教育也需要加强"双一流"建设[J].中国高等教育,2017(12).
[90] 袁洪志.高职院校专业群建设探析[J].中国高教研究,2007(4).
[91] 马树超,郭文富.高职教育深化产教融合的经验、问题与对策[J].中国高教研究,2018(4).
[92] 程宇.宁波职业技术学院职业教育援外培训助力国家"一带一路"战略[J].职业技术教育,2015(26).
[93] 周建松.高职院校内涵发展的理念与策略[J].现代教育管理,2017(6).
[94] 王虹,金榜,陈明忠.关于深入推进高职教育内涵式发展问题的探讨[J].教育与职业,2017(8).
[95] 汤智华.我国职业教育产教融合的经验、瓶颈及出路[J].成人教育,2019(1).
[96] 王亚南.高职教育院校研究规范发展的实践困境及未来路向[J].中国职业技术教育,2019(1).
[97] 石伟平.服务社会,高职需处理好的根本问题[N].光明日报,2016-7-5.
[98] 殷泓,王逸吟.职业教育法执法检查三惑[N].光明日报,2015-6-22.
[99] 李剑平.地方新建本科高校转型动了谁的奶酪[N].中国青年报,2014-7-15.
[100] 黄达人.发展优质高职缓解教育公平焦虑[N].光明日报,2016-6-22.

[101] 王寿斌.高职的出路在于错位竞争特色发展[N].中国教育报,2013-11-12.

[102] 潘懋元.高校办学应避免同质化[N].中国教育报,2011-7-4.

[103] 任占营.专业建设是提升人才培养质量着力点[N]中国教育报,2016-1-26.

[104] 翟帆.社会服务,高职责无旁贷不可替代[N].中国教育报,2018-7-17.

[105] 熊建辉.境外办学:“走出去”还要“走得稳”[N].光明日报,2016-11-29.

[106] 周济.在示范性高职院校建设计划视频会议上的讲话[N].中国教育报,2006-11-14.

[107] 崔岩.陕西工业职业技术学院:创新发展,智造梦想挺起工业脊梁[N].中国教育报,2016-11-12.

[108] 何辉精优强深特 念好优质校“五字经”[N].中国教育报,2017-1-10.

[109] 吴建新.释放办学活力 做服务发展的高职引领者[N].中国教育报,2016-12-27(10).

[110] 白敏植,杨前卫,赵哲.邯郸职业技术学院:高职教育“一体两翼”的创新发展之路[N].中国教育报,2018-9-20.

[111] 王丽英.特色 成就高水平竞争力[N].中国教育报,2018-6-21.

[112] 孙湧.突出信息特色,实现社会服务能力新跨越[N].中国教育报,2017-2-28.

[113] 贾志强.淄博职业学院优质校建设之路——推进产教融合创建人文校园篇[N].中国青年报,2018-12-28.

[114] 王苏.江西工业贸易职业技术学院:写好优质高职建设“奋进之笔”[N].中国教育报,2018-9-12.

[115] 唐山工业职业技术学院 多元合作共育机电行业杰出工匠”[N].中国教育报,2019-1-18.

[116] 打造人才高地 全面助推高水平高职院校建设——南京工业职业技术学院人才引进与培育工作成效展示[N].中国青年报,2019-1-24.

[117] 黄朝波.福州职业技术学院 校企合作激发活力 产教融合创新发展[N].中国教育报,2018-11-28.

[118] 李菲.从“两张皮”到“一体化”[N].中国教育报,2018-3-5.

[119] 张燕峰.浙江商业职业技术学院:依托四大平台 深化产教融合[N].中国教育报,2019-1-9.

[120] 石芬芳.武汉职业技术学院:实习管理做精细,才能“对得起学生”[N].中国教育报,2018-12-4.

[121] 魏敏.广东轻工职业技术学院:校企协同提升实习成效[N].中国教育报,2019-1-22.

[122] 裴红波.杨凌职业技术学院 精准扶贫的“高职范本”[N].陕西日报,2016-7-19.

[123] 无锡工艺职业技术学院:内涵建设结硕果 特色办学有成效[N].中国青年报,2019-1-7(7).

[124] 蒋炜宁.宁波职业技术学院:为“一带一路”培养“一流工匠”——宁波职业技术学院探索海外办学纪实[N].宁波日报,2018-11-13.

[125] 董洪亮.打造一带一路职业教育共同体[N].人民日报,2017-6-15.

[126] 新丝路上的使命与担当——郑州铁路职业技术学院改革创新略记[N].中国教育报,2018-11-2.

[127] 孙爱武.“双创”引领,迈向“高职高原上的高峰”[N].中国教育报,2017-2-5.

[128] 时宁国.提质增效,打造丝路优质高职[N].中国教育报,2016-12-20.

[129] 立足信息产业 培养信息人才 服务信息社会——常州信息职业技术学院办学之路[N].中国青年报,2018-12-21.

[130] 李三福.在精准扶贫中应有更大作为[N].中国教育报,2018-10-23.

[131] 李玮炜.东莞职业技术学院 吸纳湾区新动能 构建双创新生态[N].中国教育报,2018-12-11.

[132] 许婧.推进专创融合 促进创新创业——广西水利电力职业技术学院深化创新创业教育改革成效显著[N].中国教育报,2018-12-25.

[133] 王振洪.优质高职建设的四个切入点[N].中国教育报,2017-7-29.

[134] 高志研.高职创新发展还要落实行动力[N].光明日报,2017-8-17.

[135] 徐国庆.“研究型”是建设高水平高职的突破口[N].中国青年报,2019-1-14.

[136] 教育部.高等职业教育创新发展行动计划(2015—2018 年)[Z].教职成〔2015〕9 号,2015-10-19.

[137] 高等学校境外办学暂行管理办法[Z].教育部令第 15 号,2002-12-31.

[138] 教育部,财政部.教育部 财政部关于进一步推进“国家示范性高等职业院校建设计划”实施工作的通知[Z].教高〔2010〕8 号,2010-6-1.

[139] 教育部办公厅.教育部办公厅关于开展《高等职业教育创新发展行动计划(2015—2018 年)》项目认定的通知[Z].教职成厅函〔2019〕8 号,2019-3-28.

[140] 教育部.关于 2016 年《高等职业教育创新发展行动计划(2015—2018 年)》

执行情况及有关工作完成情况的通报[Z].教职成司函〔2017〕33 号,2017-4-14.

[141] 教育部.关于 2017 年《高等职业教育创新发展行动计划(2015—2018 年)》执行情况及有关工作完成情况的通报[Z].教职成司函〔2018〕51 号,2017-4-12.

后　记

近几年,浙江省现代职业教育研究中心先后承担教育部委托项目“优质专科高等职业院校建设研究”和“优质高职院校认定标准研究”。教育部有关领导在审阅相关项目的研究报告后,认为可以在前期研究成果的基础上深入研究,形成一本关于优质高职院校建设的著作。彼时优质高职院校建设已经启动两年,各地建设活动开展得轰轰烈烈,但对相关理论问题的探讨却比较少。我们听从了教育部有关领导的建议,决定对优质高职院校建设的理论与实践问题进行深入的探讨。这是本书写作的直接动因。目前,优质高职院校建设已进入“项目认定”阶段,部分省(区、市)已公布拟推荐优质高职院校名单,而且“双高计划”项目已开始申报。这预示着优质高职院校建设已接近尾声,高职院校的内涵建设又将进入新的发展阶段。高职院校内涵建设持续推进,高职教育质量不断提高,我们既是见证者,也是参与者。

本书主要由浙江省哲学社会科学重点研究基地——浙江省现代职业教育研究中心和金华职业技术学院的研究人员完成。前期教育部委托项目研究成果的完成人有:胡正明、朱雄才(项目主持人)、张雁平、凌镜、徐婧、刘鲁平、何应林、杨剑静、王斌、王理凡、成军、邵建东、王幡、明文等。2018 年 9 月,何应林编写了本书的“研究方案”。随后,中心组织相关专家对该“研究方案”进行了讨论,并安排研究人员开始研究、写作。本书各部分写作分工情况如下:何应林(导论、第一章、第二章、第三章、附录),徐珍珍(第四章),孙凤敏(第五章、第六章)。杨剑静在“典型案例”征集过程中做了很多联系和沟通工作,成军对各章节初稿提出了具体的修改意见,邵建东、王亚南承担了统稿修改和联系协调工作,胡正明对各章节的撰写进行指导,审阅统稿并总其成。

本书在编写和出版过程中得到了很多领导、专家、同仁的关怀、指导和帮助。中国职业技术教育学会副会长、华东师范大学职成教研究所原所长、浙江省现代职业教育研究中心学术委员会主任石伟平教授拨冗作前沿论丛总序,为本书增色不少;教育部职成司高职发展处任占营副处长鼓励我们在委托项目研究成果的基础上进一步开展研究,是本书得以完成的主要动力;浙江省现代职业教育研究中心首席专家、教育部职业技术教育中心研究所姜大源研究员帮助审阅了初稿,并提出了中肯而专业的修改意见;华中科技大学出版社张毅编辑对书稿文字进行了非常细致的处理，谨此向各位致以诚挚的谢意！本书“典型案例”部分素材征集期间，众多兄弟院校的同仁积极响应，为我们提供了生动的案例，在此一并表示衷心的感谢！

与国家示范性高职院校建设不同，优质高职院校建设采取的是省级统筹建设模式。由于不同省（区、市）的建设基础与诉求各不相同，因而其建设模式既有一定的相似之处，也有各自的特色，而且，部分省（区、市）教育行政部门公开的优质高职院校建设相关信息比较少。因此，尽管我们努力通过各种可能的途径搜集各省（区、市）优质高职院校建设信息，但我们搜集到的相关信息的全面性和及时性仍存在一些问题，基于这些信息所做的分析也存在一些不足。另外，由于目前学术界对优质高职院校建设的理论基础、建设内容、模式选择和项目评价等理论问题进行讨论的不多，可资借鉴的研究成果较少，我们对相关问题的探讨也存在不少缺憾。不妥之处，请读者朋友们批评指正！

编　者

2019 年 5 月